KB154167

부채 통치

Original title : *Le Gouvernement de l'homme endetté*
© Maurizio Lazzarato. 2013
Published by arrangement with Agence litteraire Astier-Pécher
ALL RIGHTS RESERVED

 M 아우또노미아총서 59

부채 통치 Gouverner par la dette

지은이 마우리치오 랏자라또
옮긴이 허경

펴낸이 조정환
책임운영 신은주
편집 김정연
디자인 조문영
홍보 김하은
프리뷰 이성혁 · 한태준

펴낸곳 도서출판 갈무리 등록일 1994. 3. 3. 등록번호 제17-0161호
초판인쇄 2018년 2월 21일 초판발행 2018년 2월 23일
종이 화인페이퍼 인쇄 예원프린팅 제본 은정제책

주소 서울 마포구 동교로18길 9-13 [서교동 464-56]
전화 02-325-1485 팩스 02-325-1407
website http://galmuri.co.kr e-mail galmuri94@gmail.com

ISBN 978-89-6195-178-4 93300
도서분류 1. 사회과학 2. 사회학 3. 경제학 4. 정치학 5. 철학

값 18,000원

이 도서의 국립중앙도서관 출판예정도서목록(CIP)은 서지정보유통지원시스템 홈페이지(http://seoji.nl.go.kr)와 국가
자료공동목록시스템(http://www.nl.go.kr/kolisnet)에서 이용하실 수 있습니다.(CIP제어번호 : CIP2018005324)

Gouverner par
la dette

by Maurizio
Lazzarato

부채통치

현대
자본주의의
공리계

마우리치오
랏자라또
지음

허경
옮김

갈무리

차례

부채통치

한국어판 해제

김재준[1]

TINA. 가수 티나 터너의 티나가 아니라 영국 총리였던 마가 렛 대처가 자주 쓰던 말이다. 대처는 재임 동안 자본주의 외에는 대안이 없다는 의미로, 즉 신자유주의를 옹호하면서 "대안이 없 다"There is no alternative라는 말을 자주 애용하였다. 크고 작은 불만 이 있더라도 우리에게 탈출구가 없다는 뜻이다. 구 사회주의 국 가들이 몰락하면서 레이건과 대처는 승자가 되었고 심지어 『역사 의 종언』이라는 책까지 나왔다. 그러나 글로벌라이제이션의 진행 과 함께 세계 경제는 심각한 양극화 현상으로 고통을 겪고 있고 2008년의 금융위기 등 많은 문제점을 노출하고 있다. 이러한 상 황에서 이탈리아의 철학자 랏자라또는 현 경제 현상을 통찰력 있 게 분석하면서 『부채인간』에 이어 『부채 통치』라는 책을 우리에

---

1. 경제학자. 서울대 경제학과 학사. 프린스턴 대학교 경제학 박사. 경제학, 사회학, 예술 전반에 걸쳐 관심이 있고, 저서로 『언어 사중주』, 『화가처럼 생각하기』가 있다.

게 제시하고 있다.

그가 이야기하고 있는 것은 현재의 경제가, 아니 원래 경제는 대칭적인 교환의 세계가 아니라 채권자와 채무자의 비대칭적인 권력에 기초하고 있다는 것이다. 인상적으로 읽은 구절은 다음과 같다. "자본주의는 유한한 부채에서 제국, 국가, 일신교의 도래와 함께 무한한 부채가 되었고 … 무한한 죄책감을 지속, 연장시킨다." 부채사회 모델로서의 미국대학의 문제는 이제는 한국에서도 예외가 아니다. 대학을 졸업하자마자 채무자로 인생을 시작해야 하는 많은 청년들에게 '아프니까 청춘이다.'라고 말을 해 주는 사회는 위선적이다. 미국의 경제학자 폴 크루그만은 『진보주의자의 양심』이라는 책에서 ─ 한국에서 이 책은 『폴 크루그먼 미래를 말하다』로 번역이 되었다 ─ 미국의 경제사를 들여다보면서 정치가 경제를 이끈다는 논지를 전개하고 있다. 루스벨트 이후 진보의 시대에 소득세는 높았고 사회는 상대적으로 평등했으며 경제는 성장했다. 1980

년대 이후 보수의 시대에는 소득세는 낮아지고 소득분배는 불평등하고 경제는 침체하고 있다. 우리가 보고 있는 것은 통치를 넘어서 내전의 출현이다.

이 시점에서 이런 질문을 할 수 있다. 자본주의 위기에 대한 해답이 있는가? 해답이 없다면 이 시스템을 중지하고 탈출을 해야 하는가? 벤야민식으로 말하자면 달리는 기관차의 브레이크를 걸어야 하는가? 문제는 간단하지가 않다. 대다수의 사람들이 현 시스템 안에서 자그마한 개선에 만족하고 놀라운 인내심으로 현 체제에 안주하려고 할 때 예술가, 철학자들의 위기의 경고는 너무나 무력하다. 우리 모두는 자본주의에 뼛속 깊이 중독되어 있다. 심지어 상당수 진보 지식인들, 진보 출판사도 그들이 비판하는 자본가보다 더 자본주의적이다. 진보예술가들에게 표현의 자유가 있는 것은 그들의 말이 자본주의에 눈이 먼 대중들에게 아무런 영향력이 없기 때문이며, 철학자들은 더욱 그러하다고 할 수 있다.

누가 도대체 푸코, 들뢰즈, 아감벤, 랏자라또를 읽는가? 정치가, 관료들은 절대 읽지 않는다. 경제학자들도 읽지 않는다. 경제학자들은 맑스도 읽지 않고 신자유주의라는 말도 거의 쓰지 않는다. 프랑스 정치철학의 독자는 일부 사회학자, 문예비평가, 철학도일 것이다. 한국사회에서 이런 철학책들이 1,000부 이상 팔릴 수 있을까? 경제 문제를 보는 시각과 접근방법도 경제학자와 철학자들 간에는 거대한 단절이 존재한다는 느낌이 든다. 예술가, 철학자들의 경제문제를 보는 시각은 상당한 통찰력이 있기는 하지만 어느 한 부분에서 깊이 내려가는 편이며, 전체를 볼 때는 피상적으로 조망하는 경향이 있는 것 같다. 경제학적으로 설명하면 부분균형적 분석에 머무르나 심도 있는 일반균형분석에는 이르지 못한다. 한 분야에서 발생한 일이 다른 분야로 어떻게 파급되며 다시 어떤 경로를 거쳐 어느 정도의 임팩트로 되돌아오는가를 계산할 수 있어야 한다. 이는 소위 전문가들의 영역이며, 성공한 기업가가 경제 대통령으로서 실패하는 이유이기도 하다.

경제정책에 영향력을 행사하는 경제학자들은 아마도 결코 프랑스 철학자들을 읽지 않을 것이니, 결국 해결책은 경제문제에 관심이 있는 철학자들이 수학, 통계학, 경제이론을 배우는 수밖에 없다고 생각한다. 최근에 만난 국사학자는 이런 말을 했다. 한국법의 식민지적 기원을 연구하다가, 법학자들에게 기대할 수 있는 것이 절망적으로 없었기에, 스스로 법학을 공부하기 시작했다고 한다. 그런데 법학을 알게 되니 전에는 보이지 않았던 많은 것이 보인다는 것이다. 랏자라또의 책들은 한국사회에 너무나 필요한 책이고 이런 통찰력을 경제학자, 경제 관료들이 배운다면 더 좋은 이론적, 정책적 아이디어들이 나올 수도 있다고 생각한다. 아니면 더 많은 대중이 이 책을 읽어서 우리 사회가 변화한다면 그것도 좋을 것이다. 물론 둘 다 거의 불가능하다고 생각한다. 세상은 더욱 절망적이 되어 가고 있다. 어설픈 희망보다는 완벽한 절망이 진정한 탈출구를 찾는 데 도움이 될 수도 있을 것이다. 대만 타이베이에 갔을 때의 일이 기억난다. 버스 뒤편에 이런 글자가 쓰여 있었다. 안전문安全門. 비상시에 이를 부수고 탈출하면 된다고 한다. 한국과 일본에서는 이를 무엇이라고 부르는가? 비상구非常口. 비상시

에 탈출하는 곳이라기보다 여기를 나가면 안전한 곳이 나온다고
중국 사람들은 생각한다. 많은 사람들이 아니 일부의 사람이라도
생각을 바꾸어 밖으로 나가 본다면 ⋯ 그렇게 나쁘지 않을 것이다.
지금의 위기를 탈출할 수 있겠지, 예술가로서 상상해 본다.

1장

들어가면서

주요 개념들

긴축AUSTÉRITÉ : "프랑스의 500대 부호들의 부는 1년 동안 25% 상승했다. 이들의 부는 지난 10년 동안 4배로 뛰었으며 프랑스의 순수 국내 생산 중 16%를 차지한다. 이는 또한 프랑스 재정 자산의 10%에 해당하는 금액으로, 국민의 10만분의 1이 국부의 10분의 1을 가지고 있는 셈이 된다."(『르 몽드』, 2013년 7월 11일 자).

언론·전문가·정치가 들이 예산 균형에 대한 주술적 자화자찬을 반복하는 동안, 1980년대 이래 재무부에 의해 실행된 이후 두 번째 사회적 자산 수용이 진행되고 있었다. 부채 위기의 특수성은 그 원인이 이른바 구제 과정에서 증대했다는 사실에 놓여 있다. 이 악순환은 그것의 계급적 추태가 드러내는 본질적 증상이지, 우리 과두제 엘리트들의 무능력이 아니다. 우리의 엘리트들은 다음과 같은 하나의 분명한 정치적 목표를 추구한다. 신자유주의적 논리에 저항하는 모든 잔재들(임금, 소득, 서비스)을 파괴한다.

공공 부채DETTE PUBLIQUE : 공공 부채는 긴축 재정을 실시하고 있는 모든 나라에서 기록적 수준에 도달했으며, 이는 채권자들의 수입이 마찬가지로 기록적 수치에 도달했음을 말해 준다.

세금IMPÔT : 부채인간homme endetté의 통치에 사용되는 주요한 무기는 세금이다. 세금은 생산 이후에 도래할 재분배의 도구가 아니다. 통화의 경우와 마찬가지로, 세금은 상업적이 아닌 직접적으로 정치적인 기원을 가질 뿐이다.

부채 위기의 경우와 마찬가지로, 시장이 통화가 갖는 자원의 지급·측정·평가 기능을 인정하지 않을 경우, 곧 통화가 더 이상 지불 수단으로도 자본으로도 순환하지[유통되지] 않을 경우, 세금이 정치적 통치성gouvernementalité의 무기로서 개입하게 된다. 세금은 위기에 의해 봉쇄된 수입과 이익의 지속 및 재생산을 보장해 주면서, 국민에 대한 경제적-규율적 통제contrôle économico-disciplinaire sur la population를 수행한다. 세금은 부채인간에 대한 긴축 정책이 보여 주는 정치적 효율성의 측정수단이다.

성장CROISSANCE : 오늘날 미국은, 마치 우리가 자동차에 대해 말하듯, 폐기 시점에 도달해 있다. 모터는 돌고 있지만, 차는 앞으로 나가지 못한다. 모터가 여전히 돌고 있는 유일한 이유는 중앙은행이 매달 850억 달러에 달하는 부동산 채권과 국채를 구매하고 있으며, 2008년 이래로 제로 금리 정책을 유지하고 있기 때문이다.[1]

미국이 후퇴하지 않는 이유는 오직 통화의 지속적 주입 정책 때문이다. 미국은 스스로가 불러일으킨 위기로부터 여타 세계를 구출해낼 능력이 없다.

중앙은행에 의해 매달 쏟아 부어지는 막대한 양의 통화는 취업률을 아주 미약한 정도로만 끌어올리고 있을 뿐이며, 이마저도 대부분은 저임금 일자리와 '파트-타임 잡'이다. 미국은 위기의 원

---

1. [옮긴이] 잘 알려진 것처럼 미국은 9년만인 2016년 12월 제로 금리 정책을 포기하였다.

캐나다 몬트리올의 긴축 반대 시위 (2014년 11월 29일)

인을 재생산하는데, 이는 단지 미국이 국민들 사이의 수입 격차를 심화시키고 있을 뿐만 아니라, 출자 및 금융 강화 정책을 지속하고 있기 때문이다.

만약 이러한 통화 정책이 경제 및 고용 상황의 개선에 실패한다면, 미국은, 또 다른 금융 버블의 가능성 확대를 감수하면서, 단하나의 영역 곧 금융 부문의 경제 호황을 선호할 것이다. 경제 투자를 위해 조달되는 막대한 양의 통화는 우선 은행을 통과하게될 것이고, 이 과정에서 은행은 자신의 부를 증가시키게 될 것이다. 여타 경제 영역이 보여 주는 미약한 성장에도 불구하고 금융시장은 기록적 수준에 도달했다.

모든 사람들이 성장을 기대하고 있지만, 우리의 시야 위로 떠오르는 것은 전혀 다른 그림이다. 금리 우선 정책, 피고용자와 고용주 사이의 심대한 불평등, 국내 경제적 최상위층과 최하위층 사이의 막대한 차이(프랑스의 경우 그 격차는 900배에 이른다), 출발점의 재생산에 그치고 마는 사회 계급, 이미 미약하기 그지없었던 사회 계층 이동의 봉쇄 현상('아메리칸 드림'이 이제는 단지 하나의 '꿈'에 지나지 않게 된 미국의 경우가 특히 그러하다)은 자본주의라기보다는 차라리 [프랑스 대혁명 이전의] '구체제'Ancien Régime를 생각나게 만든다.

위기CRISE : 우리가 말하는 위기는 2007년 미국 부동산 시장의 붕괴에 의해 촉발된 위기이다. 실상, 위기라는 개념은 엄격하고도 한정된 정의를 요청하는데, 이는 우리가 1973년 이래로 늘 위기 속에서 살고 있기 때문이다. 위기는 영구적이며, 다만 그 강도와 이름을 달리할 뿐이다. 자유주의적 통치성은 경제 위기로부터 기후 위기, 인구 위기, 에너지 위기, 식량 위기 등으로 이행해가며 작동할 뿐이다. 우리는 위기의 이름이 바뀔 때마다 다른 이름의 공포를 맞이하게 될 뿐이다. 위기와 공포는 신자유주의적 자본주의 통치성의 극복 불가능한 지평을 구성한다. 우리는 위기가 현대 자본주의 통치의 양상 바로 그 자체라는 단순한 이유 때문에 결코 위기를 넘어설 수 없다(최선의 경우, 우리는 그 강도를 변화시킬 수 있을 뿐이다).

국가자본주의CAPITALISME D'ÉTAT : "자본주의는 자유로웠던 적이 없다. 자본주의는 언제나 국가자본주의였다." 국가부채 위기는 들뢰즈와 과타리의 이러한 단언이 한 치의 의심도 없이 옳은 것임을 보여 준다. 자유주의는 국가자본주의의 가능한 주체화 방식들 중 하나에 불과하다. 주권과 통치성은 늘 함께 조화를 이루며 작동한다.

신자유주의자들은 위기를 맞으면 최소한의 통치를 시도하지 않으며, 오히려 가장 작은 세부에 이르기까지 모든 것을 통치하려 한다. 신자유주의자들은 '자유'를 생산하지 않으며, 오직 자유에 대한 지속적인 제한만을 생산할 뿐이다. 신자유주의자들은 시장의 자유와 법치 국가를 생산하지 않으며, 이미 미약하기 그지없는 민주주의의 중단을 조직화할 뿐이다.

위기에 대한 자유주의적 관리는 오직 국민에 대한 지배를 천명하는 특정 통치성의 장치들 안으로 '최대국가'를 주저 없이 통합해 버린다.

통치성GOUVERNEMENTALITÉ : 위기는 푸코의 주요 개념들 중 하나인 통치성 개념의 한계를 명백히 드러내 준다. 이처럼 우리는 통치성 개념의 완성을 강요받고 있다. 푸코에 따르면 통치는 '복종시키고, 명령하고, 지휘하고, 질서를 잡고, 정상화하는' 것이 아니다. 물리적 힘도, 금지의 계열도 아니며, 행위 규범들의 집합도 아닌, 통치성은 '유연한 적응 규칙들의 특정 계열'을 가로질러 개인이 기존의 방식과는 다른 또 하나의 방식으로 대응할 수 있도록 자극하는 특정 환경을 마련하는 것이다. 위기는 통치성의 기술들이 강요하고, 금지하며, 규범을 확정하고, 지휘하며, 명령하고, 질서를 만들고, 정상화한다는 것을 우리 앞에 드러내 준다.

통치성의 '사유화'는 우리로 하여금 비非 국가적인 '생명관리정치'biopolitiques의 장치들에 대해 사유할 것을 강요한다. 1920년대 이래 지배의 기술은 소비에 기반하여 발전하였다. 지배의 기술은 삶의 모든 차원에 정보를 제공해 주는 마케팅, 여론조사, 티브이, 인터넷, 사회적 관계망 등과 함께 전개되고 있다. 이러한 생명관리정치의 장치들은 가치화valorisation, 생산, 주체성 및 경찰적 통제에 동시에 관련된다.

계급투쟁LUTTE DE CLASSE : 신자유주의적 자본주의는 자신이 통치하는 특정 방식의 비대칭적 계급투쟁을 확립했다. 존재하는 유일한 계급은, 금융의 주위에 구성된, 자본으로서의 통화 및 신용 통화 권력의 계급이다. 노동자 계급은 더 이상 하나의 계급이 아니다. 노동자들의 수는 전 세계적으로 1970년대 이래 엄청나게 늘어났지만, 그들은 더 이상 하나의 정치적 계급을 구성하지 못하며 앞으로도 영원히 구성하지 못할 것이다. 노동자들은 분명 하나의 사회적·경제적 실존을 소유하고 있지만, 이 새로운 자본주의적 축적의 가변 자본을 형성할 뿐이다. 그러나 노동자들은 채권자/채무자créancier/débiteur 관계라는 핵심 작용에 의해 결정적인 방식으로 정치적으로 주변화된다. 자본은 금융과 신용으로부터 출발하는 지속적 공격을 수행한다. 꺼져가는 노동 운동은 자본/노동capital/travail 관계에 의해 지속적으로 수세에 몰리게 되고, 또 규칙적으로 패배한다.

최근 몇 년 사이에 생겨난 새로운 계급 구성은 공장을 중심으로 구성된 것이 아니다. 이 새로운 계급의 구성은 다소 상대적인 가난, 비정규직, 실업, 고용 상황이 빚어내는 특정한 다양성을 따라 이루어진 것이다. 새로운 계급의 구성은 분산되어 있으며, 파편화되어 있고, 불안정한 방식으로 이루어져 있으며, 비록 그들이 국민의 다수를 차지하고 있다 하더라도 하나의 '계급'을 구성할 수단을 확보하지 못하고 있다.

로마 '제국' 말기의 야만인들과 마찬가지로, 이 새로운 구성은 특히 정당과 노동조합이라는 미지의 '영토들'에 대한 빠르고 강렬한 습격을 수행한 후 곧장 퇴각해 버린다. 이 새로운 구성은 정착하지 않는다. 이 새로운 구성은 마치 (여전히 너무나도 미약한) 자

신의 힘과 (여전히 너무나도 강력한) '제국'의 힘을 시험해 보는 듯
한 인상을 주고는, 퇴각해 버린다.

금융FINANCE : 정치인, 경제 전문가, 기자들을 사로잡고 있는
과도하나 무용한 논쟁은 다음과 같은 것이다. 금융은 기생적인가,
투기적인 것인가, 아니면 생산적인 것인가? 금융 및 금융과 함께
하는 통화·조세 정책은 자본의 정치이며 따라서 이러한 논쟁은
무익하다.

채권자/채무자 관계는 자본주의의 역사에 강력한 하나의 단
절을 도입하였다. 자본주의가 존재한 이후 처음으로 경제·사회·
정치적 삶의 중심으로부터 자본/노동 관계가 밀려나게 되었다.

30년에 걸친 금융화 과정의 결과, 시스템으로부터의 독립 변수
였던 임금은 조정調整, ajustement 변수가 되어 버렸다(노동 시간과 유
연성은 여전히 상승 중인 반면, 임금은 여전히 하락 중이다).

횡단성TRANSVERSALITÉ : 강조해야 할 점은 금융의 경제적 역
능puissances과 기술적 창안들이라기보다는 차라리 금융이 하나의
횡단적 지배 장치로서 기능한다는 사실이다. 이때의 횡단적trans-
versal이란 그것이 전全 사회적으로·전 지구적으로 작동한다는 의
미이다. 금융은 또한 생산, 정치 시스템, 복지welfare, 소비에 대해서
도 횡단적으로 곧 전방위적으로 작용한다.

국가 부채 위기는 특정한 권위적 경향을 따라 통치의 횡단적
기술들을 확증해 주고, 심화시키며, 급진화시키는데, 이는 "우리

모두가 빚을 지고 있기 때문이다."

인적 자본CAPITAL HUMAIN (혹은 자기 경영인entrepreneur de soi) : 위기는 단순히 경제적·사회적·정치적인 것이 아니다. 위기는 또한 그리고 무엇보다도 '인적 자본'의 이름 아래 환생한 신자유주의적 주체성 모델의 위기이다. 개인을 개인적 경영인으로 변형시키고 개인의 능력을 자본화 가능한 경제적 자원으로서 관리함으로써 포디즘적 임금노동자를 자기 기업가entrepreneur de soi로 대체하려던 기획은 서브프라임 위기로 귀결되었을 뿐이다.

이런 관점에서 부유한 국가들 및 새롭게 성장하는 나라들의 상황은 ─ 새롭게 도약하는 나라들이 성장하고 진보하며 부국들이 침체하고 퇴조하는 식으로 분기하기는커녕 ─ '경제적 사유화'의 극대화, '주관적 개인화 과정의 극대화'를 함축하는 '인적 자본'이라는 동일한 주체성 모델의 생산으로 수렴되었다. 사회 정책은, 반대로, 모든 곳에 '최소화'(최소임금, 최소수입, 최소원조)를 확립해 놓았고, 그 결과 자기 기업가는 만인에 대한 만인의 경쟁 속에서 출발하도록 강제되었다. 이런 목표는 다른 방식으로도 달성 가능하다. 최저 임금이 존재하지 않는 독일에는 800만 명의 가난한 노동자가 존재한다.

자본주의적 세계화는 '남쪽' 국가들에 존재하는 수백만의 극빈자들을 구제한 것을 자랑스럽게 생각한다. 그러나 이런 정책은 신자유주의와 양립 불가능한 것이 아니며, 실상은 그와는 반대이다. 이런 정책은, 설령 브라질의 경우처럼 거대 규모로 추진된다

하더라도, 결국은 새롭게 성장하는 나라들의 자본주의에 적합한 노동력 중 일부를 제공하는 하나의 실험이다.

브라질에서 2013년 봄에 있었던 대규모 시위의 다양한 이유들 중에는 이러한 점도 포함되어야만 한다. 극빈 상태에서 벗어난 소수와 빈곤화로 몰려가는 새로운 대도시 계급의 형성은 가히 고전적인 신자유주의적 원칙에 따라 조직된 거대경제[체제]²만이 아니라, 이중속도의 복지국가에 직면하게 되었다. 그것은 한편으로는 저열한 수준의 복지(최소원조)를, 다른 한편으로는 유료의 좋은 학교, 유용한 건강 복지 시스템, 양질의 서비스를 제공하는 복지국가이다. 이에 도달하기 위해서는 '사회주의적' 양념이 가미된 사회적 다위니즘 안에서 모든 것이 재조직화되어야만 할 것이다. 그러나 현실에서는, 반대로, '사회 정의'를 지지하고, 새롭게 성장하는 나라들의 인적 자본 모델에 반대하는 시위가 조직되었다. 유럽은 정반대의 과정을 겪었지만('무상' 사회 서비스를 파괴하는 것이 관건이었다), 똑같은 결과를 낳았다. 이중속도를 갖는 복지국가의 건설이 부채 위기를 겪으며 엄청난 추진력을 얻은 것이다.

개혁주의RÉFORMISME : 신자유주의 자본주의에서는 금융위기

---

2. [옮긴이] 이곳에 사용된 économie는 '경제/체제'라는 이중적 의미를 갖는다. 나 자신의 입론인 '대한민국 학문의 메이지(明治) 효과'의 한 예로, 19세기 일본의 메이지 지식인들이 économie를 경세제민(經世濟民) 혹은 '경국제민'(經國濟民)에서 따온 경제(經濟)라는 용어로 번역했으나, 오늘 우리는 주체적 시각으로 이러한 '신한어'(新漢語)의 적절성을 재검토해 보아야 한다. 조만간 출간될 나의 저작 『대한민국 학문의 메이지 효과』에 그 내용이 상세히 펼쳐질 것이다.

를 벗어나기 위한 어떤 방식의 '뉴딜' 정책도 불가능하다. 자본이 일찍이 실행한 유일한 개혁주의는 1929년 이후 진정한 변화를 가져왔는데, 이것은 신자유주의적 '개혁들'과 정확히 반대되는 것이었다. 이 개혁은 금융을 무력화하고(케인스가 '금리생활자의 안락사'euthanasie du rentier라고 불렀던 것), 소비와 사회 서비스 전반에 걸친 재분배를 시행했으며, 물론 미약하긴 하지만, 소유권의 지위를 문제 삼았다. 이 개혁은 정치적으로 – 고용 및 고용 연동 서비스와의 교환을 통해 합의를 승인한 – 노동 운동 조직과 일정 부분 타협함으로써 자본/노동 관계를 핵심적 문제로 부과했다. 이 개혁은 완전고용된 임금 노동자의 모습 속에서 하나의 '주체성 자본'capital de subjectivité을 확립했다. 이러한 개혁은 오늘날에는 지구상의 어떤 정부도 행하지 않았고 행할 수 없다. 왜냐하면 이러한 개혁이 금융의 무력화를 가져올 것으로 예상되기 때문이다. 심지어는 최근의 라틴 아메리카 좌파 정부에서 이루어진 개혁조차도 자본의 진정한 개혁을 위한 조건의 확립과는 거리가 한참 멀다. 물론 이를 단순히 이들 좌파 정부의 잘못으로만 보아서는 안 된다. 이는 현시점에서, 그것이 무엇이든, 금융화된 자본에 대하여 자신의 입장을 강요할 수 있는 힘 관계rapports de force가 부재하기 때문이다.

브라질 봉기는 이러한 현실을 다시금 전 세계에, 무엇보다도 노동자당의 지도자들에게, 나아가 라틴 아메리카(와 다른 곳)에서 이루어지고 있는 '좌파' 정부의 실험에 기대를 걸고 있는 유럽의 지도자들에게 분명히 알려주었다.

노동의 거부REFUS DU TRAVAIL : 2008년에 시작된 투쟁의 순환 주기는, 지구의 '남북'을 가로지르며, 2001년의 시애틀 투쟁보다 더 정확하고 덜 '이데올로기적인' 방식으로, 세계화에 공격을 가했다. 이 투쟁의 순환주기는 조합적·정치적 대의代議제를 거부하면서 자율 조직화auto-organisation를, 사람들이 위선적으로 '사회적 네트워크'라고 부르는 것(이것을 많은 사람들은 정치적 조직화와 대수롭지 않게 혼동한다)의 활용을 실행했다.

그러나 이념과 실천이 결여된 자생적 반항 이후에는 '무엇을 할 것인가?' 우리는 일정한 위험을 감수하면서, 현재로서는 필연적으로 추상적인 것일 수밖에 없는, 몇 가지 가설을 제출하고자 한다.

정치적 행동을 하나의 파열양식으로, 하나의 사건으로 바라봄으로써 우리는 19세기 및 20세기의 혁명에서 사유되지 않았던 부분을 솟아오르게 할 현대의 운동조직의 표현 양식에 관련된 어떤 관점을 열어젖힐 수 있다.

(브라질, 터키, 그리스, 스페인, 이집트와 같은) 계급투쟁의 새로운 순환주기가 보여 준 대도시 '노동력'의 놀라운 결집은 또한 동시에 하나의 일반적인 탈-동원démobilisation 과정, 곧 현대 가치화 체계에 적용된 '노동의 거부'였다. 이는 마치 과거 노동자들의 파업이 생산의 동결, 중단과 같은 급진적인 탈-노동désoeuvrement 활동에서 자신의 동력을 발견하는 하나의 행동이었던 것과 동일한 방식을 따른 것이었다. 노동 운동은 오직 파업이 동시에 노동 분업의 위계·기능·역할의 중단, 하나의 비-운동non-mouvement인 한

2013년 브라질 봉기. 브라질 경제의 중심지 상파울루 파울리스타 대로를 3만여 명(경찰 추산)의 시위대가 점거하는 장면 (2013년 6월 23일)

에서 존재할 수 있었다.

운동이라는 투쟁의 특정한 한 부분만을 문제화시키는 것은 노동자 운동을 생산주의·산업화의 가속기로 환원시키는 하나의 거대한 장애물이자, 기술과 '과학'의 중립성을 신봉하는 '과학주의적' 신념, 노동의 찬가였다. '노동의 거부'를 함축하는 투쟁의 또 다른 차원은 ([1960년대 초 이탈리아에서 마리오 뜨론띠·안또니오 네그리 등에 의해 시작된] 노동자주의opéraïsme를 제외하고는) 방기되었거나, 결국 노동거부를 포기한, 포스트노동자주의postopéraïsme에 의해 불충분하게 문제화되었을 뿐이다.

공산주의적인 정치적 상상력은 맑스의 사위였던 폴 라파르그 Paul Lafargue, 1842-1911에 의해 — 루이 블랑Louis Blanc, 1811-1882의 '노동할 권리'와의 논쟁 와중에 — 게으를 '권리'의 정립에 성공한 바 있다. 그러나 이러한 공산주의적인 정치적 상상력은 그저 부르주아들을 대경실색케 하는 한 권의 팸플릿으로 읽혔다. 게으를 권리에 대한 공산주의적 정치적 상상력은, 그것이 갖는 노동에 대한 거부, 명령과 행동의 중단, 나아가 자연의 지배라는 프로메테우스적 약속과 생산자의 오만함, 곧 도구적 인간homo faber의 모델로부터 벗어날 수 있는 가능성을 열어줄 수도 있는 존재론적·정치적 함축을 이해받지 못한 것이다.

파열RUPTURE : 모든 정치적 사건 안에는 때에 따라 결합·상충·투쟁할 수 있는 다양한 선線들이 필연적으로 얽혀 있다.

이미 확립된 지배·의미작용·권력 관계의 현 상태 안에 자리

잡은 (이해관계의) 선, 권력관계를 중단시키고 지배적 의미작용을 무력화시키며 노동의 사회적 분업에 의해 구축된 복종과 명령이라는 역할 및 기능을 거부하는 (욕망 혹은 가능성의) 선, 새로운 가능성의 블록을 창조하는 선이 존재한다.

운동의 선은 대의大義들을 가지고 있으며 목표들을 추구하며 투쟁에 예측가능하고 계산가능하며 개연성 있는 하나의 공간을 열어준다. 자본의 법칙에 대한 중단으로부터 출발하는 비-동원의 선은 계산 불가능하며 예측불가능하고 불확실한 하나의 과정과 결합된다. 과타리는 이러한 탈-동원의 선은 '감성적[미적] 패러다임'paradigme esthétique의 관점에 의해서만 포착 가능하다고 생각했는데, 그 이유는 그것의 주체성과 제도들이 노동·제조의 논리와는 전혀 다른 새로운 논리에 의해 발명되어야 하는 것이기 때문이다.

하나의 정치적 사건은 당장은 세계도 사회도 변화시키지 못한다. 그것의 작용은 다만 주체의 관점을 전환시키고 기존의 실존양식으로부터 다른 실존양식으로의 이행을 가능케 하는 것에 그친다. 사건에 의한 파열은 다만 하나의 밑그림, 하나의 시작을 이룰 뿐이며, 그것의 실현은 여전히 결정되어 있지 않은 것, 있을 법하지 않은 것, 기존 권력의 논리에 따르면 '불가능한' 것이다.

분명히 하나의 정치적 투쟁은 끊임없이 하나에서 다른 하나로 (가능한 것에서 그것의 실현으로, 혹은 그 반대로) 이행하면서 사건의 두 계기를 절합할 뿐이다. 그러나 비-운동의 선, 노동의 거부라는 선이 스스로를 전개하면서 일관성을 획득하기 위해서는 전략적인 것으로 남아 있어야 하고, 또 이해관계와 제도의 선을 변형해야만 한다. 파열은 역사로부터 출현한다. 그리고 그것은 역사적이지 않은 '반시대적'imtempestif 계기로부터 출발하여 권력관계들을 변형시키고 주체성을 변형시키기 위해, 역사 속으로 돌아가야 한다.[3]

이처럼 이질적인 이중적 동학動學, 선線들의 관계 및 실존이 동시대의 정치적 조직화 문제를 형성한다. 사건적 파열에 의해 창조된 가능한 것들은 자신의 주위에 그 실현 혹은 무력화를 위한 정치적 전투가 결집되는 정치적 초점들이다. 우리가 '배신'이라 부르는 것, 즉 회유, '개혁주의'는 사후에 일어나지 않는다. 관건은 투쟁의 맨 처음부터 현존하는 대안들이라는 문제이다. 가능한 것의 창조적 선과 그것의 실현을 기존 권력관계의 선으로 환원시키는 것, 운동의 선을 비-운동의 선으로부터 분리시키는 것, 하나에 대항하여 다른 하나를 작동시키는 것은 조합주의적·정치적 '좌파'와 자본주의 제도가 추구하는 목표이다.

해체/제도DESTITUTION/INSTITUTION : 사건에 의한 파열이 창조

---

3. 니체와 함께 우리는 − 역사 및 그것이 정치 및 의미와 맺는 관계를 떠나지 않으면서도 − 정치적 거부를 함축하는 반시대적인 것의 의미를 포착할 수 있다. "인간이 먼저 비역사적인 것의 안개층 속으로 들어가지 않고 할 수 있는 행동을 어디에서 찾을 수 있는가?"("Considérations intempestive", *De l'utilité et de l'inconvénient des études historiques pour la vie*, Paragraphe 1 [프리드리히 니체, 「반시대적 고찰 II. 삶에 대한 역사의 공과」, 『비극의 탄생·반시대적 고찰』, 이진우 옮김, 책세상, 2005, 295쪽]). 역사는 역사 속으로 함몰되는 자, 또는 역사에 의해 조형되는 자가 아니라, 자신의 동시대적 흐름에 역행하는 자에 의해 만들어지는 것이다.

하는 정치적 행동의 두 선은 각기 다른 길을 걷는다.

동원의 선은 현존하는 힘 관계를 긍정하면서 자본주의의 제도들을 해체하기 위해 권력의 이원론 속으로 들어간다. 자본의 이원론은 결코 변증법적이지 않고 오직 실재적일 뿐이다. 따라서 우리는 이를 실재적으로 해체해야만 한다.

모든 정치적 질서를 규정할 근본성radicalité·절단concision·적절성pertinence을 위해 우리가 칼 슈미트Carl Schmitt로부터 빌려온 전유prendre·분배partager·생산produire이라는 세 가지 '노모스'nomos의 해체가 없는 비-운동적 선의 전개란 환상에 불과하다. 수탈자들에 대한 수탈(이는 금융화와 긴축 정책에 포획된 거대한 부의 '전유'만이 아닌 피수탈자의 실존적 영토 및 노하우의 '전유'를 포함한다), 전유적 개인주의에 대한 근본적 문제제기(분배), 행동의 기원 자체로부터 시작하는 '생산' 개념에 대한 해체 곧 탈-노동화가 없는 새로운 설립의 과정은 불가능한 것이다.

창조된 가능성들을 인식하는 탈-동원의 선은, 정치적일 뿐 아니라 실존적인 동시에 총체화 불가능한, 주체화 과정(및 그것의 제도화)의 다양성을 자본의 논리에 대항하는 투쟁의 첫 번째 선의 필연성을 따라 증식시킨다. 조직화·투쟁·표현의 양상은 두 선에서 동일하지 않다. 이로부터 '봉기' 이후를 사유하는 어려움이 나오는데, 이는 당도 노동조합도 새로움과 이중성을 동시에 갖는 이 동학動學을 함께 사유하거나 포착할 수 없기 때문이다.

대의제REPRÉSENTATION : 대의제에 대한 거부는 새로운 계급의

지금 진짜 민주주의를! 거리를 장악하자! (스페인 사라고사, 2011년 5월 15일)

구성에 심오한 방식으로 연결되어 있으며, 자신의 존재 이유를 현대 정치가 전제하고 있는 행동의 조건 안에서 발견한다.

정치적 대의제는 대변되는 이의 정체성identité을 전제로 하는 반면, 탈-동원 선은 정확히 이미 확립된 '정체성'의 중단을 생산한다.

대의제는 위계질서와 불평등을 확립시키는 역할과 기능을 함축하고 있다. (대도시의) 노동 거부는 이러한 위계질서와 불평등을 중단시키고 평등을 긍정하며, 따라서 이해관계에 따른 사회의 분할 너머에 존재할 무엇인가를 긍정한다.

대의제는 파열을 메워버리는 경향이 있으며, 나아가 생성 중인 주체성과 제도를 이미 확립된 권력관계로 돌려버림으로써 가능한 것의 창조에 의해 열린 돌파구를 닫아버린다. 이것이, 현재로서는, 다양한 운동들이 공적 영역으로부터 그토록 빠른 속도로 사라지는 이유이다. 이는 이 다양한 운동들이 스스로의 정치적 자율성을 확립할 수 있는 조건을 여전히 발명하지 못했음을 알려준다.

가능한 것POSSIBLE : (인지적, 문화적, 비물질적 등) 자본주의 경제학의 정의와는 달리, 과타리는 자신의 경제학을 가능한 것의 경제학économie des possibles이라 부를 것을 제안했다. 자본주의(와 그 권력)는 무엇보다도 가능한 것과 불가능한 것에 대한 절대적 통제로서 정의된다. 신자유주의적 질서의 첫 번째 명제는 '대안이 없다', 즉 다시 말해 시장과 금융이 말하는 것 이외의 다른 가능성이 없다는 것이다. 그리고 국가 부채 위기는 늘 똑같은 상투어를 반복한다. 다른 방도가 없으니 부채를 진 인간은 빚을 갚아야 한다는 것이다. 신용/부채에 의해 징수되어 버린 것은 단순히 부와 노하우 혹은 '미래'만이 아니다. 그것은, 보다 심오한 차원의, 가능성 자체이다.

욕망은 직접적으로 리비도로 돌아가지도, 단순히 충동으로 돌아가지도 않는다. 욕망은 가능성으로 돌아간다(들뢰즈/과타리).

기존의 균형이 파열되는 순간부터 이전에는 불가능했던 관계들이 나타날 때, 욕망이 있게 된다. 욕망은 자신이 불러일으키는 불가능성, 자신이 창조하는 새로운 가능성에 의해 늘 새롭게 자신의 형태를 취한다. 욕망은 닫힌 세계로부터 새로운 참조의 시스템들을 발생시키는 하나의 과정을 솟아오르게 하는 장소이다.

기계와 기호MACHINES ET SIGNES : 기계는 비판 이론을 제외한 모든 곳에 존재한다. 기계는 본질적으로 컴퓨터와 계산기에 의해 구성된 일종의 '사회적 불변자본'을 형성한다. 기호는 이 기계들의 기호학적 동력이다. 기호는 비–기표적a-signifiant '언어'를 구축하는데, 기계는 이 언어를 횡단하며 여타의 인간들 및 비–인간적 존재들과 함께 서로 소통한다.

기계와 기호는 가치화의 장치, 주체성 생산의 장치, 경찰적 통제의 장치로 동시에 기능하는 거대한 그물망들을 형성한다. 금융의 횡단성은 기계와 기호가 사회 전반을 가로지르며 횡단적으로 잘 기능하는 한도 내에서만 효과적으로 작동한다.

소형화된 전자 기계와 기호는 – 맑스의 물신이론에서처럼 단지 은유적으로가 아니라 – 실제로도 물질·신체·대상을 횡단하는데, 이는 이들이 다양한 정보들을 지각하고 수신하며 전달하기 때문이다.

자본은 하나의 사회적 관계이지만, 그렇다고 해서 자본을 상호주관성으로 환원해서는 안 된다. 관계는 곧바로 기계적이다. 달리 말해 관계는 인간들 그리고, 시간이 갈수록, 더 많은 비인간적 존재들로 구성된다. 자본은 무엇보다 먼저 기술적 기계들이 파생되어 나오는 하나의 사회 기계machine sociale이다.

자본은 하나의 기호 조작자이다.LE CAPITAL EST UN OPÉRATEUR SÉMIOTIQUE : 자본은 하나의 기호 조작자이다. 자본은 언어 조작자가 아니다. 차이점은 스케일의 문제이다. 자본주의에서 (통화·대수·다이어그램·방정식 등) 기호의 흐름은 – 의미작용·참조·외연작용 등 자본주의 기계의 기능을 설명하지 못하는 모든 언어학적 범주를 넘어 – 직접적으로 물질적 흐름에 작용한다.

(통화나 대수 등과 같이) 의미하지-않는 기호학은 이 기호학이 누군가를 위한 무엇인가를 의미한다는 사실과 독립적으로 기능한다. 이 기호학은 시니피앙/시니피에signifiant/signifié의 이원론 속으로 포획되지 않는다. 그것은 조작적 기호들, 그 작동이 의식과 표상représentation을 지나지 않는 '힘 기호들'signes puissances이다(다이어그램적 작용). 자본주의는 기계중심적일machinocentrique 뿐, 로고스중심적logocentrique이지 않다.

힘FORCE : 사건적 파열로부터 발생하는 무엇인가에 새롭게 형태를 부여하고, 대도시 조직화의 양상을 새롭게 확립하기 위해서는 다음과 같은 궁극적이고 근본적인 한 가지 조건이 요청된다. 자본주의적 가치화를 중단시킬 능력, 새로운 힘 관계를 확립하고 유지할 가능성, 지속 안에서 권력의 공간을 열어젖힐 가능성. 비대칭적 계급투쟁 안에서 대사나 외교관을 자처하는 것은 무익한 일이다. 자본은 위협을 당하지 않는 한 어떤 누군가와 계약을 맺어야만 할 어떤 동기부여도 존재하지 않기 때문에, 어떤 매개도 필요로 하지 않는다. 힘 관계는 자본에게 아주 유쾌한 것이다. 자본은 자신에게 좋은 것으로 보이는 것이라면 거의 모든 것을 할 수 있다.

계급투쟁은 금융화 작용의 주변에서 재구성된 계급에 의해서만, 필요한 만큼의 폭력을 수반하면서, 특정한 방식으로 수행된다. 현실[실재계]le réel은 여전히 그리고 늘 생산과 소비의 무한성을 도입하는 자본의 무시무시한 '법칙'에 의해 지배된다.

한편으로는 자본에 대한 분석, 다른 한편으로는 대항권력con-trepouvoir의 활용 및 투쟁의 실천 없이, 정치학을 정의할 수는 없다.

2장

이윤·금리·세금, 세 가지 포획 기구

선생님
아가야, 돈은 어디서 나는 거지?
돈이 저절로 생겨나는 것은 아니지?

아이
돈은 아빠가 줘요.

선생님
아빠는 돈이 어디서 생겼지?

아이
할아버지한테서요.

선생님
그럼, 할아버지는 돈이 어디서 생겼지?

아이
할아버지가 버신 거예요.

— 괴테의 글을 칼 맑스가 『자본』에서 인용한 것을
칼 슈미트가 다시 인용한 것

위기에 빠진 부채인간은 어떻게 된 것일까? 그의 주된 행동은 무엇일까? 답은 아주 간단하다. 그는 빚을 갚는다. 그는 끝없이 새로운 세금을 냄으로써 자신의 빚 곧 잘못에 대가를 치른다. 그러나 그것이 다가 아니다.

2007년 이후, 새로운 거대 전유/징발ᵃᵖᵖʳᵒᵖʳⁱᵃᵗⁱᵒⁿ/ᵉˣᵖʳᵒᵖʳⁱᵃᵗⁱᵒⁿ 방식이 작동하고 있다. 현재 존재하는 위기의 기원은 내력을 갖는다. 현재의 위기는 1970년대 후반에 시작되었으며 믿어지지 않는 부의 편중을 가져온 일련의 선택이 가져온 결과이다. 신자유주의의 대표 주자라 할 미국의 경우, 국민의 1%가 국부의 40%를 소유하고 있다. 30년 동안, 99%의 미국인들은 15%가량 소득 증대가 있었지만, 상위 1%의 부유층은 150%라는 폭발적 소득 증대를 경험했다. 이러한 초기의 경제적 전유는 역시 믿어지지 않는 민주주의의 정치적 징발을 동반했다. 혁명가와는 거리가 먼 신新 케인스주의자 조지프 스티글리츠ᴶᵒˢᵉᵖʰ ˢᵗⁱᵍˡⁱᵗᶻ, ¹⁹⁴³⁻의 지적대로, 신자유주의자들은 '1%에 의한, 1%를 위한, 1%의 정부'를 강요하는 데 성공했다.

신자유주의적 전유 기준(또는 자의적 기준)에 따른다면, 세습재산을 소득보다 더 중요하게 고려해야 한다. 이 부분에서 신자유주의자들의 자의적 기준이 눈에 띈다. 이번에는 프랑스의 예를 들어보자. 국립통계경제연구소ᴵᴺˢᴱᴱ에 따르면, 2009년 상위 소득자 10%가 평균 최하위 소득자 10%의 6~7배에 가까운 삶의 수준을 누리고 있다. 세습재산의 경우, 최상위 10%가 최하위 10%보다 920배에 가까운 재산을 점유하고 있다.

전全 유럽적·지구적 차원에서 작동하는 자본주의라는 거대한

'시스템 에러. 자본주의는 실패했다. 우리가 99%다. 점거하라!'
오큐파이 시드니 (2011년 10월 15일)

제도는 우리에게 경제 정세를 따르는 긴축정책에 의해 조직되는 두 번째 대규모 징발을 설명해 준다. 이러한 조치는 배타적으로 국가 재정의 안정화에 기여할 것이고, 그 이후에야 생산과 성장에 대해 생각하는 것이 가능할 것이다. 원칙적으로 조세에 의해 조직되는 이 두 번째 징발은 사실상 전략적 기능을 수행한다. 무엇보다도 조세정책이라 할 이러한 긴축 정책을 어떻게 이해해야 할 것인가? 자본주의 전략 안에서 세금은 어떤 역할과 기능을 수행하는가?

정통주의자이든 이단적이든, 경제학 이론가들은 우리로 하여금 다음과 같은 점을 믿게 만들고자 한다. 전유는 '생산'의 기능이며, 분배는 '노동'·'자본'·'저축'과 같은 요소들이 생산에 가져오는 기여로 돌려진다. 생산성의 성장과 증대가 '사회 문제'에 대한 해답이라고 믿는 경제학자들의 양식良識은 이렇게 말한다. 재분배를 위해서는 우선 생산해야 하고, 취득을 위해서는 우선 주어야 한다. 모든 것이 생산 이후에 온다, 심지어 세금과 그것의 재분배 기능마저도.

그런데, 실상은 정확히 그 반대이다. 전유와 분배는 생산과 성장에 종속되어 있지 않으며, 오히려 생산과 성장의 대전제이다. 자본주의하에서, 전유는 이윤·금리·조세라는 세 개의 꼭짓점을 갖는 포획 기구appareils de capture에 의한 행동 전반을 가로질러 작동한다.[1] 우선 그 위계적 질서와 분배가 자본주의적 지배의 연속적

---

1. 나는 세 개의 꼭짓점을 갖는 포획 기구라는 말을 [들뢰즈·과타리의] 『천 개의 고원』

배치에 따라 변화했음을 관찰해야 한다. 1960년대까지는 이윤이 금리와 조세에 비해 핵심적 역할을 수행했지만, 신자유주의의 도래 이후 이러한 관계는 역전되었다. 인구 징발을 위한 조직화와 명령은 우선적으로 (금융의) 금리와 조세에 의해 실행된다.

사적·국가적 부채 위기 이후, 이러한 관계는 또다시 변화했으며, 이제 가장 중요한 위치에 오르는 것은 조세에 의한 포획 작업이다. 자본주의 정부는 이 세 가지 포획 기구의 절합과 위계를 매우 빠르게 변화시켜야 할 필요성에, 그러니까 '기술적 통치'에 의지할 필요성에 직면하고 있다.

생산 개념에 대한 첫 번째 재정의

1970년대 말과 1980년대 초 사이에 신자유주의는 이윤을 희생시켜 금융 금리 및 조세의 우위를 표명하는 결정적인 전략적 전위^{轉位}, déplacement를 수행했다. 이러한 분화를 이해하기 위해서는 '생산'production이라는 경제학적 개념 자체를 해체해야 한다.

자본주의적 생산의 개념은 단순히 한편으로는 산업자본과 산업 자본가들, 다른 한편으로는 노동과 노동자들을 함축하는 것

(*Mille Plateaux*)에 등장하는 용법으로 사용한다. 다만 지대(地貸, rente foncière)를 금융적 금리(rente financière)로 대체했다. [우리말 번역본에는 각기 지대(rente)·이윤(profit)·세금(impôt)으로 번역되어 있다. 질 들뢰즈·펠릭스 가타리, 『천 개의 고원 — 자본주의와 분열증 2』, 김재인 옮김, 새물결, 2001, 841~861쪽.]

에 그치지 않으며, 자신의 진정한 그리고 불요불급한 조건으로서의 통화와 세금을 포함한다. 통화와 세금은 시장과 노동의 조직화 양자 모두에 선행하고 그것들을 정초한다.

표준적 경제 과학^{science économique}은 통화를 교환의 편의를 위한 단순한 하나의 통화로, 세금을 '비생산적인' 공제로 환원한다. 왜냐하면 통화는 물론 세금 또한 시장에서 발생하기는커녕 오히려 시장을 만들고 또 가능하게 만드는 권력(대부분은 국가권력이라 해야 할)의 중심으로 되돌려지기 때문이다. 교환에도 생산에도 경제에도 기초하지 않는 이러한 정치적 기원설은 이미 고대로부터 잘 알려져 있었는데, 이는 이제 [신자유주의가 도래하면서] 시장에 의한 경제적 행위자들의 자연발생적 조정의 신화에 자리를 마련해 주기 위해 사라져야만 했다.[2]

통화와 세금은 언제나 (국민국가는 물론, 유럽 연합이나 금융 혹은 은행 시스템과 같은 초국민적 제도와 같은) 특정 권력 장치에 의존한다. 통화와 세금은 각각의 개별적 기능을 노동의 사회적 분화에 배분함으로써 경제적인 권력관계를 개시하는 장치인 동시

---

2. 경제학이 이해하지 못하는 것은 자신이 다루는 대상의 정치적 기원이다. "오토 왕가의 황제들은, 샤를마뉴처럼, 상업을 통제하기를 원했고 이를 위한 안정적 틀을 제공하고자 시도했다. 이를 위해 이들은 이전에는 거의 존재하지 않았던 시장들을 세웠다. 우리는 현존하는 자료들을 통해 936년에서 1002년 사이에 설립되었던 29개의 시장을 알고 있다. … 실상 메르카투스(市場, mercatus)의 창설은 통화 제조 공장의 설립과 동시에 이루어졌다. 상업적 교환 행위에 의한 이러한 배치는 현금의 보급에 의해 규칙적으로 강화되었다. 황제는 이러한 통화의 발행처를 지방 권력, 영주, 주교, 수도원에 양도했다."(Georges Duby, *Guerriers et paysans, VIIe-XIIe siècles : premier essor de l'économie européenne*[전사와 농부, 7~12세기 ─ 유럽 경제의 첫 비상], Paris, Gallimard, 1973, p. 152).

에, 소유권을 규정하는 포획의 기구이다.

포스트포디즘이라 불리는 것을 정의하기 위해서 (인지적 비물질적 노동, 적시^{JIT, just-in-time} 생산, 지식 및 혁신의 역할 등과 같이) 노동 조직화에 개입하는 일련의 변화를 묘사하는 것만으로는 불충분하다. 포디즘에서 신자유주의로의 이행은 통화와 조세 정책 기능에서도 마찬가지로 중요한 일련의 변화를 전제한다.

산업자본주의의 궁극이라 할 포디즘조차도 생산이 아닌 통화와 조세로부터 출발하는데, 이는 새로운 전유·분배·측정 양식을 함축하는 것이다. 조세·통화 정책과 '국유화'에 의해 실현된 케인스주의적인 '금리생활자의 안락사'는 '금리'의 개혁주의적 강탈(전유)에 비견될만하다. 통화 및 조세의 관리는 고용 및 '산업자본주의'의 진흥이라는 목적을 갖는 정책을 확립하는 것이다. 공장 내에서 발생하는 이득과 생산성의 상대적 분할, 사회 '국가'를 가로지르는 '사회적 소유권'이라는 소극적인 정의는 통화와 조세에 의해 우선적으로 확립되는 새로운 분배의 규범에 상응한다. 이른바 고유한 의미의 '생산'은 이 '원초적'^{originaires} 전유와 분배의 지속적인 재생산과 확대에 기여할 뿐이다.

포스트포디즘으로의 이행 역시 동일한 방식으로, 곧 무엇보다도 통화와 세금의 케인스주의적 기능을 역전시킴으로써 이루어진다. 그것은 금리[지대]를 무력화시키지 않고 발전시키는 것이다. 마찬가지로 이러한 이행은 통화의 발행을 사유화하는 방식으로, 또 '뉴딜' 정책이 상대적으로 사회화했던 모든 것의 사유화를 유도하는 방식으로 이루어진다. 또한 이러한 이행은 복지의 '성격'을 변경시키기 위해 세금을 활용하는 방식으로 이루어진다(국민의 대부분은 최소한의 사회 서비스만을 제공받게 되는 데 반해, '새로운 구호대상자'가 된 기업과 부유층에 막대한 양의 수입이 이전된다). 이러한 이행은 또 '금융'이라는 새로운 척도와 소유권이라는 새로운 권리를 부과하는 방식으로 이루어진다(이는 주식과 증권의 소유권자, 곧 채권자의 자본주의이다).

화폐는 세금으로부터 탄생하는가?

세금의 기능을 그리고 통화에 대한 세금의 상보적 기능을 우리가 가장 잘 포착할 수 있는 시기는, 세금이 결정적 역할을 수행했던 신자유주의 시대 초기보다는 아마도 위기의 시기일 것이다. 『천 개의 고원』에서 우리는 위기가 가시화하는 세금의 이러한 상보적 성격에 대한 분석을 발견한다.

만약 "통화monnaie가 늘 특정 권력 기구에 의해 분배된다"면, 재화-서비스-화폐bien-service-argent 등가만이 아니라 통화의 순환과 유통 역시, 화폐를 일반적 등가물을 만드는 세금을 통해 확립될 것이다. "통화를 만들어 내는 것은 세금이며, 경제를 화폐화하는 것도 세금이다." 통화가 상업이나 교환이라는 기원을 갖지 않는 것처럼, 통화는 노동으로부터 도출된 것도 아니다. 통화는 교역이나 노동이 아니라, 시장과는 이질적이며 독립적인 권력의 도구라 할 세금과 불가분의 관계에 있다. 경제적 순환 과정에서 세

단체 <도시에 대한 권리 로스앤젤레스> 회원들이 미국 최대의 은행 시티사 앞에서 진행한 '부자들에게 과세하라' 집회 (2011년 4월 18일)

금은 근본적 역할을 수행하고 있는데, 이는 그리스의 경우가 잘 보여 주는 것처럼 이미 고대로부터 그러하다. 가난한 자들은 땅을 사고, 생산하고, 자신들이 생산한 것에 부과된 세금을 지불하기 위해 화폐를 사용하므로 "귀족에 대한 세금과 가난한 자들에게로의 화폐의 분배는 화폐를 부자들에게 다시 가져다주기 위한 수단이다." 대여된 통화는 "멈추지 않는다는 조건 아래, 곧 부자와 빈자를 가리지 않고 모두가 통화-재화-서비스 사이의 등가의 확립되는 방식으로 세금을 낸다는 조건 아래" 부자들에게 되돌아간다.[3]

이와 동일한 작동기제가 1929년 위기 이후 자본주의의 대응 방식의 기저에 놓여 있다. 이는 마치 미국인들이 '뉴딜'을 통해 그리스인들이 오래전부터 알고 있었던 것, 즉 "국가의 중과세가 사업에 도움이 된다"[4]는 사실을 발견한 것과 마찬가지이다. 귀족들에 대한 과세는 케인스주의적 '금리생활자의 안락사'에 의해 수행된 금리의 징발에, 화폐의 재분배는 복지 정책에 의해 조직된 소득의 재분배에 비견될 수 있을 것이다. 높은 수익과 경제적 순환의 실현과 확고한 보장을 위해, '부자'에게 화폐가 되돌아가는 방식으로, (부자와 빈자) 모두 오늘날 징발에 호소하는 인상된 세금을 납부한다.

막대한 과세율은 물론 임금과 복지 정책을 통한 소득의 분배는 '생산'에 장애물이었던 적이 없는데, 이는 '서양'이 전후만큼 지속적이고 높은 성장률을 보인 적이 없었기 때문이다. 직접 임금 및 사회적 임금을 독립변수가 될 때까지 밀어붙임으로써 이윤을 삭감하고 자본에 전략적 변화를 강요한 것은 1960년대와 1970년대의 정치 투쟁이다. 또 다른 '경제학'의 필요성은 결코 경제로부터 온 적이 없으며, 언제나 오직 정치로부터 왔을 뿐이다. 이는 무엇보다도 성장·이윤·개발이 경제적 관계들이기 이전에 권력관계들이

3. Gilles Deleuze et Félix Guattari, *Mille Plateaux — Capitalisme et schizophrénie 2*, Paris, Éditions de Minuit, 1980, p. 552 [들뢰즈·가타리, 『천 개의 고원』, 850~853쪽. 이하 본서에 등장하는 모든 번역을 랏자라또의 문맥에 맞추어 조금씩 수정했다.]

4. Gilles Deleuze et Félix Guattari, *L'Anti-Œdipe. Capitalisme et schizophrénie 1*, Paris, Éditions de Minuit, 1972, pp. 233~234 [질 들뢰즈·펠릭스 과타리, 『안티 오이디푸스 — 자본주의와 분열증』, 김재인 옮김, 민음사, 2014, 339쪽.]

기 때문이다.

정치경제학의 (심지어는 『자본』 1권에 등장하는 것과 같은 맑스주의의) 도식을 전복시켜야 한다. 이 도식은 먼저 물물교환이 있고, 그다음에 교환 및 등가성·유통·지불의 수단으로서의 통화가 있고, 마지막으로 세금을 통해 실행되는, 국가라는 포획 기구의 공제에 도달하는 도식이다. 이와 반대로, 우리는 통화의 보유라는 정치적 구성으로부터 출발해야 한다. 그런데 통화의 기능 조건인 재화와 서비스 사이의 등가성을 창조하는 것은 교환이 아니라 물론 세금이다. 다만 우리는 2007년 이후의 사태에 비추어, 위기를 주조한 것은 성장이 아니라 세금이라는 포획 기구라는 점을 덧붙일 수 있을 것이다. 시장과 통화가 더 이상 보장해 줄 수 없는 서비스와 재화의 척도와 등가를 확보해 주는 것은 세금이다(시장은 붕괴되었고, 통화는 특히 은행들 사이에서 더 이상 유통되지 않는다!).

누가 세금을 납부해야 하는가(위기에 책임이 없는 사람들이!) 그리고 이렇게 걷힌 화폐가 어디로 가야 하는가(위기에 책임이 있는 은행들 및 채권자들에게로!)를 결정하면서 세금은, 경제를 구성하는 근본적인 정치적 분할(채권자/채무자, 자본/노동 등)에 따라서는 [더 이상] 그 자체로 작동하지 못하는 '경제'의 전적으로 정치적인 재생산을 보증한다. 우리가 '기술적' 또는 '국가 구제적'이라고 부르는 위기에 대한 통치는 그 자체로 정치적이다. 그리고 세금은 바로 이러한 통치의 근본적인 정치적 도구가 되었다.

만약 세금이 금리와 이윤의 재생산을 보장함으로써 이들을 보존한다 하더라도, 중단기적으로 볼 때, 세금은 생산·성장·축적의 새로운 단계를 열지는 못한다. 부채의 상환은 (새로운 성장을 통한) 미래의 부가 아니라 현재의 소득으로부터 이루어진다. 부채가 일종의 정치적 공제에 비견된다는 말은 바로 이런 의미이다.

세금은 위기의 '척도'를 동시에 재현함으로써만 파산 상태에 놓인 제도들의 통화화 monétarisation를 보장해 준다. 세금은 긴축 정책이라는 척도에, 국민의 소득에 대한 전유에, 그리고 위기의 순간에조차도 자본주의가 체계화하고 있는 채권자를 위한 분배에 봉사한다. 세금은 생산의 척도를 구성하기보다 국민에 대해 수행되는 통제와 권력의 척도를 구성한다. 세금은, 그 최종적 심급에서, 긴축 정책을 강요하는 정부의 능력 및 국민의 긴축 정책 수용 정도를 측정한다.

세금은 자신의 '주권적'[5] 성격을 드러내면서 자신의 역할을 이미 미약하기 그지없는 민주주의 시스템을 중단시키는 권위적 통치의 확립에 제한한다.

위기 포획 기구들

---

5. 세금의 의미와 영향력은 소득에 대한 세금보다는 간접세에서 더 잘 드러난다. 이는 단지 간접세가 누진적이지 않고 또 국가가 거두어들이는 세금의 더 많은 부분을 차지하기 때문이 아니라, 간접세가 시장과 독립적인, 시장 이외의 요소들에 의해 결정되는 상품 가격의 특정 부분을 대표하기 때문이다. 시장 가격은 이 비경제적인 동시에 정치적인 기반 위에 덧붙여지는 것이다.

따라서 우리는 연속적 '금융' 주기의 시작점에서만이 아니라 그것이 불러일으키는 위기의 내부에서도 조세적 전유를 재발견하게 된다.

금융 위기의 원인은 브로커들traders의 병적인 탐욕과 투기가 아니라, 금리 포획 기구가 더 이상 사회적 잉여가치의 전유도 나아가 그것을 가능케 해 주는 지배·개발·분배로 이루어지는 관계들에 대한 통제도 보장하지 못한다는 사실 안에 놓여 있다.

국가 부채가 위기의 근원인 것처럼 보인다. 그러나 사실 국가 부채는 단지 국제 금융 시스템과 미국 은행들의 파산이 가져온 하나의 결과에 불과하다. 위기는 금융 구제를 위해 누적된 부채를 갚지 못하는 국가들의 무능력에 기인한 것이 아니다. 위기는 보다 근본적으로 (서브프라임 위기처럼) 신용에 의해 견인된 축적의 실패, 자본주의적 가치증식 시스템의 파멸 안에 놓여 있다. 2012년 7월 신문에서 볼 수 있는 두 개의 기사 제목이 위기의 진짜 원인을 보여 준다. 첫 번째는 『파이낸셜 타임스』Financial Times의 기사이다. '조세 피난처에 숨겨진 부자들의 화폐가 21조 달러에 도달했다.' 이 기사는 아마도 실제 총액이 32조에 이를 것이라는 지적으로 시작하는데, 이는 전 세계 부채의 절반 이상에 해당하는 금액이다. 우리의 화폐는 채권자들에게 부채를 갚기 위해 징발당하고 있는데, 이 화폐는 곧바로 다양한 조세 피난처로 흘러 들어간다.

더욱 흥미로운 것은 『르 몽드』의 기사이다. '조세 피난처에 (6,230억 달러로 나스닥 최고의 시가 총액 기업인) 애플은 810억 달러, 마이크로소프트는 540억 달러, 구글은 430억 달러, 시스코

UFO를 연상을 시키는 위 그림은 애플의 전CEO 스티브 잡스가 착안하고 노먼 포스터가 디자인한, 미국 캘리포니아주 쿠퍼티노에 세워진 애플사의 본사 건축예상도. 총면적 26만 제곱미터의 토지 비용은 1억 6천만 달러로 추산되었다. 2011년 애플 캠퍼스 2의 예산은 30억 달러 미만이었으나, 2013년 총 비용은 50억 달러에 근접한 것으로 추산된다.

는 420억 달러 이상을 소유하고 있다.' 위기의 이유를 설명하고 있는 것은 기사의 부제목이다. '이들은 이 군자금으로 무엇을 해야 할지 모르고 있다.' 거대 다국적 상장기업들의 상황도 대동소이하다. 이들은 어디에 어떻게 투자해야 할지도 모르는 화폐의 산더미 위에 올라앉아 있는 것이다. 축적된 자본이 어디서 어떻게 가치화할 것인지를 알지 못하는 상황이 전개되고 있는 것이다. 더 이상 어떻게 자신을 적절하게 가치화할 것인가를 알지 못하는 가치는 평범한 일반적 등가물, 곧 지불통화의 대열 속으로 떨어진다. 이때 가치는 노동도 사회도 지배하지 못한다. 달리 말해, 이때 가치는 징발/전유의 새로운 체계를 조직할 능력을 상실한다.

자본은 더 이상 사회의 생산성을 '흡수'하지 못한다. 이제 이러한 기능은 – 이전까지 이윤과 금리에 의해 수행되던 포획 기능을 보장해 줄 뿐 아니라, 나아가 세 가지 포획 장치들 사이의 일관성을 부여해 주는 – 조세의 몫으로 넘어간다. 자본주의는 생산양식과 포식捕食양식 양자가 분리 불가능하게 결합되어 있는 체제이다. 자본주의가 더 이상 금융·생산에 의한 포식을 보장해 주지 못할 때, 위기가 개입한다. 이때 포식의 연속성은 조세에 의해 보장된다.

위기의 영향을 받은 모든 유럽 국가들에서 금리와 이윤이라는 두 개의 고장 난 장치를 향해 흘러 들어가야 할 엄청난 양의 화폐를 조달하기 위해 대규모로 작동된 것은 조세 기계machine de l'impôt였다. 기술적 통치는 무엇보다 먼저 조세의, 조세를 위한 통치이다. 우리가 '긴축'이라 부르는 정책은 실은 다양한 '강제' 징수 정책이다. 이 강제 징수 정책은 임금 노동자들에 대한 징수라는 고유한 의미의 세금(명목 임금의 삭감)으로부터, 복지국가의 사회적 지출에 부과되는 세금(특히 은퇴자들에 대한 사회적 지출의 대대적 감축)을 거쳐, 가격 인상에 의한 징수에 이르는 등의 다양한 방식으로 이루어진다. 그리고, 무시할 수 없는, 최후의 징수는 '사유화'에 의해 대표된다. 부채를 갚기 위해 국가는 자신의 '공적' 재화를 사적 행위자들에게 헐값에 팔아넘긴다.

프랑스의 신문들은 사회당 정부가 발표한 300억 유로에 이르는 새로운 '조세 폭탄'matraquage fiscal에 대해 말한다. 그렇다면 세금 증대가 프랑스의 이른바 조세 폭탄보다 훨씬 큰 규모였던, 그리스·스페인·포르투갈과 이탈리아에서 일어나고 있는 일들은 어떻게 설명할 수 있는가?[6] 금융 부문을 위한 국가의 개입은 (계급 간) 불평등을 상당한 수준으로 심화시키고, 따라서 위기의 진짜 원인을 재생산한다.

불가능한 개혁주의 (그리고 불가능한 '뉴딜')

위기의 시기에 세금은 금융적 가치화의 논리에 부합하지 않는 (불변 혹은 가변, 곧 기업과 임금노동자라는) 자본 형식을 파괴하는 동시에, 그 결과 실로 새로운 하나의 우발적 축적 계열을 구축

---

6. 유럽 3위의 경제 대국인 이탈리아는 (베를루스코니 및 몬티 내각에 해당되는) 지난 4년 동안 새로운 55%의 세금 증액을 포함한 3조 2950억 유로의 증세를 가져온 '수지 안전화를 위한 개혁 정책'을 실시했다.

그리스 크레타섬 이에라페트라의 교사와 학부모 들이, 교육에도 영향을 미치는 그리스 정부의 양해각서(memorandum) 정책에 반대하는 시위를 벌이고 있다. (2011년 9월 22일)

한다. 역사적으로 볼 때, 파괴와 구축이라는 이 두 순간의 사이에 자본주의는 권력관계를 재구성하기 위해 전쟁(특히 내전)을 벌였다. 우리에게 현재의 상황을 특징짓는 것처럼 보이는 것은 차라리 개혁주의 정책의 실천 불가능성, 그리고 이에 이어지는 파괴, 특히 사회적 노동의 힘이라는 '사회적 권리'와 '노동할 권리'에 대한 파괴의 두드러짐이다.

신문을 읽고 전문가들이나 정치가들의 말을 듣다 보면, (노동자, 은퇴자, 실업자, 환자, 사회보장 대상자 등) 모든 사람이 유죄이다. 오직 금융업자들 그리고 은행들만을 제외하고! 우리의 엘리트들은 눈이 멀었거나, 아니면 냉소적인 인간들일까? 위기를 겪으며, 우리는 단순히 주관적인 것이라고 할 수는 없고 현실[실재]적인 것의 억압에 의해 특징지어지는 '균일한 사고'pensée unique 7의 새로운 버전에 접하게 된다. 이러한 맹목과 냉소주의의 '객관적' 이유들도 존재한다. 새로운 '뉴딜'에 의한 위기 탈출 방식은 이미 제거되어 버렸으므로, 개혁주의는 불가능한 것이 되었다는 것이 그것이다. 엘리트들은 자신들의 눈앞에 있는 위기의 명백한 원인을 이해할 수 없다. 왜냐하면 금융을 '개혁하는 것'이 자본주의 그 자체를 문제시하게 될 것이기 때문이다. 분명히 엘리트들은 자신들이 기꺼이 받아들이는 냉소주의를 향해 몰려가고 있는 것이다.

자본의 개혁주의는 자본주의 역사상 (2차 세계대전의 종결 이후 1970년대에 이르는) 25년도 채 되지 않는 매우 짧은 시기만을 대표할 뿐이다. 그것은 국가 간 전쟁들 및 내전들, 혁명 운동의 고조, 공산주의에 대한 공포, 1929년 [대공황의] 경제·금융 위기의 심연 등에 의해 지배되었던 매우 특수한 정치적 종합국면이 이루어낸 결실이었다.

---

7. [옮긴이] 이 용어는 프랑스 언론과 정치 등에서 '자신의 의견을 다수의 의견에 맞추는' 순응주의를 비판하는 의미를 담고 있다.

이런 관점에서 보면, 개혁주의는 불가능한데, 그 이유는 산업자본주의와 금융자본주의, 국가와 자본, 노동운동 제도와 국가제도, 사적 소유와 공적 소유, 대의제와 자본, 행정국가와 자본 사이에 전후까지도 여전히 존재하던 잠재적 모순을 담은 이질적 요소들이 사라져 버렸기 때문이다. 우선은 포디즘이, 그리고 이후에는 특히 신자유주의 정책이 (행정적인 만큼이나 대의제적인 기능을 수행하는) 국가와 금융, 산업, 사적 소유권 사이의 착종을 생산했고, 이에 따라 개혁주의적 선택지를 절대 불가능한 것으로 만들어 버렸다. 증권과 투기를 향해 쏟아지던 케인스주의적 비난은 오늘 어디에서도 결코 들리지 않는다. 이는 단순히 오늘날 금융이 경제와 권력의 동력으로 자리 잡았기 때문이다.

위기의 주체적 생산

세금은 주체적 관점에서도 역시 핵심적 역할을 수행하는데, 이는 세금이 부채가 형성하는 '잘못'faute의 속죄에 기반하고 있기 때문이다. 부채가 '공적인' 것일 때, 우리는 그 잘못을 개별적으로 지불하고 속죄하는 것이 아니라 세금을 통해 집단적으로 지불하고 속죄한다. 부채는 마치 개인들을 부채인간으로 변형시키는 역능을 갖는 벡터값처럼 작동한다. 부채는 (국가가 진 부채에 암묵적으로 포함되어 있다 할) 상환에 대한 '집단적' 약속을 가능케 해주는 주체적 조건들, 곧 양심의 가책과 죄책감의 형성에 기여하는 일종의 기억술 ^{記憶術}, mnémotechnique에 속한다.

국가, 기술적 통치, 미디어는 유럽의 국민들로 하여금 자신들이 결코 지지 않은 빚에 대한 죄책감을 갖도록, 그리고 그 결과, 그들이 결코 저지르지 않은 잘못에 대해 책임감을 느끼도록 만드는 일에 상당한 에너지를 투여한다. 법률·담론·텍스트·말의 급격한 증가는 이러한 사기극의 확산 정도와 직접적으로 비례한다. 위기의 핵심에서, 기술적 통치는 개인이 아닌 전 국민의 마음속에 부채의 기억을 심어주고자 노력한다. 전유와 징수의 폭력은 그들의 특권적 도구이다. 왜냐하면 니체의 말대로, 고통을 주는 것만이 기억에 새겨지며, 상처를 입히는 것만이 의식에 기입되고 각인되기 때문이다.

국가·시장·미디어에 의해 사용되는 경제적·담론적 폭력의 정도는 부채에 대한 기억의 생산에 반대하는 국민들의 저항의 정도에, 양심의 가책과 책임감·죄책감을 내면화하려는 시도에 대한 거부의 정도에 비례하는 것처럼 보인다.

가치평가와 척도

자본주의적 단계의 연속(케인스주의-포디즘/신자유주의-포스트포디즘/이어지는 신자유주의-포스트포디즘의 주요 위기)은 보다 일반적인 몇 가지 언급을 가능케 한다.

세 개의 포획 기구는 특정 방식으로 가치 및 잉여가치를 평가·

측정·분배하는 세 개의 금전출납기$^{machines\ comptables}$를 구성한다. 각각의 포획 기구는 자신의 고유한 평가/비교 원칙, 자신의 고유한 척도 및 소유권의 체제를 갖는데, 그것들은 서로 공존한다. 그러나 이들 사이의 위계는 매 시기마다의 정치적 종합국면에 따라 변화한다. '노동시간'은 자본주의적 포획 기계가 제시하는 다양한 척도들 중 하나이다. 그것은 산업자본주의의 지배 기간 동안 일정한 헤게모니 기능을 가졌다. 연이어, 우리는 금리에 의한 전유와 척도가 확립되고, 위기 이후에 세금에 의한 전유와 척도가 뒤이어 설정되는 것을 보았다.

세금·금리·이윤은 두 개의 상호 보완적인 조작에 의해 작동한다. 한편에는 평가/비교, 다른 한편에는 독점적 전유가 그것이다. 평가와 전유 양자는 소유권의 특정 체제를 함께 규정한다.

'이윤' 포획 기구는 '우리가 노동이라 부르는 공통적·동질적 양에 따라 종속·보고·비교'되어야 할 '행동들'에 대한 평가 작용을 조직한다. 그러나 노동은 자신의 포획 기구에 앞서 존재하는 것이 아니며, 오히려 그것으로부터 파생된다. 먼저 존재한 이후에 자본에 의해 전유될 어떤 노동, 어떤 생산 작용이 미리 존재한다는 식으로 생각해서는 안 된다. 오히려 반대로, 전유가 노동을 규정한다. '노동'이라는 현실과 개념이 자본에 의해 확립된다.

"노동과 잉여 노동은 하나가 행동들의 양적 비교를, 나머지 하나가 기업가에 의한 노동의 독점적 전유를 말하고 있다는 점에서 정확히 같은 것이다."[8] '이윤'이라는 소유 체제는 기업가가 보유한 생산 수단에 대한 사적 소유권이다.

반면, 신자유주의적 국면은 더 이상 노동 평가가 아닌 기업의 투자 및 수익 가능성 평가에 기초해 있는데, 이로부터 평가/비교에 관련된 새로운 절차가 나오고, 이는 다시 '노동'과는 다른 새로운 회계의 규칙을 요청하게 된다.

자기자본이익률ROE, Return on Equity이란 기업을 지배하는 주주의 관점과 관련된 경제 활동 평가의 '기준'이다. 1980년대 말 10%에도 미치지 못하던 연간 이익률은 이후 10%로, 또 15%로 점차 증가했으며, 오늘날 파리 주식시장CAC 40에 속한 기업의 상당수는 20~25% 정도의 이윤을 남기고 있다. 전유의 주체는 더 이상 기업가가 아니라 채권자이다. 지배적 소유 체제는 여전히 사적이지만, 자본 증권의 소유에 기초하고 있다.

[신자유주의] 위기[국면]의 포획 기구는 세금이다. 세금은 다른 평가/비교 양식, 따라서 다른 기준을 도입한다. 세금은 재화·증권에 대한 새로운 비교/평가 정책과 더 이상 시장에 의해 보증되지 않는 새로운 전유 관계를 동시에 도입한다.

시장의 '자율성'이 붕괴되면서 시장의 기초를 받치고 있던 정치적 차원이 갑자기 돌출한다. 겉으로 보기에, 세금을 인상하는 주체가 '국가'이므로 소유 체제는 더 이상 사적이 아니라 '공적'인 것처럼 보인다. 그러나 실상 오늘날 '국가'와 '자본', '공적' 소유와 '사적' 소유를 구별하기란 불가능한 일인데, 이는 국가에 의해 걷힌 화폐가 곧바로 조세 도피처에 숨겨진 채권자들의 구좌와 은행으

---

8. Deleuze et Guattari, *Mille Plateaux*, p. 551 [들뢰즈·가타리, 『천 개의 고원』, 850쪽].

로 들어가기 때문이다.

칼 슈미트

요약해 보자. 생산은 (포디즘·신자유주의·부채위기와 같은) 자본주의의 새로운 단계마다 새롭게 생산되는 일정한 전유·분배의 양식을 가정한다. 포획 기구가 생산과 분배(그리고 성장)의 조건을 규정하는 것이지, 그 반대가 아니다. 이러한 '진리'를 우리는 맑스와 들뢰즈·과타리와는

칼 슈미트
(Carl Schmitt, 1888~1985)

대척점에 서 있는 한 명의 사상가 칼 슈미트에게서 발견한다. 이 자리에서 칼 슈미트를 끌어들이는 것은 이상하게 보일지도 모르지만, 이미 맑스가 자신의 동시대를 분석하며 말했던 것처럼, 때로는 개혁적 사상가보다 반동 사상가에 관심을 갖는 것이 더 유용한 경우가 있다.

랑시에르·바디우·아감벤 등과 같은 작가들의 이론에서 경제에 대한 비판을 발견하는 것은 어려운 일이 아니다. 그러나 이러한 이론들은 자본주의에 대한 경제주의적 이해에 입각하여 정치와 경제 사이의 근본적 분리를 가정한다는 결점을 갖는다. 칼 슈미트처럼, 자본주의하에서는 **경제가 정치**l'économie est la politique라고 말하는 사유는 오히려 드문 편이다. 슈미트는 정치적인 것의 자율

성을 말했던 예언자처럼 간주되어 왔지만, 이제 차라리 전후 자본주의의 불가능성을 고지했던 사상가로 자리매김될 수 있을 것이다. 슈미트는 독일 '종교개혁' 이래 내려온 공식이었던 **영주의 신앙 결정권**'cujus regio, ejus religio'을 **산업의 신앙 결정권**'cujus industria, ejus religio'이라는 놀랍고도 새로운 공식으로 대체한다.[9]

들뢰즈와 과타리처럼 슈미트도 우리를 경제에 대한 일체의 공리주의적·계약주의적·규약주의적 관념으로부터 벗어나게 해 준다. 이러한 관념에서 경제는 늘 자유로운 계약 주체들 사이의 관계, 물물교환, 교환, 상업자본에 의해 시작된다. 이 반동 사상가 슈미트의 주된 장점은 무엇보다도 이와 같은 경제에 대한 상업주의적·교환주의적 시작을 전복시키고, 이를 정치적 출발점의 이론으로 대체했다는 사실에 있다.

칼 슈미트는 전혀 다른 개념과 방법론을 통해, '자유주의' 사상과 그것의 주장이 경제[체제]économie의 정치적 성격을 **경제학**economics으로 변형시킴으로써 중립화했다고 비판한다. 자신의 과학적 지식의 정점에서 경제학은 다음처럼 확언한다. '사회 문제'에 대한 정치적 해결은, 오직 시장의 법칙에 의해서만 기능하고 또 설명 가능한 생산 및 소비의 성장으로 귀착된다. 슈미트는 이와 반대로 경제는 정치의 현대적 양식이며, 그 결과 노동의 국제적 분업이 '대지[토지]terre의 참다운 구성'[10]을 이룬다고 말한다.

---

9. Carl Schmitt, *La Guerre civile mondiale* [세계 내전], Maisons-Alfort, Ère, 2007, p. 60. 이 공식은 글자 그대로 '영주가 종교를 결정한다'(tel prince, telle religion)는 의미이다. 새로운 공식에서는 산업 혹은 경제가 권력을 쥐게 된다.

모든 경제-정치 체제는 자본주의조차도 빠져나가지 못하는 세 원리에 따라 구성·조직된다. 이 원리들은 '노모스'nomos라는 용어의 세 의미에 대응된다. 이 그리스어 명사는 동사 nemein에서 온 것으로, 이는 무엇보다 '점유'를 뜻하는 말이다. 슈미트가 다양한 신조어를 만들기 위해 사용하는 독일어 nehmen[11]이 이와 동일한 언어학적 어원을 갖는다. 따라서 '노모스'는 우선 '점유, 정복' 곧 '전유'를 의미한다. 모든 새로운 사회(그리고 자본주의적 지배의 모든 새로운 국면)는 점취와 정복, 그리고 맑스를 따라 우리가 '본원적 축적'이라 부를 수 있는 무엇인가로부터 시작한다. 자본주의에 이르기까지, 이 단계는 모든 법과 경제의 대전제로 간주되어 온 대지의 전유/징수 과정에 상응했다. 이에 반해, 20세기 자본주의와 관련하여 슈미트는 '노모스'의 첫 번째 의미를 산업자본주의의 조건 속에서 번역하기 위해 '산업의 점유'Industrienahme라는 표현을 제시한다. "생산 수단 전체에 대한 소유적 점취, 근대 산업의 대규모 점취가 이제 산업시대 이전 원시적 대지의 노획권·점취권이 누리던 자리를 차지한다."[12]

산업에 의한 정복이라는 이러한 방법론은 오직 '사용된 권력수단들의 증대된 파괴력과 공격성'에 의해서만 이전의 점취 방식들과 구분된다.[13] 오직 거대 산업 공간의 소유만이 세계적 공간의 점취

---

10. 같은 책, p. 81.
11. [옮긴이] nehmen은 잡다, 쥐다, 점유하다 등을 의미하는 독일어로, 영어의 take, 프랑스어의 prendre 정도에 해당된다.
12. 같은 책, p. 60.
13. 같은 책, p. 81.

를, 따라서 세계-경제[체제]économie-monde의 통치를 가능케 한다.

'노모스'의 두 번째 의미는 '분배하다, 부분으로 나누다'로, 달리 말하면 '분할'이다. '내 것과 네 것'의 구분을 통해, 노모스는 소유권과 법을 규정한다. 이에 따라 전유는 척도를 요청하게 되고 또 그것을 가능케 한다. 전유의 결과물, 정복·발견·징수에 의해 얻어진 것은 반드시 평가·측정·분할되어야 한다. 들뢰즈와 과타리에서와 마찬가지로, [슈미트에게서도] 평가/비교와 전유는 쌍으로 나타난다. 양자는 포획 기구의 두 지렛대처럼 기능한다.

노모스 개념은 처음에는 대지의 특정하고도 구체적인 분할과 배분을 가리키는 말이었다. 그러나 "당신이 만약 내게 오늘날 대지의 노모스는 무엇인가 라고 묻는다면, 나는 지체 없이 이렇게 대답할 것이다. 대지의 산업적으로 개발된 영역과 덜 개발된 영역 사이의 분할이다." 이것이 대지의 참다운 '물질적' 구성을 형성하는 것이다.

노모스의 세 번째 의미는 생산을 가리킨다('방목하기·관리하기·사용하기·생산하기'). "보통은 소유에 기반하여 이루어지는 생산적 노동이 문제이다. 구매와 교환의 상호적 정의正義는 '원초적 분할'divisio primaeva 곧 최초의 분할로부터 나오는 소유와 마찬가지로 생산을 전제로 한다. 노모스의 세 번째 의미는 재화를 생산·변형시키는 다양한 방식에서 자신의 내용을 찾아낸다."[14] [여기에] 교환과 시장에 대한 [슈미트의] 비판이 명백히 드러나 있다.

---

14. 같은 책, p. 53.

노모스의 이 세 개념은 우리가 경제라 부르는 것, 곧 우리가 정치와는 이질적인 것으로 보고자 하는 미분화微分化. différentiation의 영역 안에 포함되고 절합된다.

슈미트의 관점에서, 맑스와 레닌은 경제학자들이 말하는 바와 같은 의미의 생산이라는 사이렌의 유혹에 완전히 굴복하지 않은 저자들이다. 반대로 맑스와 레닌은 전유·징수·소유 안에서 자본주의의 '정치적' 기초를 찾아내고자 했던 인물들이다.

맑스가 본원적 축적과 그것의 전유적 폭력을 자본주의의 탄생과 발달의 필연적인 조건으로 간주했으며, 레닌이 제국주의와 식민주의 안에서 19세기 말과 20세기 초의 사회적 문제를 대면할 수 있는 유일한 것으로서 전유를 바라보았다면, 경제학자들은 그 해결책을 오직 '생산'에 귀속시킨다. '생산'의 혁명적 변화는 맑스와 레닌 모두에게서 '징수자의 징발'[수탈자의 수탈] 그리고 내 것과 네 것, 곧 소유에 대한 새로운 분할과 분리의 개념을 전제한다. 그러나 이러한 점은 개혁적 양상을 띤 '뉴딜'의 경우에도 사실이다.

맑스에게 혁명은 슈미트가 묘사한 체계의 세 **노모스** 개념을 공격해야 한다. "모든 공격적 폭력은 징수자에 대한 징발, 달리 말해 점취 과정" 및 "거대 규모의 산업적 점취에 집중되어야 한다." 이전 소유자에 대한 징발의 과정에서 "전유의 새로운 참다운 가능성이, 소유 또는 사회적 기능의 형식 아래, 솟아오른다."[15] 징수와 소유는, 과거나 오늘이나, 모든 사회·정치적 변화의 정치적 조

---

15. 같은 책, p. 60.

건이다.

우리는 이로부터 몇 가지 결론을 이끌어낼 수 있다. 생산의 개념은 공장 내에서의 생산적 노동에 한정되어서는 안 된다. 마찬가지로 생산을 전체로서의 사회적 행위들로 이해해서도 안 되는데, 이는 생산이 전유와 분할을 자신의 내용이자 대전제로 갖는 것이기 때문이다. 정치적인 것은 '함께 살기'의 조직화 혹은 '공동 세계의 설립'에 의해서도 정의될 수 없는데, 이는 사회과학적 강박관념이라 할 함께 살기 혹은 공동 세계가, 시종일관, 사전에 존재하는 것으로 가정되는 근본적인 전유와 분할에 의해 규정되어 있기 때문이다.

'내전'과 사회국가

경제학적·사회학적 사유와 달리, 슈미트는 사회국가 État social 를 사회적 유대의 회복과 재분배라는 단순한 기능으로 환원하지 않는다. 슈미트는 사회국가를 은밀한 '내전' guerre civile의 표현 영역으로 만드는데, 부채위기가 그것의 새로운 장을 써 내려간다.

현대의 위기에서 자유주의자들은, 복지라는 비생산적 소비를 삭감한다는 명분 아래, 또 성장을 제한하는 관료주의적 부담을 제거한다는 명분 아래, 자본주의적 경제 기능에 본질적인 포획 기구의 배타적 전유를 위한 결정적 전투를 개시한다. 여기에서도 마찬가지로, 우리는 경제학자들의 관점을 전복시켜 복지의 정치적 기능을 승인해야 한다.

슈미트에 따르면, 자본주의에서 '점취'의 문제는 – '대중의 사회적 보호'를 자임하는 사회 '국가'의 경우에서처럼 – '국가'의 주요 기능이 사회적 생산물의 분배 및 재분배로 구성된 이래 심각한 문제가 되어 버렸다. 그러나 "이러한 유형의 국가가 사회적 생산물을 분배·재분배하기 위해서는 그전에 그것을 – 세금이나 과징금을 통해, 고용 분배나 통화의 평가절하를 통해, 혹은 직·간접적인 어떤 방법을 통해서든 – 점취해야 한다. 분배 및 재분배를 행하는 주체의 위치는 언제나 진정으로 정치적인 위치, 곧 그 자체로 점취와 분할의 대상이 되는 권력의 위치이다. 점취의 문제는 이러한 관점에서도 계속 제기된다."[16]

2차 세계대전이 끝나면서 패배한 독일은 '본원적 축적'에 필수적인 폭력을 수행하던 이전과도, 나아가 산업혁명과 병행하는 국가와도 근본적으로 다른 국가, 곧 사회국가를 수립했다. 전후에 있었던 국가 개념과 '유럽의 모든 민주주의 정당들이 채택한 사회 개념'의 연결은 주권의 성격과 실행에 일어난 심대한 변화의 징후이다. 사회국가는 국가의 새로운 형식이다. 사회국가는 점진적인 그러나 불가피한 소멸의 과정을 걷고 있는 국민국가와도 큰 관련이 없다. 슈미트는 자율성을 잃는다는 의미에서 국민국가의 소멸을 애석해 마지않는다. 국가의 기능과 양상은 경제의 논리에 종속된다. 국가의 "문제 상황을 결정하는 것은 특히 경제적·산업적 구

---

16. 같은 책, p. 64.

조이다." 정치 체계 및 행정 체계는 "그 사회의 과학·기술·산업의 발전에 적합해야 한다."[17]

'국가'·'사회'·'경제'가 언제나 계급 갈등에 의해 관통되는 현실들 및 범주들로서 이해되어야 하는 용어들인 것만큼이나, 사회국가 역시 자본주의적 관계를 구성하는 힘들 사이에서 벌어지는 투쟁의 '전리품'으로서 이해되어야 한다. 그리고 사회국가는 이후 신자유주의자들에 의해 바로 이런 방식으로 이해될 것이다.[18]

슈미트는 사회국가를 '총체국가'État total라고도 부른다. 슈미트의 펜 아래에서 이 용어는 전체주의 국가의 전능을 의미하지 않는다. 총체국가는 차라리 기존 국가를 받쳐주던 정치적·윤리적 원칙의 타락·패퇴·결함을 보여 주는 하나의 징후이다. 1945년 이후 슈미트는 독일연방공화국('서독')République fédérale d'Allemagne, RFA에서 형성 중이던 다양한 국가 제도들의 집합을 우리가 여전히 '국가'라 부를 수 있는지 확신하지 못하는데, 이는 슈미트의 눈에 당시의 독일연방공화국이 '시장' 친화적 과정에 의해 철두철미하게 변형된 것으로 보였기 때문이다. 사실은 자본주의의 탄생과 함께

---

17. 같은 책, p. 144.
18. [대한민국의 〈전국경제인연합회〉에 해당하는] 〈프랑스 산업 연맹〉(Mouvement des entreprises de France, Medef)의 2인자인 드니 케슬레르(Denis Kessler)는 금융 및 보험 경영자들에 의한 경영권 획득을 선언한 한 자료를 통해 '전리품'에 대해 이렇게 말했다. "기업은 포디즘 시대에 국가에 대한 위임을 통해 외재화했던 사회 보장을 '다시금 내재화해야' 한다. 1999년도 서비스 기업의 사회적 지출이 2조 6천억 프랑에 이르는 것으로 평가된다. 사회보장 메커니즘의 사유화, 사회 정책의 개별화, 사회보장으로부터 하나의 기업적 기능을 창출하고자 하는 의지가 신자유주의 기획의 핵심에 위치한다."("L'avenir de la protection sociale [사회보장의 미래]", *Commentaire* [코망테르] 87호, automne 1999).

시작되었던 이런 과정은 먼저 신자유주의에 의해, 나중에는 부채 위기에 강화되고 가속화되었을 뿐이다.

슈미트의 이러한 고찰은 이후 독일에서 일어난 논쟁에 의해 재점화되었다. 이 논쟁은 "단순히 사회시장경제에 관한 것만이 아니라 헌법의 문제를 주제로 해서도 전개되었다. 사람들은 도대체 어떤 의미에서 독일연방공화국의 근본적 법률을 제정하고자 하는 사회 법치국가와 연방 사회국가를 가질 수 있는가를 묻고 있었다."[19]

슈미트는 '점취'의 문제를 최소화하고자 하는 사회국가의 지지자들을 비난했다. 자유주의자들 그리고 특히 질서자유주의자들ordolibéraux은 분할과 전유의 정치적 성격을 인정하지 않았는데, 이는 그들이 어떤 사람들에게 무엇인가를 주기 위해서는 다른 사람들로부터 그것을 빼앗아야 한다는 점을 부정했기 때문이다. 슈미트는 이들과는 반대로 2차 세계대전 이후 탄생한 국가의 배후에서 '사회국가에 의해 평화와 민주주의로 가장한' '내전의 윤리'éthique de la guerre civile가 자라나는 것을 보았다.[20]

신자유주의와 부채 위기가 우리에게 난폭한 방식으로 상기시키는 것은 이러한 정치적 현실인데, 이는 이러한 저강도 '내전'의 강화가 세금(새로운 세금을 누구에게 어떻게 부과할 것인가?)과 지출(전유로부터 얻어진 수입을 누구에게 어떻게 분배할 것인가?)

---

19. Schmitt, *La Guerre civile mondiale* [세계 내전], p. 57.
20. Carl Schmitt, "Éthique de l'État et État pluraliste [국가 윤리와 다원주의 국가]", in *Parlementarisme et démocratie* [의회주의와 민주주의], Paris, Seuil, 1988, p. 149.

의 인상을 둘러싸고 전개되기 때문이다. '뉴딜' 이래, 사회국가는 정치적 힘과 사회적 힘이 맞부딪히는 갈등의 전쟁터였는데, 이는 누구의 것을 가져다가 누구에게 줄 것인가를 결정하는 행위가 바로 이 사회국가 장치를 통해서 이루어졌기 때문이다.

칼 슈미트의 전후 텍스트들에서 우리는 사회국가의 설립 시기에 벌어졌던 논쟁의 내용을 재발견한다. 이 논쟁의 핵심에는 ─ 푸코가 자신의 [1978~1979년] 콜레주 드 프랑스 강의록 『생명관리정치의 탄생』*Naissance de la biopolitique*에서 다루었던 바와 같은 ─ '사회적'·'사회'·'사회화' 등의 개념만이 아니라, 특히 '생산'의 대전제로 간주된 '점취', '소유', '분배' 등의 개념이 놓여있었다. 기이하게도 질서자유주의에 대한 푸코의 작업에서 간과되어 있는 소유propriété의 문제는, 오늘날과 달리, 1929년의 공황[위기]에서 빠져나오기 위해 자본이 받아들여야만 했던 양보에 초점을 맞추었던 이 시기 논쟁의 중심에 위치해 있다. 더욱이 자본가들이 신성시하는 사적 소유권에 대해 행해진 이 양보는 종전 시기 혁명 운동과 노동 운동에 의해 확립된 힘 관계의 강렬함을 보여 주는 척도가 된다. [독일의] 법학자 한스 페테르 입센Hans Peter Ipsen, 1907-1998은 이에 대해 다음과 같이 말하고 있다. "이는 개인적 이익에 집중되어 있으며 소유에 관한 공적 권리라는 일반 규칙에 복종하는 개인 소유 체계를 하나의 새로운 다수적 통합 체계로 대치함을 전제하는데, 이 새로운 체계를 통해 이제까지 소유로부터 배제되어 있던 다양한 사회 집단들이 소유권에 접근할 수 있게 된다."[21] 실제로, '개인 소유'의 대치는 사회국가에서, 특히 공적 서비스와 질병·노년·실업 문제

등에 대한 '보장' 영역에서 두드러진다.

신자유주의가 폭발시킨 것은, 공적 서비스와 사회적 권리 안에 제도화된 계급적 요구와 노동 운동 제도에 의한 복지의 상대적 과잉결정에 대항해서 이루어진 것이지, 결코 국가의 포획 기구 기능이라거나 혹은 국가가 사적 경제와 관련하여 대변하는 증대하는 부담감, 혹은 미약한 생산성에 대항해서 이루어진 것이 아니다. 오히려 이와는 반대로 위기는 국가의 강력한 활성화를 보여 준다.

로베르 카스텔
(Robert Castel, 1933~2013)

전후의 사회국가는 하나의 새로운 분배 체계 곧 하나의 새로운 소유 체제를 가능케 했지만, 이는 어디까지나 국가자본주의의 한도 아래에서 그러했을 뿐이다. [프랑스의 사회학자] 로베르 카스텔이 '사회적 소유'propriété sociale라 명명한 것에 대한 접근은 노동에 (혹은 최선의 경우, 고용에) 연동되어 있었으므로, 조건적이었다. 이러한 조건화는 노동 운동의 정치적 힘을 인식하는 동시에 무력화하는 하나의 방식이었다. 1960~1970년대의 투쟁과 요구가 이러한 조건화 자체를 논의의 대상으로 삼자마자, 그리고 1970년대 말부터 노동 운동의 힘이 쇠퇴하자마자, 신자유주의자들은 이 사회적 '전리품'에 대한 '비생산적인 것들'의 '지배'를 받아들여야 할 어떤 이유도 없었다.

---

21. 다음에서 재인용. Schmitt, *La Guerre civile mondiale* [세계 내전], p. 58.

위기의 시대에 자유주의자들이 노리는 것은 최소국가가 아니라, 계급투쟁의 영향력, 사회적 권리의 확장과 사회적 요구의 압력으로부터 자유로운 국가이다. 부채 위기는 사회국가가 생산과 분할 그리고 점취의 문제임을 명확하게 드러낸다. 목표는 예산상의 균형을 이루는 것이 아니다. 투쟁은 노모스의 세 가지 개념에 연결된 하나의 문제로 모아진다. 사회적 '전리품'을 '누가' 점취하고, '누가' 전유하고, '누가' 분배하고, '누가' 사용할 것인가? 부채 위기는 신자유주의적 힘에 의거하여 복지국가를 결정적으로 점취하기 위한 정치적 전투이다.

위기는 단순한 경제적 실패가 아니라, 전유·분배·생산의 정치적 관계 자체의 쇠퇴를 의미한다. 위기로부터의 출구를 그려내는 것은 성장이 아니라, 전유·소유·생산의 새로운 원리이다. 자본과 신자유주의의 입장에서 이를 사유하기는 불가능한데, 이는 – 개혁주의의 길이 봉쇄되어 있으므로 – 권위주의적이고 포퓰리스트적인 정치만을 사용할 수 있기 때문이다.

생산 개념의 확장

생산에 대한 비^{非}경제주의적 개념은 최후의 근본적인 확장을 요청하는데, 이는 생산 역시 근본적으로 '반^{反}생산적인' 것이기 때문이다. 이러한 개념은 그것이 맑스마저도 여전히 생산성에 대해 품고 있던 찬양으로부터 우리를 해방시켜 주는 동시에 생산성의 '불합리한'·'파괴적인'·'비합리적인' 측면을 드러내 준다는 점에서, 아마도 자본의 성격에 관한 규정과 관련된 들뢰즈와 과타리의 가장 큰 공헌일 것이다. 자본주의 이전의 사회에서는 생산에 대해 초월적으로 존재했던 포획 기구(비생산적인 계급이었던 귀족들은 봉건적 생산의 일부를 선취하여 공제해 버렸다)는 이제 생산에 대해 내재적인 것이 되었다. 자본주의는 부를 생산하면서, 동시에 필연적으로 가난과 비참을 생산한다. 이는

시지포스 (판화, 1655년)

필연적인데, 그 이유는 실상 자본주의가 부의 생산이 아닌, 가치의 생산을, 스스로 가치화하는 가치의 생산을, 또 다른 이윤을 생산해 내는 이윤의 생산을 무한히 추구하는 체제이기 때문이다.

성장은 사회적 문제와 정의의 문제에 대한 전도된 해결책이다. 그 이유는 성장이 생산인 동시에 파괴이기 때문이다. 사적 전유 없이는 어떤 것도 생산할 수 없는 자본은 오직, 성장이 메우지 않으면 안 되는, 불평등과 계급 차별을 재생산할 수 있을 뿐이다.

생산과 반생산은 분리 불가능한 것으로 무한한 노동을 의미하는 시지포스Sisyphe의 노동을 표상한다. 그러나 동시에 이러한 노동은 자신이 메우지 않으면 안 되는, 결여manques를 지속적으로

미셸 세르
(Michel Serres, 1930~)

재생산하기 때문에, 오늘날에는 생명체·지구·세계의 육체적·생물학적·물질적 유한함에 부딪히게 되었다.

이제 자본주의적 탈영토화déterritorialisation가 상대적이 아니며 절대적이라는 사실이 분명하다. 탈영토화는 단순히 새로운 것을 창조하기 위한 노동력의 파괴, 이제는 구식으로 간주되는 소비양식·상업·기술·생산 능력의 파괴, 그리고 또다시 나타날 새로운 것을 위한 기존 양식의 파괴만을 의미하는 것이 아니다. 탈영토화는 또한, 생명을 가능케 해 주는, 대지·지구·환경의 파괴를 의미한다. 자본주의는 자신만의 고유한 대지를 가지고 있지 않다. 자본주의는 대지를 전유하여 착취하고, 일단 착취한 대지는 버리며, 또다시 다른 대지를 착취하기 위해 전유하고, 다시 착취한 후에는 버리는 과정을 무한히 반복한다.

'대지의 점취' 개념을 사용하는 칼 슈미트는 이러한 전유가 갖는 함축의 일부분만을 이해할 뿐이다. "보편사histoire universelle는 유목시대와 농경적 봉건시대의 대지의 점취로부터, 해양의 점취를 거쳐 개발된 영역과 비非개발 영역의 구분을 갖는 산업적 점취에 이르기까지, 점취의 방법과 수단의 역사이다."[22]

자본에 의해 수행되는 대지의 점취도 강렬하다. 왜냐하면 자

---

22. Schmitt, *La Guerre civile mondiale*[세계 내전], p. 63.

본이 생명체와 환경을 소모시키는 것과
동일한 방식으로 대지를 소모시켰기 때
문이다. 자본은 대지 위에서 증식하는
대지·자원·생명체를 착취 가능한 '대상'
으로 간주한다. (식민화·제국주의·노동
분업과 같은) 외연적 전유는 (자연자원
의 고갈·산업 및 핵 공해·기후 이상과
같은) 내포적 전유와 짝을 이룬다.

브뤼노 라투르
(Bruno Latour, 1947~)

　비록 브뤼노 라투르와 미셸 세르가
각기 '가이아'Gaia와 '생명대지'Biogée 23를
말하면서 생태학적 문제를 극적인 방식으로 제기하긴 했지만, 그
들은 자본과 자본주의의 동학에 대해 결코 말하지 않거나, 혹은
슬쩍 지나칠 뿐이다. 그 망각[간과]는 참으로 놀랍다. 왜냐하면 '새
로운 정치학'을 정립한다는 주장만으로는 위기가 자본주의와 그
것의 가능성을 철학자를 포함하여 우리 모두에게 강요하는 자
본주의 및 그 법칙과 대결할 경제[체제]를 만들어 낼 수 없기 때
문이다. 자본은 대지와 전유·착취 가능 대상들로 축소되어 그
대지 위에 살고 있는 비인간 생명체들에 대한 지배 및 이들에 대
한 현실적이고 잠재적인 파괴의 가능성을 언제나 맹아적으로 품
고 있다.

---

23. [옮긴이] Biogée는 Bio[생명, la vie] + Gée[대지, la terre]를 합성한 세르의 개념으로,
　　대지, 물, 불, 공기, 생명체 등을 통칭한다.

3장

부채사회의 모델로서의
미국 대학

인간은, 더 이상 갇힌 인간이 아니라, 빚진 인간이다.

질 들뢰즈

이 장은 세 명의 학자로부터 취한 세 개의 언명에서 영감을 얻은 것이다. 첫 번째 학자는 철학자이고, 두 번째 학자는 인류학자이며, 세 번째 학자는 경제학자이다. 세 학자 모두는 화폐·교환·시장이, 부채를 패러다임으로 갖는 인격적 관계의 예속성으로부터 우리를 해방시켰다고 확언한다. 이들은 다음과 같이 덧붙인다. 시장과 화폐가 생산하는 자유주의적·신자유주의적 자유는 부채로부터의 자유이며, 결론적으로, 만약 우리가 자유롭다면, 그것은 우리가 더 이상 부채가 없으며 또 앞으로도 없으리라는 의미에서 그러하다.

이들의 말을 하나씩 들어보자. 경제학자로부터 시작해 보자. 그 이유는 경제학이 모든 사회과학의 모델이자 기원을 구성하는 것으로 보이기 때문이다.

인간의 경제적 자유, 시장의 자유는 어디에서 오는가? 봉건적 권능에 의해 지게 된 부채, 영주에 대한 봉신의 지위, 또는 주인에 대한 농노의 지위에 의해 지게 된 개인적 부채로부터 해방될 수 있는 인간의 가능성에서 온다. 화폐의 일반화에 의해 가능하게 된 부채의 추상화는 인간을 인격적 관계로부터 해방시킨다. 부채는 양도 가능한 것이 되어 순환한다. 이것은 화폐 자본주의의 본질 자체이다. 자본주의는 개인이 점차로 타인에게 아무것도 빚지지 않는 하나의 평등주의 체제를 발명했다. 시장은 따라서 부채의 유통·양도 가능성·추상화의 탁월한 체계이다.

화폐는 인격적 예속 관계로부터 인간을 해방한다. 이는 화폐 형식 아래 표현된 부채가 비인격적·익명적이며 양도 가능한 관계를 가능케 하기 때문이다. 독자들은 이곳에 사용된 '익명적인' 그리고 '양도 가능한'이라는 용어를 잘 기억해 두시기 바란다. 우리는 이 용어들이 '서브프라임' 위기에서 주된 역할을 했다는 사실을 곧 이해하게 될 것이다.

다음으로는 인류학자의 말을 들어보자. 고대 사회에 대한 연구를 통해 이 학자는 역사적으로 부채가 교환에 선행하는 것임을 알게 되었다.

> 우리는 근대 경제의 거대한 운동 전체가 … 결정적으로 신과의 관계를 끝장내기 위한, 증여와의 관계를 끝장내기 위한, 부채와의 관계를 끝장내기 위한 최후의 가장 근본적인 수단이 아니었는가를 자문한다.

따라서 경제는 우리를 경제적 부채만이 아니라, 기원적 부채, 최초의 부채, 곧 초자연적 권능에 대한 생명[삶]의 부채로부터도 해방시킨다.

이제 철학자는 하나의 현현顯現, épiphanie을 통해 이야기를 결론 짓는다. 철학자는 시장과 화폐에 대한 하나의 호교론을 생산하는데, 결국 이는 우리가 누구인가에 대한 하나의 충만한 정의를 우리에게 제공한다. 이 철학자에 따르면, 근대적 개인은 모든 연관 및 의존으로부터 해방된 하나의 주권적 개인이다.

아직 화폐 사회가 아닌 곳에서 나는 가까운 사람들에게 내가 무상으로 제공하는 봉사에 입각한 신용^{créance}만을 가질 뿐이다. 하지만 내가 상업적 (따라서 화폐적) 봉사를 제공할 때, 이를 제공받는 자는 [내게] 화폐를 지불함으로써 즉시 나와 관련된 모든 부채로부터 해방된다. 봉사를 제공받는 자가 내게 주는 화폐는 신용을 구성하지만 이는 부채에 대한 인정과 감사에서 오는 것으로 나와는 아무 관련이 없는 완벽히 추상적이고 익명적인 타인에 대한 것이다. 모든 도덕적·심리적 의무로부터 벗어난 교환은 합리적이고 효율적이며 자유로운 발전을 맞게 된다.

따라서 우리는 이제 경제적 혹은 종교적인 의미에서만이 아니라 도덕적이고 심리적인 의미에서도 자유롭게 되었다. 이러한 자유를 가진 우리는 이제 드디어 완전한 개인들이 되었다.

내가 이름을 밝히지 않고 인용한 이 세 학자는 용감하게 직관에 반하는 진리를 언명했다. 그러나 이제까지 우리는 직관적으로 다음과 같은 인상을 받았다. 부채는 사라지기는커녕 도처에 존재하고 있다. 사적 부채에 대한 담론, 국가부채, 부채의 상환, 채무자의 죄책감이 미디어를 점령하고 있으며, 6년 전부터[1] 우리의 행동에 영향을 미치고 있다.

---

1. [옮긴이] 이 책은 2014년에 출간되었으므로, "6년 전부터"는 2008년 곧 서브프라임 모기지 사건 이후를 말한다.

지식 제조는 하나의 금융 기업이다

그러나 이들 세 학자가 일상의 현실과는 반대되는 듯한 결론에 이르게 된 이론적·정치적 논증 과정을 검토해 보기 전에, 나는 이 세 학자 중 둘이 현재 가르치고 있는 미국의 대학들에 대한 나의 생각을 적어볼 작정이다.

왜 대학, 그것도 미국의 대학인가? 그것은 서양의 지식을 생산하고 전파하는 이 성전이 동시에, 금융 기업과 부채 경제의 모델이기 때문이다. 그것도 여러 가지 측면에서 그러하다. 이는 한편으로, 미국의 대학은 채권자/채무자 관계의 이상적 구체화이기 때문이고, 다른 한편으로, 사회 전반에 걸쳐 부채 경제에 의한 주체화의 조건을 전형적인 방식으로 드러내 주는 미국의 대학생이 부채인간의 조건을 완벽히 구현하고 있기 때문이다.

미국의 가계부채에 대해 미국중앙은행 뉴욕 지부가 발표한 최근의 보고서는 미국 대학생의 부채 상황을 공적인 문제로 만들었다. 2012년 3월 31일 자로 미국의 대학생들이 학자금 명목으로 대출하여 상환해야 할 금액의 총액은 9천 40억 달러로 상승했다. 이는 3개월 전보다 300억 달러 상승한 금액이다. 이 액수는 이탈리아와 프랑스의 공공 부채 모두를 합한 총액의 절반을 상회하는 금액이다. 유럽연합과 국제통화기금은, 훨씬 더 적은 부채로 인해 오늘날 경기 후퇴 6년 차에 접어든 그리스를 일말의 망설임도 없이 산산조각내어 버렸다. 따라서 우리는, 상대적으로 더 적거나 덜 중요한 부채로도, 부채국가의 수백만 국민들에게 경기 후퇴, 긴축

'당신은 대출금이 아니다.'
샌프란시스코에서 열린 부채타파운동(Strike Debt) 집회의 플래카드

정책, 희생, 실업, 가난을 강요하는 것이다.

　미국의 대학생들 중 3분의 2는 부채를 상환하지 못한 상태로 졸업한다. 학업을 마치기 위한 학자금 대출로 인한 부채를 진 학생의 숫자는 오늘날 3,700만 명에 이른다. 우리는 부채를 진다, 우리는 평생 부채를 진다, 노동 시장에 들어서기도 전에.[2] 미국중앙

---

2. 이러한 경향은 '연방준비제도'의 연구에서 밝혀진 것으로, 채무자의 32%가 40세 이상이며 5%가 60세 이상이다. 2010년 기준 미국의 총 가구(家口)수 중 거의 5분의 1(19%)이 학자금을 대출받은 것이다. 이는 20년 전에 비해 2배 이상, 2007년에 비해서는 15% 이상 증가한 것이다.

은행은 2010년 기준으로 학자금 대출이 부동산 대출에 이어 가계 부채 중 두 번째로 큰 비중을 차지하고 있으며 이는 신용카드의 사용에 의한 부채 비율을 넘어선 것이라고 보고하고 있다. 위기를 겪으며 24세 이하 대학졸업증 소지자의 실업률은 15%를 넘어섰다.[3] 많은 대학졸업생들이 일자리를 얻기 위해 고군분투하고 있지만, 상환 가능성은 점점 낮아지고 있다.

자본의 논리와 수익성·생산성·죄책감이라는 자본의 규칙을 받아들이도록 준비시키기 위해 부채에 빠져들게 하는 것보다 더 나은 방법이 과연 무엇일까? 채권자의 논리를 육체와 영혼에 각인시키는 부채를 통한 길들이기, 이것이야말로 자본의 의례를 수행하기 위한 이상적 입문의식이 아닐까?

채권자와 채무자

미국의 대학생들은 금융 사회의 이상을 표상한다. 이 사회적 집단은 다수의 채무자들과, 소수의 부유한 채권자 자식들로 구성되어 있다. 지식의 공장에서, 계급 분할은 더 이상 자본가와 임금노동자 사이의 대립이 아닌, 채무자와 채권자 사이의 구별 짓기를 통해 이루어진다. 이는 자본주의 엘리트들이 사회 전체에 확산시

---

3. 미국중앙은행은 채무를 상환하지 못한 학생의 비율(제1/4분기 중 8.69%)이 부동산 및 자동차 구입의 경우를 상회한다고 밝히면서, 아마도 이러한 비율이 저평가되었을 것이라고 지적한다.

키고 싶어 하는 모델이다.

앞서 언급된 학자들 중 두 명이 – 채무자들과 부유한 채권자들의 자식들로 구성된 – 미국의 대학에서 공중을 앞에 두고 미국 대학의 부채는 화폐·교환·시장 덕분으로 드디어 감소하고 있다고 가르치고 있다. 명백한 사실들을 오히려 볼 수 없게 만드는 이러한 현학은 대학과 관련하여 신자유주의의 문화적 헤게모니 아래에 놓인 사회과학적 국가라는 탁월한 아이디어를 제공한다.

대학생들의 부채는 1970년대 이래 적용된 신자유주의 전략의 모범적 표현이다. 이 전략은 (교육·건강·퇴직연금 등과 같은) 사회적 권리를 신용에 대한 접근성, 곧 부채를 질 권리로 대치하는 것이다. 이 전략은 퇴직 이후를 대비한 분담금이라는 형식의 상호부조가 아닌 연금을 위한 개인적 투자, 임금 인상이 아닌 소비 신용, 사회보장 제도가 아닌 개인 보험, 주거권이 아닌 부동산 임대 등으로 특징지어진다.[4] 이 같은 사회 정책의 개인화 과정은 복지국가 모델의 급격한 변형을 가져왔다. 전적으로 학생에게만 맡겨져 있는 학생의 교육 부문 지출은, 특히 조세 감면을 통하여, 국가가 열의를 다하여 기업들 및 가장 부유한 가구들에 양도하고자 하는 자원들을 해방해 준다. 진정으로 구호를 받는 사람들은 가난한 사람, 실업자, 환자, 혼자 사는 부인들이 아니라 기업과 부자들이다.

---

4. 1987~2006년의 기간 동안 연방준비기금의 의장을 지낸 앨런 그린스펀(Alan Greenspan)이 이야기하듯이, 주택 가격이 지속적으로 오르기 때문에, 한 채의 주택은 하나의 은행처럼 기능하면서, 신용/부채의 또 다른 선을, 무한히, 열어젖힌다.

'월 스트리트를 점거하라!' 시위 (2011년 10월 21일)

학생 부채 버블현상

원한다면, 미국의 대학 곧 부채 학생 제조 공장 견학을 계속해 보자. 이는 현대 자본주의의 작동 방식을 이해하는 데 도움을 줄 것이다.

미국에서 사람들은 학자금 담보 대부와 관련하여 서브프라임의 그것에 비견되는 버블현상에 대해 말하기 시작했다. 학자금 담

보 대부 문제는 미국과 전 세계의 경기 후퇴를 가져왔던 2007년
의 대폭발을 연상시킨다. 실상, 학자금 대출의 3분의 1은 증권화
되어, 즉 재편성되어 곧 파생상품의 형식으로 투자자에게 양도되
는 형식으로 이루어진 것이다. 그런데, 우리 세 학자의 확언과는
반대로, 부채로부터의 '해방'의 도구, 즉 화폐에 의해 보장되는 익
명성과 양도 가능성이 부채의 소멸이 아닌 확산과 증대의 원인이
되는 것은 바로 이 증권화 때문이다. 미국에서 주택을 구입하기
위해 지게 되는 부채인, 저 유명한 서브프라임은 양도 가능한 유가
증권으로 변형되어 실상 다수의 금융 기관과 은행에 양도되어 버
렸다. 이러한 양도는 정확히 부채의 확산과 승수효과를 가능케
한 매체였다. 익명성[5]은 아무도 어떤 은행이, 얼마만큼의 불량 유
가증권을 보유하고 있는지 알 수 없게 만듦으로써 위기를 심각하
게 악화시켰다.

금융화는, 푸코에 따르면, 위험과 자유(자유주의를 규정하기
도 하는 속성들)로 특징지어지는 '안전사회'를 완벽히 실현했다.
금융기관은 지속적으로 시간이라는 위험에, 곧 채권/채무 가치의
예측 불가능한 미래라는 위험에 직면하지만, 어떤 책임도 지지 않

---

5. 금융 거래가 익명화된다면, 상거래는 점차로 탈-익명화된다고 말할 수 있다. 기하급
   수적으로 증가하는 신용카드 구매는 실행을 위해 전자 신원 증명을 필연적으로 강
   요하게 된다. 은행은 실시간으로 당신의 구매를 추적할 수 있으며, 마케팅 회사 역사
   당신의 라이프 스타일을 실시간으로 추적할 수 있다. 현실적으로 지금 문제시되고
   있는 것은 신뢰에 기초해 있는 자유롭고 평등한 두 개인 사이의 교환(신용)이라는
   이미지이다. 이는 교환이 은행과 지불체계라는 제도적·기술적 시스템에 의해 중개되
   고 있기 때문이다. '시장'이 우리에게 할당해 주는 것은 익명성의 보장이 아니라 일반
   화된 감시체계이다.

는다. 무책임함, 다시 말해 모든 책임으로부터의 '해방'이 금융가들의 태도를 정확히 규정지어준다.

보험 기술의 진전 덕분으로, 금융가들은 위험을 감수하지만, 이들은 위험을 무한히 분할하여 익명적인 것으로 만들고 다른 경제 주체들에게로 양도해 버림으로써 즉시 위험에서 벗어난다(이는 학자금 부채에 대해서도 사용되는 방법이다). 이렇게 감수된 위험이 (2007년의 경우처럼) 경제붕괴의 원인일 때, '위험'의 소유자 전체는 이를 − 국가를 거쳐 − 국민들에게 이전시켜버린다. 금융과 국가는 어떤 위험도 선택한 적이 없으며 따라서 어떤 책임도 없는 사람들을 책임을 져야 할 사람들로 변형시킨다. 위기의 경제적 메커니즘은 이처럼 책임을 전도시키는 주체화 장치와 이중으로 맞물려 작동한다. 우리는 결과를 책임지지 않으면서 위험을 감수하는 '자유로운'libres 금융가들이 그러한 '자유'를 스스로 포기하리라고 볼 이유를 발견하지 못한다.

통제·주체성·시간

부채는 새로운 권력 기술을 구성한다. 채무자에게 작용하는 통제·강압 권력은 − 규율사회의 경우처럼 외부로부터가 아니라 − 채무자 자신으로부터 온다.

학생은 자기 자신의 자유의사로 부채 계약을 맺음으로써, 글자 그대로 자기 삶의 회계원, 현대 자본주의의 용어를 사용하자면, 자기 자신의 경영자가 된다. 학생과 마찬가지로, 노동자 역시 자신의 외부에 존재하며 쉽게 인지할 수 있는 다양한 장치들 그리고 사람들에 의해, 일정 시간 동안, 공장의 네 벽에 다름 아닌 밀폐 공간 안에서 통제되었다. 만약 한 명의 노동자가 저항하고자 한다면, 그는 다른 노동자들의 힘과 자신의 힘, 그리고 이들 사이의 연대에 의존할 수 있었다. 그러나 부채에 의한 통제는 이와는 달리 그의 삶 자체의 시공간인 열린 공간과 시간 속에서 작동한다. 상환 기간은 20년, 아니 30년으로 설정되며, 이 기간 동안 부채를 진 자는 자신의 부채 상환 방식과 관련하여 자신의 삶을 자유롭고 자율적으로 영위하는 것으로 가정된다.

시간 혹은 기간의 문제는 부채의 핵심이다. 이렇게 이해된 시간은 단순히 노동의 시간 또는 삶의 시간만이 아니라, 동시에 가능한 시간, 미래의 시간이기도 하다. 부채는 현재와 미래 사이에 하나의 다리를 놓는다. 부채는 미래와 관련하여 일종의 선매先買를 예측하고 또 실제로 실행한다. 한 학생이 진 부채는 그가 앞으로 행하게 될 미래의 모든 행동, 그가 받게 될 미래의 모든 임금과 수입을 동시에 저당 잡아 버린다. 이른바 이름뿐인 자유주의가 말하는 자유의 패러다임 자체를 구성하는 것이 바로 부채이다. 이처럼 신용이 주체화의 특정 양상을 생산하는 것이다. 부채를 진 자는 은행 시스템 앞에 홀로, 개인적으로 책임을 져야 한다. 부채를 진 자는, 가족이 아니라면, 어떤 연대에도 의지할 수 없지만, 이 경우에도 개인의 부채가 가족의 부채로 확장될 위험을 감수해야만 한다. 부채를 진 자는 권력관계를 외재화하여 그것에 대해 투쟁

월 스트리트 점거 시위. '지금 전 지구적인 진짜 민주주의를!' (2011년 10월 16일)

하는 대신, 권력관계를 내면화한다. 부채를 진 자는 스스로 수치심과 죄책감을 느낀다. 미국의 학생들이 자신들을 불에 달군 집게처럼 고문하고 있는 죄책감과 책임감으로부터 스스로를 해방하기 시작한 것은 아마도 — '삼 개월의 반란과 삼십 년의 상환'이라 불러야 할 — '월 스트리트를 점거하라!'Occupy Wall Street 운동 이후였을 것이다.

부채는 신자유주의적 호모 에코노미쿠스homo oeconomicus를 생산하는 가장 탁월한 기술이다. 학생은 스스로를 (자신이 학업을 계속하기 위해 맺은 계약 등과 같은) 고유한 투자에 입각해 가치평가되어야 하는 하나의 인간 자본으로 간주하는 것에 그치지 않고, 나아가 마치 자기 자신이 하나의 개인 기업인 것처럼 행동하고, 생각하고, 처신해야 한다고 스스로 느낄 수밖에 없다. 부채는 아직 노동 시장에 들어서지도 않은 개인에게 기업에 속한 이들에게나 적용되는 일상적 조직원리, 회계규칙, 처신의 학습을 강요한다.[6]

전자칩 속에 새겨진 신용 관계

금융화의 전형적 사례로 우리가 방금 살펴본 미국의 대학들은 신용카드에 의해 이루어지는 특수한 유형의 부채로, 미국에 특히 널리 퍼져 있는 형태이다. 2008년을 기준으로, 미국 대학생의 84%가 적어도 하나 이상의 신용카드를 가지고 있었는데, 2004년에 이 수치는 76%였다. 더욱 놀라운 것은 학생 한 명이 평균적으로 4.6개의 신용카드를 가지고 있다는 사실이다. 소유 카드의 이러한 인플레이션은 대학 등록금의 폭등으로 설명된다.

채권자/채무자 관계는 사라지기는커녕 신용카드의 전자칩 안

---

6. 학생들의 입장에서 볼 때, 스스로를 '개인 기업'으로 변형시키는 것은 다만 백해무익한 불편함을 의미할 뿐이다. 하나의 기업처럼 처신하도록 강요됨으로써, 학생들은 파산 자격을 상실한다. 법은 학생들의 파산을 금지하고 있다. 미국의 상원에서는 학업을 위해 부채를 짊어지게 된 학생들에게, 다른 채무자와 마찬가지로, 파산 신청 자격을 다시 부여하려는 입법 프로그램이 발의 중이다.

에 새겨져 있으므로, 학생들은 자신의 주머니 속에 자신의 금융 보고서를 가지고 다니는 셈이다. 모든 구매가 신용과 부채를 활성화하는 하나의 금융 활동이다. 신용카드는 소비사회의 문을 활짝 열어젖혔고, 구매를 자극하고 권장하고 간편화함으로써 소비자/채무자를 흥분과 욕구불만의 악순환 속으로 밀어 넣는다. 무한한 부채는 무한히 반복되는 소비 활동이라는 결과를 낳는 원인이자 조건이다.

소비를 위한 신용이 명시적 요구에 의해 작동하는 반면, 카드 결제 시스템은 신용을 자동화한다. 주도권의 역전은 이 경우 상징적이다. 카드의 사용은 늘 이미 설정된 신용 관계를 전제로 하며, 따라서 이 관계를 실현하기 위해서는 단지 카드의 발급만이 필요할 따름이다. … 우리는 더 이상 신용을 요청하는 자가 아니며, 오히려 카드를 수령하는 자이다. 카드 지불 시스템은 이렇게 해서 영원한 부채 구조를 확립한다.[7]

포획 기구로서의 부채

이자 지불을 통해 부채는 하나의 포획 기구이자, 사회적 부의

---

7. Aldo J. Haesler, *Sociologie de l'argent et postmodernité*[돈의 사회학과 포스트모더니티], Genève et Paris, Droz, 1995, p. 255.

재분배를 위한 하나의 기구로 기능한다. 잉여가치의 포획은 더 이상 이윤을 통해서만 이루어지지 않는다. 이윤은 실상 금리의 일부일 뿐이다. 부채는 맑스가 자본의 기능 작용을 설명하기 위해 이야기하는 '흡혈귀'의 금융자본주의 속에서의 화신이다. 부채는 노동과 소득 사이의 관계를 파괴하면서 사회적 잉여가치를 '흡입하고', 기업도 그 일부를 이루는 금리생활자들의 이윤을 위해 이를 분배하는 역할을 한다. 금리생활자를 제외한 모든 다른 사람들은 노동을 강요당하거나, 혹은 비정규직이 되거나, 혹은 실업 상태로 빠져 버리도록 운명 지어져 있다. 우리는 사회적 지출의 삭감, 임금 및 소득의 삭감을 통해 채권자들이 초래한 손상을 모두 지불한다. 우리는 그들의 빚을 갚아줄 뿐만 아니라, 나아가, 위기 속에서, 위기 덕분으로, 그들을 더욱더 부자로 만들어주고 있다.

부채는 다른 모든 곳에서와 마찬가지로 대학에서도 동일한 방식으로 작동한다. 학생들이 지불한, 부채에 대한 이자를 통해 누가 이익을 보는가? 먼저, 신용 채권의 대부분을 점유하고 자의적인 방식으로 이자율을 부과하는 은행이 있다. 다음으로, 연방정부가 있는데, 이는 [학생에 대한] 융자금의 이자율이 연방 정부가 화폐를 빌릴 때의 이자율보다 훨씬 더 높기 때문이다. 그러나 또한 대학의 총장들, 행정 관리직원들, (우리의 학자들을 포함한) 교수들도 이익을 얻는데, 이는 그들의 급여가 학생들의 늘어가는 부채에 달려 있기 때문이다. 이는 학생들이 강의를 듣기 위해 자신들이 미래에 받아야 할 급여를 미리 저당 잡히는 꼴이다.

나는 이 부분을 마치기 전에 아리스토텔레스의 문장을 하나

인용하고자 한다. "화폐와 지식은 어떤 공통의 척도도 갖지 않는 다." 이 철학자의 확언을 무색게 하면서, 금융은 지식에 관련된 자의적이지만 규범적인 동시에 효과적인 하나의 새로운 척도를 확립했다. 약정된 신용과 상환 유예는, 우리가 잘 알고 있는 것처럼 이윤과는 무관한, 학문과 진리에 접근하기 위해 지불해야 하는 가격을 구성한다.

화폐와 부채

나는 이제 우리의 세 학자로 하여금 너무도 비논리적인 결론에 도달하게 만드는 이론적 토대를 소개할 작정이다. 이를 위해, 나는 문제의 통화적 측면에 우리의 논의를 한정하겠다. 1971년 미국인들이 달러화의 금으로의 태환불능성inconvertibilité을 선언한 이래, 통화는 우리가 부채라 부르는 것을 구성한 것이 아닌가? 그리고 니체가 『도덕의 계보. 하나의 논박서』*Zur Genealogie der Moral : Eine Streitschrift*(1887)에서 말했던 것처럼, 현대 자본주의의 부채란 하나의 '무한한 부채'가 아닐까?

우리의 세 학자는 사회과학에서 일반적으로 받아들여지고 있는 하나의 의견을 표명한다. 시장, 교환 및 화폐는 우리를 부채로부터 해방시킨다. 우리는 화폐가, 화폐를 균형과 발전의 도식 안에 통합시키지 못하는 경제학에 만만치 않은 문제를 제기하고 있음을 단번에 알아차리게 된다. 이러한 사실을 통해, 우리는 그들의

mᵉ m t | storia_

di sospendere temporaneamente la convertibilità del dollaro in oro, o in beni di altro genere.

1:06 / 1:29

1971년 8월 15일 미국 대통령 리처드 닉슨은 당시 미국에서 가장 인기가 있던 드라마 <보난자>(Bonanza)의 방송을 중단시키며 텔레비전 긴급성명을 발표하였다. 금과 달러의 교환 중단, 모든 수입품에 대한 10% 수입과징금 부과, 임금과 물가의 통제 등이 주요 내용이었다.

경제학 이론이, 분명 단순히 화폐 경제일 뿐만 아니라, 무엇보다도 신용/부채 경제라 할 자본주의를 설명할 능력이 있는지 의심하게 될 것이다.

우리의 세 학자들이 우리를 부채로부터 해방시킬 능력을 부여하고 있는 화폐는 상업화폐, 지불 수단으로서의 화폐, 척도로서의 화폐, 자본축적을 위한 화폐이다. 이를 '교환-화폐'monnaie-échange라 불러보자. 이러한 교환-화폐는 순환하는[유통되는] 여러 화폐들 중의 하나지만, 자본주의 사회들에서는, 교환-화폐가 전략적 역할을 수행하지 않는다. 사실, 교환-화폐는 자본이 갖는 권력의 화신이 아니다. 고유하게 자본주의적인 화폐는 자본으로서의-화폐argent-capital, 곧 신용화폐monnaie de crédit, 부채-화폐monnaie-dette이다.

교환-화폐는 생산자들/교환자들 사이의 (계약에 의한) 대칭적 관계를 전제하고 또 실현하는 반면, 자본-화폐는 비대칭적 관계를 수립한다. 착취, 계급차별, 전유와 사유화라는 비대칭적 관계를. 맑스는 교환-화폐 위에는 자유·평등·박애라는 프랑스혁명의 명구名句[외화外貨]devises가 새겨져 있다고 말했다. 그러나 자본-화폐 위에는 지배, 착취, 파괴/창조의 역능, 부채, 포식이라는 전혀 다른 것, 전혀 다른 생산양식과 생산물의 분배 양식에 입각한 처방이 투명무늬로 새겨져 있다.

'부드러운 상행위'를 선호하며, 부채 폭력을 몰아내고, 자유·평등·박애를 실어 나르는 교환-화폐의 합리성[8]은 자본-화폐의 '비

---

8. 게오르그 짐멜(Georg Simmel, 1858~1918)은 교환-화폐 및 그것이 함축하는 자유의 본성을 가장 잘 표현한 인물이다. "순수한 주관적 충동의 길을 자유롭게 따르는 절도나 강탈 같은 단순한 형태에 비하여, 교환은 객관적 평가 작용, 성찰, 상호 인정, 즉각적인 주관적 갈망의 자제를 전제한다." 화폐는 개인적 요소를 제거함으로써 개인의 자유를 증진시키는데, "이는 화폐가 분명 인간들 사이의 관계를 창조하지만, 인간을 이러한 관계의 외부에 남겨 두기 때문이다."(*Philosophie de l'argent* [*Philosophie des Geldes*, 1900/1907], Paris, PUF, 1987, p. 356 [게오르그 짐멜, 『돈의 철학』, 김덕영 옮김, 길, 2013]). 반면, 짐멜의 분석에는 신용과 그것의 기능, 따라서 자본으로서의 화폐에 대한 분석이 완전히 결여되어 있다. 단 하나의 예외는 짐멜이 '훌륭한 인간들'에 대해 말할 때이다. "우리는 그가 신사이기 때문에 신용 대출을 해 주는 것이 아니라, 정확히 우리가 대출을 해 주었기 때문에 그를 신사로 간주한다."(p. 616) '신용'과 관련된 이러한 신사의 개념은, 애석하게도, 자본주의적 신용만이 아니라, 자본주의 자체에 대한 무지를 보여 준다.

합리적 합리성'과 대립한다. 이에 대해 들뢰즈가 부여하는 다음과 같은 정의는 위기가 자본-화폐의 기능 자체에서 나오는 것임을 아주 잘 보여 준다. "화폐, 화폐-자본capital-argent은 정신착란dé-mence의 지점, 우리가 정신의학에서 최종 단계état terminal라 부르는 것에 대응된다."[9] 들뢰즈에 의하면, 화폐-자본은 "전적으로 합리적인" 주식의 메커니즘에서 이러한 최종 단계에 도달하는데, "우리는 이를 이해하고 학습할 수 있으며, 자본가들 또한 이를 활용하는 법을 알고 있지만, 이는 완전히 미친 짓, 곧 정신착란의 상태다."[10]

들뢰즈와 과타리는 『안티 오이디푸스』에서 우리에게 두 화폐 사이에는 역능의 차이로 표현되는 본성의 차이가 있음을 알려준다. 더하여, 그들은 교환-화폐가, 여하한 방식으로든, 자본-화폐에 예속되어 버렸다고 말한다. 양자를 혼동하거나 동질적인 것으로 간주하는 것은 '하나의 우주적 사기'를 이룬다. 훨씬 더 나쁜 것은, 우리의 세 학자가 그런 것처럼, 교환-화폐를 고려하지 않거나 혹은 자본-화폐에 무지한 것인데, 이는 실로 사기 행각의 완성이라 해야 할 것이다.

비주류 경제학의 부채 이론

---

9. Gilles Deleuze, *L'Île déserte*[무인도], Paris, Éditions de Minuit, 2002, p. 366.
10. 같은 책, p. 365.

미셸 아글리에타
(Michel Aglietta, 1938~)

자, 그렇다면, 출구도 없이 자신들의 논리에 갇혀 있는 우리의 세 학자는 이제 그만 내버려 두기로 하자. 이제는 미셸 아글리에타와 앙드레 오를레앙이 옹호하는 프랑스 조절^{régulation} 힉파의 화페이론을 살펴보자. 이들은 정통 경제학과 비교할 때 몇 가지 놀라운 개념을 도입한다. 고전적 혹은 신고전주의 정치 경제학과 달리, 이들은 화폐를 물물교환에 이은 상업적 교환으로부터가 아니라, 부채로부터 추론해 낸다. 그러나, 불행히도, 이러한 주요한 전환은 ─ '개인들'에 대하여 '집단적' 강요를 수행하는 '생명의 부채'$^{dette\ de\ vie}$로 이해되는 ─ 총체적, 전체적, 초월적인 부채 개념에 의해 즉시 무력화된다. 부채가 결함, 충만하지 못함, '존재에 대한 결여'$^{manque\ à\ être}$로 규정되는 인간본성과 혼동되고 있는 것이다. 이러한 결여는 오직 국가와 사회에 의해서만 채워질 수 있다. 따라서, 이 이론의 대표자들은 화폐를 부채에 의거하여 규정했던 자신들의 대담함을 벌충하기 위하려는 듯 일종의 원초적$^{orig-inaire}$ 부채 개념을 상정하는데, 이는 자신들의 대담함을 즉시 무력화시키는 행위가 된다. 이들은 기원적 부채를 모든 태고^{archaïques} 사회에서 되풀이되는 하나의 원형으로 간주함으로써 기원적 부채를 일반화시킨다. 부채가 교환에 선행하며, 따라서, 우리가 아글리에타와 오를레앙을 신뢰한다면, 부채란 늘 시초의^{primordiale} 부채, 원초적 부채, 생명의 부채, 곧 '근원적 자원이라 할 우주적 힘의 일부를 자신들에게 나누어준 신과 조상에 대한 살아 있는 자들vivants의 의존성에 대한 인식'이다.[11] 이러한 생명적 역능의 증여에 대하여, 살아있는 자들은 이 부채를 청산淸算해야[대속代贖해야]racheter 할 의무를 진다. 그러나 이런 청산 행위에는 끝이 있을 수 없는데, 이는 생명의 부채의 밑바닥에는 하나의 무한한 부채가 존재하고 있기 때문이다. 부채는 원죄와 동일한 양상으로 기능한다.

앙드레 오를레앙
(André Orléan, 1950~)

당신 주변을 둘러보라. 당신이 누군가가 '생명의 부채', '원초적 부채' 등에 대해 말하는 것을 들을 때, 당신은 분명 당신의 상대가 신부, 관료, 혹은 정신분석가라는 것을 확신할 수 있으리라. 이 배타적 순환 구조에 경제학자가 포함되는 것은 실로 새로운 일이다.

생명의 부채는 조절 경제학파 학자에게 특별히 흥미로운 또 다른 하나의 기능을 표현한다. 생명의 부채는 개인에 대해 주권souveraineté을 나타내고 또 정당화한다. "그것[생명의 부채]은 − 특히 희생물, 의례, 봉헌물을 통해 − 자신의 활동을 통해 나날이 공동체를 접합시키고 주권을 구축한다."[12] 비주류 경제학자들이 찾는 것은 사실 태곳적 사회의 기능방식에 관한 진리가 아니다. 그들이

---

11. Michel Aglietta et André Orléan, *La Monnaie souveraine* [주권적 화폐], Paris, Odile Jacob, 1998, p. 21. 생명체의 부채(dette du vivant)에 대한 또 다른 개념으로는 다음을 보라. Elettra Stimilli, *Il debito del vivente* [생명체의 부채], Macerata, Quodlibet, 2011.

12. Aglietta et Orléan, *La Monnaie souveraine* [주권적 화폐], p. 21.

원초적인 부채, 기원적 부채 안에서 찾는 것은 차라리 그들이 우리 사회 속의 집단적인 것, 사회적인 것, 즉 국가에 부여하는 것과 동일한 강제적, 초월적, 전체적인 역학dynamique이다.

들뢰즈, 과타리 및 니체에게서의 생명의 부채 개념은 전혀 다른 방식으로 드러난다. 생명의 부채는 자연으로도 보편적인 것으로도 환원되지 않는다. 원초적 부채는 공동체에 대한 개인의 귀속 관계를 표현하는 것이 아니다. 생명의 부채는 또한 어떤 누구도 청산할 수 없는 최초의 신용, 태어나면서부터 전해져온 원초적 부채의 기호도 아니다. 반대로, 생명의 부채는 정확히 특정 정치 상황이 '생산해 낸' 것이며, 우리는 그것의 역사와 계보학을 추적해볼 수 있다. 실존의 부채, 생명의 부채, 최초의 부채를 발생시켰으며 그것을 무한한 부채로 만든 것은 위계적·국가적·일신교적 사회들이다.

우리의 세 학자들과 조절학파 모두는, 태고 사회들은 결코 완전히 청산할 수도 상환할 수도 없는 부채를 생산하는 반면, 근대 자본주의 사회들은 통화 지불을 통해 우리가 부채로부터 해방될 수 있다고 말한다. 들뢰즈와 과타리는 그와 정반대되는 주장을 펼친다. 태고 사회는 '유한하고 유동적인' 부채로 특징지어지는 반면, 제국·국가·일신교적 종교의 도래와 함께, 부채는 '무한한 부채'가 되었다.[13]

---

13. "반응적 힘들의 결집은 다음과 같이 부채의 변형을 동반한다. 후자는 '신성함'에 대한, '사회'에 대한, '국가'에 대한, 반응적 심급들에 대한 부채이다. 그때 모든 것은 반응적 힘들 사이에서 이루어진다. 부채는 그것이 인간의 해방에 참여했던 적극적

부채의 폐지 또는 부채의 회계^{술학}적 변형은, 모든 원시 결연을 종속시키는 국가에 대한 한없는 복무 의무를 열어 놓는다(부채문제). 무한한 채권자, 무한한 채권이 유한한 이동 부채 블록들을 대체했다. 전제주의의 지평에는 언제나 일신교가 있다. 부채는 **실존의 부채**^{dette d'existence}, 신민들 자신의 실존의 부채가 된다.¹⁴

자본주의는, 경제와 생산에 무한을 도입함으로써, 제국주의적·국가적 사회의 무한한 부채와 일신교적 종교를 부채와 연결시키는 역시 무한한 죄책감을 지속·연장시킨다. 금융자본주의는 다시 이러한 경향을 강화한다. 금융자본주의는 자본주의적 축적의 핵심에 신용 화폐·금융을 설정했으며, 부채가 바로 그 동력이다. 금융자본주의는 부채를, 우리가 저돌적 전진을 멈추지 않으면서, 더 많은 채무계약을 체결하기 위해서는 존중하지 않으면 안 되는 약속으로 만든다. 이것이 우리가 매일 아침 뉴스를 볼 때마다 위기를 느끼게 되는 이유이다.

인 특성을 상실한다. 자신의 새로운 형태 아래서 그것은 끝이 없고, **지불될 수도 없다**. … 부채는 끝내 갚지 못할 채무자와 끝내 부채의 이자를 퍼올리지 못할 채권자 간의 관계가 된다. '신성함에 대한 부채'가 바로 그것이다."(Gilles Deleuze, *Nietzsche et la philosophie*, Paris, PUF, 1962, pp. 162~163 [질 들뢰즈, 『니체와 철학』, 이경신 옮김, 민음사, 1998, 249~250쪽]).

14. Deleuze et Guattari, *L'Anti-Œdipe*, p. 234 [들뢰즈·과타리, 『안티 오이디푸스』, 339~340쪽].

희생의 인류학

오를레앙과 아글리에타는 이런 '남용된' 보편화 작업을 처음으로 수행한 사람들이 아니다. 화폐에 경제적인 것 이외의 기초를 찾아주기 위해 이들은 신용할 수 없는 인류학자들을 경유한다. 이 인류학자들은 사회적인 것·화폐·국가·성스러운 것의 초월성 사이에 존재하는 연속성을 추적하게 해 주는 존재들이다.

오를레앙과 아글리에타는 르네 지라르René Girard, 1923-2015의 인류학과 희생 이론을 통해 초월성 및 조정 작용médiation의 구축이라는 정치적 작업을 자연화한다. '화폐'에 대한 그들의 첫 번째 계보학은 — 보편화의 의지에서 볼 때, 사실이 아니라는 단순한 이유로 — 인류학자들에 의해 결코 받아들여진 적이 없는 이 희생이론의 기초 위에서 수행된다. 희생은 모든 사람이 그것에 대해 부채를 지게 되는 초월성을 구성한다. 왜냐하면 희생은, 희생 제물을 통해 교환자들-생산자들이 서로에 대해 수행하는 원초적 폭력을 잠재우는 평화를 확립해 주는 일정한 조정 작용, 초월성을 발생시킴으로써(그 결과 화폐, 국가, 주권이 탄생한다), '모든 사람에 대한 모든 사람의 전쟁'이라는 문제를 해결해 주기 때문이다.

지라르의 이런 그리스도교 옹호론은 — '희생'으로부터 모든 것을 설명하고 모든 것을 포괄하는 보편적인 것을 추출해 냄으로써 — 일신교·집중화·초월성에 대한 자신의 욕망을 대다수 고대 사회의 실제 현실과 혼동한다. 지라르의 논의는 그 자체로 총체화totalisation를 향한 하나의 광기이다.

외견상의 극단적인 다양성 너머에는 모든 신화와 모든 제의의 통일성뿐만 아니라, 종교적이든 반종교적이든 모든 인간 문화의 총체의 통일성이 존재한다는 것을, 그리고 통일성 중의 통일성인 이 통일성은, 항상 잘 알려져 있지 않기 때문에 작용할 수 있는 단 하나의 메커니즘, 즉 희생물에 대한 공동체의 만장일치가 자연스럽게 일어날 수 있게 하는 그 메커니즘에 완전히 달려 있다는 것도 명확하게 입증해야 할 것이다.[15]

불행히도, 희생은 전혀 보편적이지 않다. 희생은 모든 태고 사회에서 재발견되는 보편적 현상이 아니다. 희생은 오직 권력관계의 문제를 초월성에 의해 규제하는 사회들에서만 발견되는 하나의 고유한 창안물이다. [프랑스의 인류학자] 앙드레 르루아-구랑André Leroi-Gourhan, 1911-1986에 따르면, 구석기 사회는 희생을 몰랐으며, 수렵·채집 사회에서도 그러한 흔적을 추적할 수 없다. 다른 많은 연구 역시 희생 제의가 보편적인 것이 아니었음을 확인하는데, 이는 르네 지라르 가설에 대한 반증이다.

민족학자들의 자료는 완전히 명백하다. 오세아니아에서 아메리카에 이르는 광대한 지역, 오스트레일리아에서 누벨기니, 멜라네시아, 알래스카, 캐나다의 거의 대부분, 미국의 서부 전체, 아마존 하류, 팜파스, 파타고니아, 티에라 델 푸에고에 이르는 지역에서는

---

15. René Girard, *La Violence et le sacré*, Grasset, 1972, p. 415 [르네 지라르, 『폭력과 성스러움』, 김진식·박무호 옮김, 민음사, 1997, 452쪽].

투피남바족의 식인 장면을 그린 그림

결코 희생 제의가 수행된 적이 없다.16

지라르의 예시들 중에서 [브라질] 투피남바Tupinambá의 '식인풍습'을 세심히 검토해 보면, 보편적 현상으로서의 희생 제의라는 지라르의 구조물은 붕괴되어 버리고 만다. [브라질의 인류학자] 비베이루스 데 카스트루Eduardo Batalha Viveiros de Castro, 1951-는 우리가 '희생물이 하나의 본질적인 신학적–정치적 장치로 기능하는 안데스 및 중앙 아메리카 지역의 국가 형성적' 실천을 모든 사회에 공통적인 하나의 의례 행위로 변형시킬 수 없음을 탁월하게 논증했다.17 예를 들면, 투피의 식인풍습조차도 이런 정치–신학적 국가 질서에 속하지 않는다. 마르셀 모스Marcel Mauss, 1872-1950가 규정한 원칙에 비추어 보아도, '수신자'도, '초자연적' 힘도, '성스러움'도 존재하지 않는 투피의 식인풍습은 희생제의가 아니다. 투피남바의 식인풍습은 '희생제의를 주관하는 자'(희생물을 바치는 자), '수신자'[희생물을 받는 자] 그리고 '희생의식을 수행하는 사제'를 포함해야 하는 [마르셀 모스의] 희생 도식에 부합하지 않는다.

아마존의 무당은 동시에 '희생물을 운반하는 자이자, 희생제의를 주관하는 자'이다. 이때 아마존의 무당은 '희생의 형식 아래 대리자'를 죽이는 것이 아니라, "자기 스스로가 희생자가 된다. ⋯ 무당이 다른 이를 희생시키는 자가 될 때 우리는 또 다른 사

---

16. Alain Testart, *Des Dons et des dieux*[증여와 신], Paris, Errance, 2006, p. 29.
17. Eduardo Viveiros de Castro, *Métaphysiques cannibales*[식인풍습의 형이상학], PUF, 2009, p. 110.

회·경제적 체제로의 문턱을 넘는다. 예를 들어, 무당이 인간 희생물을 죽이는 자가 될 때, 권력자들에 의해 제공된 희생물을 주관하는 자가 될 때가 바로 그러하다. … 이때 우리는 무당의 모습 뒤에서 사제의 모습이 떠오르는 것을 본다."[18]

투피의 식인풍습과 희생 제의의 두드러진 차이는 근본적으로 이질적인 사회·우주론적socioscosmiques 질서 체계, 특히 국가, 사제, 관료제라는 매개체의 존재 여부에 달려 있다. 희생 제도는 지라르가 원하는 것처럼 사회를 보편적으로 가로지르며 규정되는 인간 본성, 원초적 폭력으로부터 흘러나오는 것이 아니다. 희생 제도는 무당의 입장에서의 내재적 실천인 것만큼이나, 국가, 사제 및 관료제에 의한 전유라는 정치적 작용의 결과이다. 우리가 희생에 대해 말할 때 우리는 이미 초월적·정치적 조직의 구축이라는 문턱을 넘어선 것이다. 희생과 초월성은 동시에 태어나는 것으로, 어떤 경우에도 어떤 최초의 기원을 구축하지 않는다. 희생과 초월성은 오히려 세계와 우주를 바라보는 다른 개념, 다른 구성 양식에 대한 정치적 승리를 구축하는 행위이다. "이른바 안데스와 중앙아메리카 '고급문화'에서 벌어졌던 희생 제도는 국가에 의한 샤머니즘의 포획을 표상한다. 이는 무당이 행하던 우주론적 공작bricolage의 종말이자, 사제에 의한 신학적 공학ingénierie의 시작이다."[19] 사제의 경제학자로의 변신은 새로운 현상이며 그 자체로 평

---

18. 같은 책, p. 123.
19. 같은 책, p. 128.

가되어야만 한다.

조절학파의 화폐경제학자들은 전체론·초월성·집단성으로부터 선험적으로 긍정적 가치평가를 추출해 내는데, 이는 그들이 호모 에코노미쿠스, 곧 시장 개인주의에 반대하기 때문이다. 그러나 조절학파의 화폐경제학자들은 시장 개인주의만큼이나 용납할 수 없는 중앙집권적·총체적 권력 형식을 만들어 낸다. 지라르가 자신의 일신교적·종교적 원리주의를 그렇지 않은 사회들에 무차별적으로 투사하는 것과 동일한 방식으로, 비주류경제이론들은 생명의 부채라는 개념을 통해 자신의 국가적·제도적 매개 작용의 필요를, 그러한 매개를 피하려고 시도하는 사회들에 무차별적으로 투사한다.

『도덕의 계보』와 '무한한' 부채

니체와 『도덕의 계보』는 직접적으로, 또 간접적으로는 들뢰즈와 과타리의 독해를 경유하여, 부채에 대한 나의 작업의 기초에 놓여 있다.

인류학자들은 그 내용이 인류학이 태고 사회를 바라보는 방식에 부합하지 않는다는 이유로 이 책의 제2논문[『'죄', '양심의 가책' 그리고 그와 유사한 것들』]과 관련하여 까다로운 입장을 취한다. 최근에 부채에 관한 방대한 양의 책을 한 권 출간한 데이비드 그레이버를 예로 들어보자.[20] 그레이버에 따르면, 니체는 삶을 '교환'으

네덜란드 마하프테하우스 점거 운동을 방문하여 발언하는 데이비드 그레이버(David Graeber, 1961~). 네덜란드 암스테르담 대학의 학생과 직원 들은 2015년 2월, 대학의 민주화를 요구하며 암스테르담 대학의 중심 행정 건물 마하프테하우스를 점거했다.

로, 인간을 하나의 '이성적 존재'로 바라보았던 아담 스미스의 공리들을 받아들일 것 같다. 하지만 정치경제학의 창시자[아담 스미스]와 달리, 니체는 우리가 '상업적 관점에서' 해석했을 때의 세계가 어떤 것인지에 대한 이미지를 제공할 것 같다. 아담 스미스의

20. David Graeber, *Debt : The First 5,000 Years*, New York, Melville House, 2011 [데이비드 그레이버, 『부채, 그 첫 5,000년 ─ 인류학자가 다시 쓴 경제의 역사』, 정명진 옮김, 부글북스, 2011].

주장으로부터, 단지 니체는 우리가 방금 비주류 이론가들의 작업에서 발견한 바 있던 원초적 부채, 최초의 부채 이론을 확인하는 것에 그치게 될 것 같다.

독일 철학자[니체]와는 반대로, 그레이버는 '부채가 단지 아직 끝나지 않은 하나의 교환'이며, 이 교환은 계약 당사자들 사이의 평등을 전제한다고 생각한다. 평등은 상환償還, remboursement 기간 동안 유보되지만, 부채가 모두 지불되면 다시금 확립된다(그리고 상호성 역시 회복된다).[21] 따라서 아나키스트[그레이버]는 우리의 현자들과의, 그리고 정치경제학과의 화합을 생각하는 것이다. 부채는 언제나 상환 가능하다. 부채는 '근본적 평등의 그림자 안에서' 펼쳐지는 관계, 지불 가능한 관계이다. 결과적으로, 우리는 부채에 수반되는 잘못을 '속죄'할 수 있다.

우리의 가설은 정확히 그 반대를 표명한다. 자본주의, 특히 금융자본주의에서, 부채는 ― 벤야민이 이야기하는 것처럼, 정치적 변제[속죄]rachat의 경우를 제외한다면 ― 화폐에 의한 상환을 통해서는 결코 갚을 수 없는 것, 지불할 수 없는 것, 무한한 것이다. 우리는 어

---

21. 상호성(réciprocité)은, 태고 사회들의 경우에조차도, 그레이버의 믿음과는 달리, 균형, 공정, 대칭을 의미하지 않는다. "증여는 상호적일 수 있지만, 그렇다고 해서 교환이 덜 폭력적인 움직임이라는 것은 아니다. 모든 증여 행위의 목적은 상대로 하여금 행동하도록 강요하고, 타인의 행위를 이끌어내고, 일정한 대답을 촉발하는 것, 간단히 말해 그의 영혼을 훔치는 것이다(영혼의 상호적 훔침으로서의 연합). 그리고 이런 의미에서, '증여의 교환'이 아닌 사회적 행동이란 없는데, 이는 모든 행동은 오직 행동에 대한 행동, 반응에 대한 반응인 한에서만, 그리고 오직 그런 한에서만, 사회적이기 때문이다. 이때의 상호성이란 단지 회귀(récursivité)를 의미할 뿐이다. 이는 사회성의 침투가 아니며, 이타주의는 더더욱 아니다. 삶이란 도둑질이다."(Viveiros de Castro, *Métaphysiques cannibales*[식인풍습의 형이상학], p. 139).

떻게 해서 이처럼 완전히 반대되는 결론에 도달하게 된 것일까? 니체가 그 해답을 밝혀줄 것이다.

우리는, 매우 간략하게나마, 오늘의 현실에 직접적으로 대응되는 몇몇 개념에 집중해 보고자 한다. 첫째, 『도덕의 계보』는 어떤 인류학적 기초를 설립하려 하지 않는다. 도덕의 계보는, 한편으로는, 정치경제학의 계약론적("어떤 계약이든!")·교환론적·공리주의적("어떤 공리든!") 개념에 대한, 다른 한편으로는, 교환이 생산하게 될 '이성적 인간' 및 가치 이론에 대한 논쟁을 열어젖힌다. 고 3 학생들마저도 단언하기를 주저할만한 주장(니체 철학의 근본에는 아담 스미스의 **호모 에코노미쿠스**와 그 합리성이 놓여 있다)을 펼치는 그레이버는 태평스럽게도 '가치'의 문제를 정치경제학의 문제, '시장'의 가치라는 문제와 혼동하고 있다. 니체적 인간은 분명 '가치를 측정하는 존재', 평가하는 존재, '평가하는 동물 자체'이지만, 이 가치는 시장으로도, **호모 에코노미쿠스**로도 환원되지 않는 그러한 가치이다. 가치를 창조·측정·평가하는 것은 시장도 **호모 에코노미쿠스**도 아니다. 가치는 가치평가 행위, 곧 '가치평가를 위한 관점'을 전제하며, 바로 이 관점으로부터 가치는 자신의 가치를 이끌어낸다. 가치평가 행위는 존재방식, 실존방식이다.

교환으로부터 '가치'의 범주를 이끌어내고 또 전유하는 정치경제학과는 정확히 반대편에서, 니체는 다음과 같은 미래 철학자의 과업을 설정한다. "**가치**의 문제를 해결하고, 가치의 **등급**을 결정"하는 것, "이러한 혹은 저러한 가치 목록과 '도덕'의 **가치**는 무엇인가?"를 아는 것,[22] "**가치평가 행위의 가치**"를 묻는 것. 경제적·도덕

적 가치들을 비판하기 위해서는 "이러한 가치
들의 가치가 우선 그 자체로 문제시되어야만 한
다."[23] 아담 스미스의 이론과 이보다 거리가
먼 이론은 찾기 어려울 것이다.

두 번째로, 니체의 부채는 평등 혹은 상
호성을 함축하지 않는다. 오히려 그 반대이
다. 만약 교환이 아닌, 신용/부채가 사회 조직
의 원형을 구성한다면, 이는 그것에 얽혀있는
힘들이 '대등'하지 않고 비대칭적이기 때문이
다. 신용은 능동적 힘들과 반응적[반동적] 힘
들을 동원한다(이는 개인들 사이에서만이 아
니라, 한 개인 안에서도 그렇다). 신용은 우월
한 힘들과 열등한 힘들이 충돌하는 장소이

프리드리히 니체, 『도덕의 계보』
초판 표지 (1887년)

며, 이러한 충돌의 목적은 '약속할 수 있는' 특정 주체성의 구축이
다. 그리고 약속은 특정한 기억을, 부채가 작동하여 제작하는 말
들로 이루어진 기억을 전제한다. 채권자/채무자 관계는, 근대적 의
미의 '경제적' 의미작용을 갖기 이전에, 주체를 형성하고 길들이는
행위를 표현한다. 들뢰즈와 과타리에게, 태고 사회에서의 부채 논
리는 교환과 어떤 관련도 없었다. 이는 "사회체socius는 기록하는 자
로서, 몸에 각인을 새겨 넣어야 하는 것은 그이며, 순환[유통]은 다

---

22. Nietzsche, *La Généalogie de la morale*, Paris, Gallimard, Folio Essais, 1985, p. 57
    [프리드리히 니체, 『선악의 저편·도덕의 계보』, 김정현 옮김, 책세상, 390~391쪽].
23. 같은 책, p. 14 [같은 책, 344쪽].

만 2차적 행위일 뿐"이기 때문이다.[24]

세 번째로, 『도덕의 계보』는, 마치 베르그손의 설명처럼, 창조가 아니라면 아무것도 아닐 시간의 문제에 접근한다. 교환은 즉각적인 반면, 부채의 특성은 미래를 현실화시킴으로써 시간을 포함·통제·활용[착취]하는 것이다. 부채는 상환의 약속이며, 따라서 개연성의 논리로는 예측·통제할 수 없는 근본적 불확실성이자 결정되지 않은 열린 시간으로서의 미래에 관련된다. 부채는 미결정성을 저당잡고 시간으로부터 모든 창조성과 모든 혁신을 박탈하기 위해, 곧 시간을 정상화하기 위해 시간을 선매하고 폐쇄하는 자본주의의 장치이다. 한편, 부채가 완료되지 않은 교환이라고 말하는 것 역시 충분치 못한 일인데, 이는 기간, 시간, 불확실성이 부채와 교환 사이의 특별한 차이를 발생시키기 때문이다. '약속할 수 있는 동물을 기르는 것'은 '미래를 미리 마음대로 처리'하는 것, '스스로의 미래를 보증'하는 것을 의미한다.[25]

네 번째로, 니체는 매우 명료한 방식으로 유한하며 상환 가능한 부채로부터 무한하며 지불 불가능한 부채로의 이행을 지적한다. 생명의 부채, 원초적 부채 혹은 최초의 부채는 우선은 '사회의 속박'에 의해, 이후에는 '국가'에 의해, 최종적으로는 일신교적 종교에 의해 부과된, 상대적으로 후대의 생산물이다. "그러한 변화는 점진적인 변화도 자발적인 변화도 아니"었으며, 오히려 "단절과

---

24. Deleuze et Guattari, *L'Anti-Œdipe*, p. 217. [들뢰즈·과타리, 『안티 오이디푸스』, 319쪽. 그러나 이 페이지에는 인용에 해당되는 문장이 없다. 저자의 착오.]
25. [옮긴이] 니체, 『선악의 저편·도덕의 계보』, 396~397쪽.

비약, 강제 그리고 … 불가피한 숙명"의 결과였다.[26] 이러한 단절 이후로, 인간은 사회, 국가, 신들에게 빚을 지게 되었고, 반응적 힘들에 응대하기 위해 유한한 부채가 일으켜 세운 능동적 힘들은 인간의 내면으로 반송되어, 인간은 영원히 유죄인 자로 된다. "이제 바로 부채를 종국적으로 상환하려는 전망은 영원히 비관적으로 닫아버릴 수밖에 없게 되"고, "그 결과 마침내는 부채를 해결할 수 없다는 것과 더불어 속죄도 해결할 수 없다는 생각, 즉 보상이 불가능하다는('영원한 벌'의) 사상이 배태된 것이다."[27]

능동적 힘/반응적 힘 관계, 시간의 지배 양식으로서의 채권자/채무자 관계는, 무한한 부채로서, 금융 자본을 통해 지배적 관계를 구축하는 자본에 의해 투자되고 지속된다. 금융자본주의하에서 부채로부터 해방되는 것은 불가능한데, 이는 화폐로서의 자본, 곧 신용이 정의상 부채이기 때문이다. 우리가 신용 화폐 곧 부채로부터 자본에 대한 가치평가의 모든 것을 만들어 내는 것이라면, 자본주의적 관계 자체가 소멸되지 않는 한, [완전한] 상환은 절대 이루어지지 않을 것이다. 채권자/채무자 관계, 그것은 정치적 지배 관계를 넘어 경제적 착취 관계마저도 구성하고 있기 때문에 결코 사라질 수 없는 관계이다. 자신의 부채를 지불한다는 것은 채권자/채무자 관계로부터, 오늘날이라면, 자본주의 자체로부터 탈피한다는 것을 의미한다. 우리는 우리의 부채를 지불할 수 있지

---

26. Nietzsche, *La Généalogie de la morale*, p. 96 [니체, 『선악의 저편·도덕의 계보』, 433쪽].
27. 같은 책, p. 103 [같은 책, 440~441쪽].

만, 만약 우리가 우리의 모든 부채를 동시에 지불한다면, 비대칭도 역능의 차이도 우월한 힘과 열등한 힘도 자본도 더 이상 존재하지 않게 될 것이다. 최종적인 상환이란, 논리적으로, 자본주의의 죽음인데, 이는 계급 차이가 정확히 신용/부채를 가로지르며 표출되기 때문이다.

사회적 생산의 동력으로서의 신용은 체계적으로 상환되어야 하지만, 즉각적으로 그리고 필연적으로, 무한히 갱신되어야만 한다. 자본주의는 우리를 부채로부터 해방하는 것이 아니라, 우리를 부채에 얽어맨다. 우리를 부채로부터 해방하는 것은 부채를 상환하라는 명령에의 복종이 아니다. 부채의 지배관계로부터 우리를 해방하는 것은 지불 행위가 아니라, 정치적 행위, 거부이다.

결론적으로, 아나키스트로부터 신자유주의자에 이르는 모든 사람의 공유된 믿음과는 달리, 현대 자본주의의 부채는 지불 불가능한 것, 상환 불가능한 것, 무한한 것이다. 우리는 경제적 범주가 아닌 프란츠 카프카의 문학적 범주를 통해 신용의 기능을 훨씬 더 정확하게 표현해볼 수 있다. 카프카는 우리 채무자의 상황에 특별히 적합한 인물인데, 이는, [『소송』*Der Process*(1925)의 주인공] 요제프 K.와 마찬가지로, 우리 모두가 어떤 잘못도 저지르지 않았음에도 죄가 있는 것으로 가정되고 있기 때문이다. 현대 부채의 형식은 '표면상의 지불'(우리는 이 부채에서 저 부채로 옮겨가며, 신용 거래에 동의하고 또 상환하는 방식으로 계속 이어진다!)과 결코 지불할 수 없는(지불되어서도 안 되는) 방식으로 지속적인 부채를 짊어지게 되는 '끝없는 납치'[28]를 동시에 닮았다. 신용 거래는 결코 상환되지 않으며, 오직 다양한 방식으로 변화하며 지속될 뿐이다.

프란츠 카프카
(Franz Kafka, 1883~1924)

이는 미국 소비자들의 상황인 동시에 우리[유럽인들]의 상황이기도 하다. 국가부채는 지속적으로 변화하면서, 우리에게 실시간 진동 폭만큼의 '차액'spread을 알려준다. 공공 부채의 다양한 양상은 다시금 그에 연동되어 있는 우리의 임금·수입·사회보장을 다양화시키는데, 그 방향은 늘 같은 곳, 곧 혜택을 낮추는 방향을 가리킨다. 마찬가지 방식으로 부채는 우리의 세금 역시 다양화시키는데, 그 방향은 늘 같은 곳, 곧 세금이 오르는 방향을 가리킨다.

결과적으로, 유럽인들에게 부과되어 있는 부채의 상환은 신자유주의 기획을 강화·완성하기 위한 하나의 정치적 무기이다. 누구나 양적(총액은 너무 중요하다) 및 질적(금융자본주의하에서 부채는 무한하다) 관점 모두에서 부채가 갚을 수 없는 것이라는 사실을 잘 알고 있다. 우리는 이러한 장치의 존재를 인식하고, 전복시키고, 나아가 상환 불가능성에 새로운 의미를 주어야 하는데,

---

28. 카프카에 의해 사용된 독일어 단어 'Verschleppung'[납치]은 'atermoiement'[지불유예]과 마찬가지로 법률적 의미를 갖는다. 그러나 이 프랑스어 단어는 직접적으로 채권자/채무자 관계에로 되돌려진다. attermoyemens, "채권자들의 동의를 얻은 채무자의 지불 기한 유예"(*Recueil général des anciennes lois françaises* [고전프랑스법률총람], édit. mai 1609, Paris, Isambert et Taillandier, 1829, t. 15).

이러한 일은 오직 '지불 거부 행위'에 의해서만 가능하다.

　사람들은 종종 내가 현 상황에 대해 지나치게 어두운 그림을 그려내고 있다고 비난한다. 이 장의 첫 부분을 들뢰즈의 인용으로 시작했으니, 마지막에도 나는 들뢰즈의 문장을 하나 들어 대답해 보겠다. "걱정하거나 희망할 필요는 없고, 새로운 무기를 찾는 것이 필요하다."

4장

통치성 비판 1
자유주의적 통치성은 과연 존재했는가?

국가부채로 전환된 금융위기는 – 지배자('기술적 통치')와 피통치자(세금에 의해 자신의 잘못을 속죄하게 되는 부채인간) 양자 모두에게 – 새로운 주체성의 양상, 새로운 통치성gouvernementalité의 양식을 갖기를 강요한다. 이 새로운 주체성의 양상은 – 신자유주의가 막 도약하던 시기보다 훨씬 더, 그리고 훨씬 심오하게 – 신자유주의가 자본과 맺는 관계와 통치성 기술의 진정한 성격을 잘 보여 준다.

신자유주의적 통치gouvernement에 대한 비판은 예외 없이 푸코의 분석과 마주하게 된다. 푸코의 두 [콜레주 드 프랑스] 강의인 '안전, 영토, 인구', 그리고 특히 '생명관리정치의 탄생'은 인구에 대한 통치 및 통제 양상에 대한 분석과 관련하여 상당한 진전을 가져왔다. 자유주의적 통치성에 대한 푸코의 연구는 권력관계 이론의 (전쟁·전략으로서의 권력으로부터 '통치'로서의 권력으로의) 진화와 밀접한 관련이 있다. 그럼에도 불구하고 이 두 강의는 (푸코 자신의 용어를 사용한다면) '자본과 그 논리'가 국가와 맺는 관계, 또 국가가 자유주의와 맺는 관계의 파악에서 불거지는 난점들을 드러내 주는 것처럼 보인다. 나아가, 우리는 심지어 통치성에 관한 푸코의 이 두 강의, 특히 두 번째 강의인 '생명관리정치의 탄생'에서 드러나는 가장 중요한 한계를 다음처럼 말해볼 수도 있을 것이다. 푸코는 국가 전략의 대안 혹은 국가에 반하는 것으로서의 특정한 자유주의 곧 통치의 자유주의적 기술을 원래 존재하는 것 혹은 원래 존재해왔던 것으로 가정한다.

그러나 시장과 사회의 자유를 보호·강화하기 위해 자본과 국가 사이에 확립되는 이론이자 실천으로서의 자유주의는 사실 자

명한 것이 아니다. 위기 속에서 국가/자본
관계에 대한 신자유주의적 관리라는 관점
에서 볼 때, 내게는 들뢰즈와 과타리가 『안
티 오이디푸스』에서 제출한 작업가설을 시
험해 보는 것이 더 합리적으로 보인다. 이들
은 자본주의에 '자유주의의 외관, 환상'이
부여되는 이유에 대해 설명하면서, 다음과
같은 급진적이지만 현재의 위기와 그 결과
를 해석하는데 결정적으로 작용할 수 있는
하나의 결론을 도출해 낸다. "자본주의는
결코 자유로웠던 적이 없다. 자본주의는 언

장-자크 루소
(Jean-Jacques Rousseau, 1712~1778)

제나 국가자본주의였다."[1] 달리 말해, 시장과 생산의 이른바 내재
적 기능 작용은 결코 주권의 작용 없이 이루어진 적이 없다.

2007년 이후 실행된 정책을 살펴볼 때, 통치성과 주권의 뒤얽
힘 현상을 반박하기는 어렵다, 아니 불가능하다. 푸코 자신도 『안
전, 영토, 인구』에서 루소에게서의 통치성에 대해 이야기하며 이렇
게 확언한 바 있다. "주권의 문제는 사라지지 않았습니다. 오히려
전례 없이 첨예해진 셈입니다."[2] 그러나 이러한 확언은 위기 이전
시기에 대해서도, 보다 일반적으로는, 자본주의의 전 역사에 대해

1. 질 들뢰즈의 『안티 오이디푸스』를 위한 예비 강의. 다음에서 볼 수 있다. www.web-deleuze.com.

2. Michel Foucault, *Sécurité, territoire, population*, Paris, Seuil/Gallimard, 2004, p. 110 [미셸 푸코, 『안전, 영토, 인구 ― 콜레주드프랑스 강의 1977~1978』, 오트르망 옮김, 난장, 2011, 161쪽].

서도 마찬가지로 타당한 발언일 것이다.

통치성 분석은 '우리가 늘 지나치게 통치하는 것이 아닌가 라는 의심'에 대해서 또는 자유주의자들이 국가에 대항하여 생산하고 옹호할 '자유'에 대해서가 아니라, 국가와 자본 (또는, 경제학자들의 말을 따르자면, '국가'와 '시장') 사이의 연합, 곧 국가의 자본주의capitalisme d'État에 대해서 수행되어야 한다. 현재의 위기가 더 이상 어떤 의심도 불가능할 만큼 명백하게 보여 주고 있듯이, 자유주의자들은 — 국가 통치에 대한 대안이 결코 아니며 — 국가자본주의적 주체화의 가능한 양상들 중 하나에 불과하다.

"국가의 통제라는 원리 자체에 대한 어떤 투쟁"[3]도 결코 존재하지 않을 것이다. 다시 말해, 자본주의하에서는 주권 원리와 통치성 기술 사이, 정치와 경제 사이의 대립이 결코 존재하지 않을 것이다. 권력의 독점적 집중화에 반하는 행동은 "상업자본 및 금융자본이 여전히 옛 생산체계와 동맹을 맺고 있으며, 또 갓 태어난 산업자본주의가 이 특권들을 성공적으로 폐지해야만 생산과 시장을 확보할 수 있던"[4] 지나간 시대에 속한다. 이후로, 자유주의자들은, 국가에 반하는 시장과 사회의 자유를 대표하는 것이 아니라, 특정한 주권 양식, 곧 '자본'에 완벽하게 '들어맞는' 특정 '국가'의 구축에 근본적인 기여를 해왔다.

그러나 어떤 국가, 어떤 자본주의, 어떤 주권, 어떤 통치성을

---

3. Deleuze et Guattari, *L'Anti-Œdipe*, p. 301. [들뢰즈·과타리, 『안티 오이디푸스』, 426쪽].
4. 같은 곳 [같은 곳].

말하는 것일까? 우리가 현대의 위기에서 작동하는 것을 목격하는 국가자본주의는 19세기와 20세기 초의 국가자본주의와 같은 것일까? 우리는 여전히 들뢰즈와 과타리가 사용한 의미로 국가자본주의에 대해 말할 수 있는 것일까? 우리가 우선은 질서자유주의 ordolibéralisme를, 그리고 이어서 신자유주의를 – 자유주의자들이 그것의 주체적 조건을 구성하는 주권과 통치성 사이의 새로운 관계에, 국가자본주의의 새로운 배치에 작용하는 – 일련의 정책들로서 해석한다면, 푸코의 작업은 우리에게 유용한 것이 될 것이다. 신자유주의는 자본과 국가의 통합, 시장과 주권의 통합에서 하나의 새로운 단계를 표상한다. 그리고 현재의 위기관리 역시 이러한 통합 작업의 완성으로 간주될 수 있을 것이다.

하여튼 푸코의 두 강의를 가로지르는 주요한 주장은 사람들이 그에게 제기할 수 있는 비판에 의해서보다는, 2007년 이후 자본주의를 끊임없이 뒤흔드는 사건들에 의해 한층 더 동요한다. 자유주의의 문제가 '지나치게 통치한다'에 관련되었으리라는 관념, 자유주의의 비판이 '통치의 과잉에 고유한 비합리성'에 집중되리라는 관념, 따라서 결과적으로 '가능한 한 가장 적게 통치해야 한다'는 관념 등은 위기에 의해 근본적으로 재검토되었다. 신자유주의적 통치는 – 이른바 전체주의 혹은 '계획자'planificateur 국가의 정책에 필적하는 – 통치의 권위주의적 기술을 증식시키고 집중시킨다. '자유주의는 통치 행위의 영역 및 형식에 대한 최대한의 제한에 의해 규정된다'라는 말은 오늘날만이 아니라, 과거에 대해서도 마찬가지로 부적절한 말이다.

그렇다면 자유주의자들은 어떻게 해서 가장 적게 통치하려는 욕망에서 모든 것을 통치하려는 욕망으로 갑자기 이행하게 되었던 것일까? 자유주의자들이 모든 형태의 거대 **정부**big government를 비합리적인 것으로 생각했던 반면, 2007년 이후로는 기술적 통치, 곧 유럽, 국제통화기금, 유럽중앙은행 등 자유주의에 복종하는 모든 기관이 10여 년에 걸친 국가 수지 재건 '계획'을 수립하고 있다(유럽 재정협약Fiscal Compact은 부채를 갚기 위해 적어도 20년 이상이 걸릴 것으로 예상하고 있다)는 사실을 어떻게 설명할 수 있을까? 자유주의자들이 행정 조직의 최소 지출을 신봉하는 '전문가들'에 의해 감시되는 다양한 통제 제도를 확대하고 있다는 사실을? 자유주의자들이 미세한 지엽적 부분에까지 예산 절감을 추진하고 있다는 사실을? 자유주의자들이 공공 예산 재건의 유예를 권위주의적 방식으로 고착시키고 있다는 사실을? 자유주의자들이 국민정부와 의회에 자신들의 법을 글자 그대로 강요하고 있다는 사실을? 위기 이전에 자유주의자들에 의해 찬양받던 '최소 국가'가, 동일한 자유주의자들에 의해, '최대' 국가로 대체되었다는 사실을 어떻게 설명할 것인가? 무엇보다도 어떤 '민주주의적' 영혼도 담지하지 않은 이 초국가적인 신자유주의적 거대 정부를 어떻게 이해할 것인가?

물론 이렇게 위기 이전과 이후의 자유주의를 대립적으로 나누는 방식에는 무엇인가 잘못된 점이 있다. 가령 위기가 자유주의의 성격을 변화시켰고, 이러한 개입이 경기 상황에 따른 것이며, 일단 위기가 지나간 후에는 현재와 같은 권위주의적이고 부작용이 크며 중앙 집권적인 통치가 다시금 '자유주의적인' 통치로 되돌아가리라는 생각은 지나친 환원주의적 단순화이다. 오늘날 국가는, 그리고 '최소주의적 국가도 아닌 국가는 실상 한 번이 아니라, 두 번 개입한다. 우선 첫 번째 개입은 은행과 금융 그리고 자유주의자들 자신을 구하기 위한 것이며, 두 번째 개입은 첫 번째 개입에 따르는 정치적·경제적 비용을 국민들에게 세금으로 부과하기 위한 것이다. 첫 번째 개입은 시장을 위한 것이지만, 두 번째 개입은 사회에 반하는 것이다.

그러나 이는 자본주의의 탄생과 함께 시작된 일반적 과정의 한 단계일 뿐이다. "그 어떤 국가도 권력을 잃어가면서 이토록 공들여서 경제력이라는 기호記號에 봉사한 적은 없었다. 사람들이 어떻게 말하든, 자본주의국가는 아주 일찍부터, 처음부터, 여전히 반쯤은 봉건적이거나 군주제적인 형식으로 관리하던 때부터 이 역할을 갖고 있었다."[5]

물론 국가와 자본이 이질적이던 시절도 분명히 있었다. 국가는 영토와 국경에 의해 규정된다. 자본은 고유한 영토를 갖지 않는다. 자본은, 오히려, 영토상의 경계선을 갖지 않는 하나의 영원한 탈영토화 과정이다. 국가는 하나의 공동체, 하나의 인민, 하나의 국민을 구성한다. 반면, 자본은 자신으로부터 이들을 생산할 수 없는데, 이는 경쟁, 계급분할, 사적 전유가 공동체와 인민 그리고 국민을 해체하기 때문이다. 국가는 권리와 시민성 위에 기초해 있지만,

---

5. 같은 책, p. 300 [같은 책, 426쪽].

자본은 기업가들의 '이익', 임금 노동자와 인민들에 대한 착취 등에 기초해 있다. 국가는 특정 영토와 인민에 연결된 정치적 주권을 수행한다. 자본은 세계 시장만을 자신의 유일하고도 진실한 영역으로 가지는 인구population에 대해 경제적 힘을 조직한다.

통치성(반복하건대, 자유주의자들은 이러한 통치성이 갖는 주체적 양상들 중 단 하나에 불과하다)은 우선은 [국가나 자본과 같은] 이러한 이질성들의 구성에 의해, 이후에는 국가의 원리를 자본의 평가 과정에 종속시키는 재설정 작업에 의해 확립되었다. 이러한 종속 과정의 가장 중요한 순간들 중 하나는 독일 사회국가의 형성이었는데, 이는 칼 슈미트 그리고 질서자유주의자들에 의해 가장 명료하고도 급진적인 방식으로 이론화되었다. 독일 사회국가의 구성 과정을 검토하는 것은 단지 지나간 역사의 고찰에 그치지 않는 동시대적 가치를 갖는다. 왜냐하면 이는 유로 및 다양한 유럽 제도의 구축 과정이 질서자유주의가 이 새로운 유형의 국가를 구성할 때 사용했던 다양한 기술들과 닮은 것으로 보이기 때문이다.

경제국가

칼 슈미트의 작업은 '정치의 자율성'[6]을 증진하기 위해 사용되

---

6. 마리오 뜨론띠(Mario Tronti, 1931~)가 주장하는 '정치적인 것의 자율성'이라는 이

었는데, 오히려 그는 사회국가가 유럽에 존재하던 기존 '주권' 국가의 몰락을 돌이킬 수 없는 방식으로 증언하는 사람이다. 사회국가는 이제 어떤 정치적 자율성도 갖지 못하는데, 이는 사회국가가 자본주의의 경제적·사회적 힘에 의해 점령되었기 때문이다.

이제 국가는 계급투쟁 및 그것이 불러오는 갈등과 이익에 의해 전적으로 횡단된다. 왜냐하면 이는 국가는 더 이상 일반 이익, 한 인민의 '운명', 한 민족의 윤리를 표상할 수 없기 때문이다. 마찬가지로 국가는 더 이상 어떤 **상위부분**[상부구조]도 아닌데, 이는 국가가 정치·경제적 투쟁과 갈등의 대상 자체이기 때문이다.

신자유주의자들은 사회의 자유를 옹호하기 위해 국가에 반대하는 것에 그치지 않고, 국가를 만들어 내고, 자본과 그 축적에 완벽히 들어맞도록 그것을 근본적으로 처음부터 끝까지 변형시킨다. 푸코의 『생명관리정치의 탄생』은 2차 세계대전 이후 독일국가의 재건과정과 질서자유주의의 관계에 대한 분석을 통해, 국가자본주의 변형의 이런 새로운 단계를 정확히 묘사하고 있다. 1차 세계대전, 나치 국가, 2차 세계대전 이후 비스마르크적 국가의 패퇴는 칼 슈미트가 '새로운 유형'의 국가라 부른 바 있는 공간을 연다. 푸코는 이렇게 묻는다. "국가가 존재하지 않는다면 어

탈리아 이론은 혁명 과정의 완수를 위해 '국가를 만들어야' 하는 노동계급의 질적 도약을 목표로 한다. [그런데] 사회국가라는 조건 속에서 국가를 만든다는 것은 단순히 '자본'의 절합으로서 구성되기, 국가의 내부에서 '가변자본'이 되기, 달리 말해, 노동계급이 공장에서는 거부했던 것으로 되기를 의미한다. '소득'과 '서비스'에 관련해, 특히 1970년대에, 이루어졌던 모든 투쟁은 사회국가를, 그것의 통치성을, 그리고 육체와 영혼과 삶에 대한 사회국가적 통제를 자신의 적으로 삼았다.

떻게 경제적 자유라는 비국가적 공간에 입각해 국가를 존재하게
할 수 있는가?"[7] 그 답은 '경제적 제도로부터의 영원한 발생을 통
하여'라는 것인데, 이는 "경제가 공법公法, droit public을 창조하기 때
문이다."[8]

이러한 과정은 결코 자생적인 것이 아니다. 이러한 국가는 시
장의 기능에 닻을 내림으로써 구축되어야 하며, 바로 이러한 작업
이 질서자유주의가 규정하는 통치성의 주된 작업이다. 정치의 타
자가 아닌, 경제가 정치를 낳고 이끌며 정당화하는 힘이다. 자기
조절적인 자율성이 아닌, 시장이 스스로를 국가 주권을 포함한 여
러 가지 요소들의 근본적·정치적 연결점으로서 드러낸다. "경제,
경제발전, 경제성장은 사실 어떤 주권, 어떤 정치적 주권을, 바로
그 경제를 기능하게 만드는 제도 및 제도적 작용을 통해 생산합
니다."[9]

따라서 '경제'를 ― 경제학자들이 말하는 바와 같이 ― 자동적 교
환(시장) 및 생산(공장)의 메커니즘이라는 축소된 의미로 이해해
서는 곤란하다. 푸코는 사회국가의 구축이라는 계기에 대한 칼 슈
미트의 다음과 같은 분석을 다시 한번 확언한 것에 지나지 않는
다. 국민국가État-nation, 초월적 국가로서의 주권 국가는 죽었으며,
그 자리에 경제국가État économique가 확립된다. "여기 현대 독일에,

---

7. Michel Foucault, *Naissance de la biopolitique*, Paris, Seuil/Gallimard, 2004, p. 88
[미셸 푸코, 『생명관리정치의 탄생 ― 콜레주드프랑스 강의 1978~1979』, 오트르망 옮
김, 난장, 2012, 132쪽].
8. 같은 책, p. 86 [같은 책, 129쪽].
9. 같은 책, pp. 85~86 [같은 곳].

제1대 독일 총리 콘라드 아데나워(Konrad Adenauer)와 당시 경제부 장관이었던 루트비히 에르하르트(Ludwig Erhard) (1956년 1월 5일). 콘라드 아데나워의 정부 아래에서 시행된 질서자유주의는 전후 서독에서 발전한 경제 모델에 주요한 영향을 주었고 이 모델은 '사회적 시장경제'라는 명칭으로 알려졌다.

근본적으로 경제국가라고 말할 수 있는 국가가 있습니다. 이는 '근본적으로'라는 말의 엄밀한 의미에서, 바로 그 뿌리가 매우 경제적이라는 것입니다."10

10. 같은 책, p. 87 [같은 곳].

국가와 경제, 자본의 역능과 정치권력, 통치성과 주권 사이의 구분이 불가능해지는 주권souveraineté의 새로운 의미가 형성되는 것이 바로 이 지점이다. 주권은 인민, 민주주의, 국민이 아닌, 자본과 그것의 전개로부터 도출되는데, 이는 '국가자본주의' 개념의 근본적 쇄신을 가져온다.

통치성은 '최소 통치'가 아니라, 사회를 최우선적으로 고려하는 가치평가 및 사회화에 봉사하는 경제국가인 '사회국가'의 건설을 목표로 삼아야 한다. 독일과 일본은 군대를 재정적으로 지원하지 않아도 되었기 때문이 아니라(군산 복합체는 자본주의적 가치화를 방해한 적이 없으며, 오히려 반대로, 잉여가치의 실현은 군산복합체적 투자 속에서 자신의 핵심적 판로를 발견한다), 아마도 2차 세계대전 패전 후 '시장의 요구에' 완벽히 '합치하는' 국가를 건설했기 때문에, 경제적 기적을 이루었을 것이다.

우리는 독일경제에 대해서 말하지만, 경제는 국가와 분리 불가능하다. 혹은 현대자본주의에서 국가, 경제, 사회를 구분하기란 더 이상 불가능하다. 이 세 영역은 자본에 의해 전방위적으로 투자되고 있으며, 통치성 역시 이들이 만들어 내는 배치를 가로지르며 작용한다.

신자유주의적 전회

질서자유주의로부터 미국식 신자유주의로의 이행은 이러한

국가자본주의의 새로운 조직 방식을 강화·확정할 것이다. 경제 논리에 대한 국가의 종속·통합이 뒤이을 것이고, 국가는 자신이 이전에 가지고 있던 시장에 대한 지배를 포기하고 시장에 의해 생겨나는 자신의 새로운 본질을 전적으로 긍정하게 될 것이다.

한편으로, 통치성은 특히 통화주권을 사유화 과정에 종속시키면서 경제와 관련된 정치적 주권의, 점진적 약화를 추구해야 한다. 또한 국가는 '왕권에 속하는' 또 하나의 권한인 증세를 통해 채권자와 초국가적 제도의 이익을 위해 행동한다. 만약 통화 조절과 세금의 징수라는 이 두 가지 국가 기능이 국가의 관리하에 남겨지지만, 두 기능은 일반 이익의 대표자인 동시에 민족적 통일성의 보호자로서의 국가 권력을 표현하지 못한다. 이때 두 기능은 자본이라는 초국가적 통치 기제의 표현이 된다. 다른 한편으로, 통치성은 '경제국가'가 ― 피통치자들gouvernés의 '품행'conduite 및 계급 갈등에 대한 자본의 정치적 통제 양식으로서의 ― 인구와 사회에 대한 완전하고도 강도 높은 주권적 행위를 적절히 수행하는지 감시해야 한다.

1980년대의 신자유주의에 의해 시작된 행정 및 복지의 '자본적' 가치평가에의 종속은 최소국가의 종속이 아니다. 그것은 사회적 지출에 대한 가난한 사람들, 여성들, 실업자들, 임금노동자들의 영향력이 청산된 국가의 종속이다. 최대국가는, 위기 시에 특히 잘 드러나듯이, 신자유주의에 전적으로 부합하는 국가이다. 1970년대 말에 도입된 힘 관계의 변화는 자유주의자들에게 자신들의 고유한 이익을 위해 (최종적 채권자, 조세정책, 재분배정책 등) 다양한 국가기능을 사용할 가능성을 주었다.

정치적 대의제와 법치국가는 같은 운명을 겪고 있다. 푸코가 확언한 것으로 보이는 것과는 반대로("의회체계 내에서 피통치자들이 법률 제정에 참가하는 것이 통치경제에서 가장 효과적인 체계를 구성한다."[11]), 위기는 선거를 포함한 피통치자들의 표현을 근본적인 방식으로 무력화시켜 버린다.

그러나 이처럼 전문가, 미디어, 선거법에 의해 근본적으로 족쇄가 묶이고 약화된 형식이긴 하지만 대의제는 경제의 입장에서는 아직도 너무 민주적이다. '피통치자들의 참여'라는 만화적 형식으로 축소되긴 했어도 대의제는 위기의 통치성에 대한 하나의 장애물이다. [그래서] 대의제는 유보되었고, 정당들 역시 모든 '권력'으로부터 쫓겨났으며, 의회는 세계 자본주의의 제도들이 불러주는 '명령'[질서]ordre의 녹음실 정도로 축소되어 버렸다. [독일의 총리] 앙겔라 메르켈은 이러한 과정의 의미를 '시장에 합치하는 민주주의'라는 말로 요약했다. 인민 주권은 조건부로 작동한다. 왜냐하면 유일하게 고려되는 투표가 − '주가'와 그 차액을 통해, 일상적으로 그리고 실시간으로, 자신의 '정치적' 의사를 표명하는 − 국제 지배체제의 금융제도와 시장의 투표이기 때문이다. 만약 인민들이 이 '거대 유권자들'과 동일한 의견으로 투표하면, 투표는 합법적인 것으로 된다. 그렇지 않으면 우리가 재투표를 하게 만들거나 혹은 모든 권력으로 배제된 껍데기뿐인 민주주의를 우회할 다른 방법을 찾아내

---

11. 같은 책, pp. 326~327 [같은 책, 440쪽].

도록 만들 수 있다.

자본주의하의 민주주의는 자유주의와도 자본과도 아무런 관 런이 없었다. 자본주의하의 민주주의는 '피통치자들'의 저항과 투 쟁에 달려 있었다. 자유주의자들 자신은 소유자의 민주주의 이상 의 것을 결코 단행하지 않았을 것이다.

사회통치로서의 사회국가

국가자본주의의 새로운 혼합양식, 곧 사회국가는 – 모든 사회 적 관계를 기업 논리의 일반화라는 평가행위에 종속시키려는 – '자본' 의 목적을 위해 강요된 것이다. 질서자유주의는 시장의 행위가 사 회 전체를 포괄하는 특정 '시장' 정책의 표현이다. 사회의 자본에 의 종속은 우선 금융화에 의해, 그리고 부채경제에 의해, 완전히 실현될 것이다. 부채와 금융은, 노동만이 아닌, 모든 사회적 행위 에 대한 평가·측정·포획 장치를 구성한다. 질서자유주의와 신자 유주의는 각기 – 이전처럼 산업 잉여의 포획에 한정되지 않으면서, '사 회적 잉여가치'의 전유 방식 자체를 조직하려는 – 자본 통치의 두 가지 다른 양식을 대표한다. 푸코의 분석 덕분으로, 우리는 사회 전체 로 확장된 경제적 가치평가와 더 이상 분리 불가능한 통치성의 배 치를 추적할 수 있게 되었다.

우리가 규율사회sociétés disciplinaires를 벗어나 안전사회sociétés de sécurité(또는 통제사회sociétés de contrôle)로 진입하기 시작한 것은 2

차 세계대전 이후의 일이다. 생산의 사회적 차원과 1960년대의 투쟁은 이전 시대의 규율기술이 더 이상 적절히 다룰 수 없는 특수한 주체성을 탄생시켰다. 푸코는 이 새로운 권력의 작용을 포착하고자 노력하였다. 이 새로운 권력은 주체를 공장·감옥·병원·학교에 '가두는' 권력이 아니라, 사회라는 '열린' 공간 위에서 작동하는 권력이다. 2차 세계대전 이후 출현하기 시작한 이 새로운 현실에 대해 약 40년 후 질 들뢰즈는 다음과 같이 말한 바 있다. 우리 사회의 문제는 감금된 인간의 문제가 아니라, 차라리 부채인간의 문제이다.

질서자유주의는 통치성 기술의 새로운 구성 과정을 열어젖힌다. 질서자유주의적 통치성은 국가를 제조해 내야 하고, 국가는 측정 및 '포획 장치'로서의 시장이 존재하고 또 기능할 수 있도록 사회를 제조해 내야 한다. (푸코가 말하는) '경제' 국가와 '사회의 경제화'라는 이중의 조건이 충족되지 못할 경우, 시장은 결코 존재할 수 없다. 시장의 자율성과 자발성은 생산되는 것으로, 그것들은 대부분 국가의 개입과 그 성공 여부에 달려 있다. 사회는 자본 축적의 과정에 맞추어 형성된다.

질서자유주의는 시장이 자신의 균형을 자동적으로 찾아가는 하나의 '기계'를 형성하는 것으로 본다. 그럼에도 불구하고, 교환에 의해 지배되는 고전적 자유주의 시장과 달리, 질서자유주의의 시장은 경쟁에 의해 지배된다. 질서자유주의자가 바라보는 시장은 더 이상 욕구, 본능, 행위의 단순한 자연적 게임이 아니며, 이제 생산되고 촉진되며 지지되고 보호되어야 할 무엇이다. 새로운 국가자본주의의 통치성은 시장의 존재·유지를 위한 사회적 조건의 확립을 위해 ― 케인스적 국가에 필적할 만큼 ― 대규모로 개입해야 한다. 경쟁은, 모든 형식적 구조가 그런 것처럼, "섬세하고 인위적으로 조정되어야만 하는" 몇몇 조건들 아래에서만 기능할 수 있는 하나의 형식적 게임을 구성한다.

만약 "통치성 개입의 가장 중요한 관심이 시장의 존재이어야 하고,"[12] 측정과 전유의 기능을 보증하기 위한 시장의 존재이어야 한다면, 국가는 직접적으로 경제적이지는 않은 다양한 소여所與들, 곧 **사회적 틀**cadre social, 달리 말해, 인구, 기술, 학습과 교육, 사법제도, 토지의 임의처분권, 의료·문화 소비의 사회화 등에 대하여 개입해야만 한다. 통치성은 "사회정책을 받아들이고 고려하며, 그런 사회절차의 내부에 시장메커니즘을 위한 장소를 마련하는" 것을 목표로 하는 특정 '사회 정책'[13]을 조직해야만 한다. 이 같은 사회 정비의 조건은 매우 다양해서 우리가 '시장'이라 부를 수 있는 하나의 본질 혹은 구조 같은 것이 정말 존재하는지 자문해 보아야 할 정도이다. 시장은 차라리 인간·사회·국가(및 그것의 대의제·행정체계)가 경제법칙에 복종할 것을 강요하는 하나의 정치적 원칙, 척도, 모델로 보인다.

그러나 지금 문제가 되는 것은 어떤 사회인가? 관건은 상업사회의 복원이 아니다. 관건은 교환가치로부터가 아니라 기업entre-

---

12. 같은 책, p. 145 [같은 책, 209쪽. 우리말 번역을 추가했다.].
13. 같은 책, p. 246 [같은 책, 334쪽].

prise으로부터 출발하는 사회의 정상화·규범화이다. 질서자유주의와 신자유주의의 연속성은 각각의 개인을 하나의 개인 기업entreprise individuelle으로 변형시키려는 정치적 기획에 의해 표상될 것이다. 경쟁의 일반화란 실상 "[한편으로는] '기업 형식'forme entreprise을 사회체나 사회조직 내에서 실세적으로 일반화시키는 것이고, [다른 한편으로는] 이 사회체를 재검토해 그것이 개인 단위가 아니라 기업 단위에 따라 분배·분산·파급될 수 있도록 만드는 것"을 의미한다.[14]

통치성은 "경제 모델, 수요와 공급의 모델, 투자-비용-이윤의 모델을 증가시켜 이것들이 사회의 모델로, 심지어는 실존의 모델로, 개인이 자기 자신, 자신의 시간, 자신의 이웃, 자신의 미래, 자신이 속한 단체, 자신의 가족과 맺는 관계의 형식으로 되게"[15] 만들어야 한다. 달리 말해, 이들을 사회화해야만 한다. 기업을 통해서 전적으로 실현되는 자본의 사회화("사회의 전 영역을 경제화하는 정책, 사회의 전 영역을 경제로 변환시키는 정책"[16])는 고전적 산업화로 되돌려지지 않는데, 이는 마치 기업처럼 관리되어야 하는 것이 사회적 관계들 전체이기 때문이다('개인의 가정'을 하나의 기업처럼 관리하기, '작은 이웃 공동체들'을 하나의 기업처럼 관리하기 등).

포디즘적 자본주의의 악몽이라 할 대규모 공장의 갈등을 무

---

14. 같은 책, p. 247 [같은 책, 335쪽].
15. 같은 곳 [같은 책, 336쪽].
16. 같은 책, p. 248 [같은 책, 336쪽].

력화시키기 위해 질서자유주의자들은 '기업이라는 단위로 구성된 사회, 기업이라는 단위로 구성된 경제'[17]를 꿈꾼다. 그리고 신자유주의자들은 1980년대부터 '인적 자본' 정책의 일반화 및 '자율적 노동'의 형식에 대한 선호를 통해 이를 실현하고자 노력한다. 신자유주의적 주체화의 모델인 '자기 기업가'entrepreneur de soi는 기업의 개인화를 구축한다.

이런 관점에서 질서자유주의자들은, 여전히 생산과 사회의 분리를 믿으며, 공장에 갇혀 있던 맑스주의에 비해 일정 부분 우위에 있다. 자본과 사회의 관계가 문제화되기 위해서는 1960년대와 이탈리아 노동자주의opéraïsme의 소수파 흐름을 기다려야 할 것이다. 이후로, 우리는 이 방면에서 그다지 큰 진전이 없는 반면, 자본은 우리가 '사회적 고정자본'이라 규정할 수 있는 기호학적 동력에 의해 부여된 전자계산기와 부채·금융의 중재를 통해 사회 속에서 만개했다.

신자유주의는 이를 ― 자기와의 관계, 혹은 나아가 어머니가 아기와 맺는 관계를 포함하는 ― 모든 사회적 관계를 분석·측정·전유하기 위한 도구로 활용함으로써, 기업 논리를 훨씬 더 멀리 밀고 나갈 것이다. 이것이 **생명의 정치**Vitalpolitik이다. 이미 질서자유주의자들에 의해 설정된 생명의 정치는 산업 기업보다 금융 기업에 의해 더 완벽하게 실현될 것이다. 금융과 부채정책은, 기업과 달리, 사회의 행위자 전체에 전 방위적으로 작용하는 장치들, 직접적으로 사

---

17. 같은 책, p. 231 [같은 책, 319쪽].

회적인 포획·지배의 장치들이다.

질서자유주의와 신자유주의 사이의 거대한 도약은 '산업 자본'
의 헤게모니로부터 '금융 자본'의 헤게모니로의 이행에 놓여 있다.
그럼에도 불구하고, 사회에 대한 국가의 개입은 문제시되었던 적
이 없으며, 오히려 확장되었을 뿐이다. 변화한 것은 위기가 분명하
게 드러내 주는 이러한 개입의 본질이다. 부채 위기와 동시에 벌어
지는 법과 법치 국가의 기능에 대한 재규정은 '사회'에 대한 이런
제도의 개입, 자유주의적인 부분이라고는 거의 없는 이러한 개입
을 구체화한다.

질서자유주의자들은 '어떤 경제적 개입주의'도 바라지 않는다.
혹은 거기에 있는 것은 '최소한의 경제적 개입주의와 최대한의 사
법적 개입주의'[18]이다. 위기는 경제적 개입주의와 사법적 개입주의
사이의 관계를 전복시킨다. 혹은 차라리 사법적 개입주의가 직접
적·즉각적인 방식의 경제적 개입주의로 변화한다. 질서자유주의
자들의 원칙에 따르면, 시장과 경쟁의 기능은 일련의 형식적 규제
에 의해 확립·보장·조절되어야 한다. 법률은 일반적인 틀만을 규
정해야 하며, 결코 성장, 완전 고용, 특정 유형의 소비에 대한 선호
는 등의 특정 목적을 추구 또는 제안해서는 안 된다. 법률은 개입
주의 국가 혹은 계획주의 국가처럼 특정 선택을 강요해서도 안 되
고, 국가를 '결정권자'의 위치에 놓아서도 안 되며, 오직 게임의 규
칙만을 규정해야 한다. 반면, 결정은 개별 경제주체의 손에 달려

---

18. 같은 책, p. 172 [같은 책, 242쪽].

있어야 한다. 형식화되고 고정된 규칙은 그 안에서 경제 주체들이 자유롭게 '각자가 주인이 되는 게임'을 가능한 것으로 만들어주는 환경의 규정에 엄격히 한정되어야 한다.

물론, 법치국가와 사법체계 그리고 '자본'의 관계는 실제로는 결코 이런 방식으로 작용한 적이 없으며, 위기가 닥쳐와 필요할 경우 법률적 개입의 본질을 밝혀주었을 뿐이다. 법률은 '특수하고 개별적이며 예외적인 조치를 배제한 일반적 개입의 형식'[19]을 규정하지 않는다. 그와는 정반대로, 법률은 규제적인 것이며, 형식적 틀을 규정하거나 '게임의 규칙'을 언명하는 데 그치지 않고, 강제적인 방식으로 가장 세밀한 세부까지 그 내용을 확립한다. 법률은 고용 시장에 유연성을 부과하고, 금리생활자에게 유리한 조세체계를 규정하며, 은퇴한 이들에 대한 사회적 지출을 삭감한다. '행위자들'에게 남겨진 유일한 '자유'는 명령을 수행할 자유뿐이다. 법률과 규칙은 사회와 국민을 대상으로 삼을 뿐만 아니라, 사회와 국민에 반하여 스스로를 선포한다. 자유주의 이론가들이 천명하는 것과는 달리, 개입은 법치국가가 아니라, 은행, 사기업, 유럽중앙은행, 국제통화기금 그리고 (독일의 경우처럼) 국가자본주의의 새로운 형식으로부터 생겨난 한 줌의 통치자들 등 금융자본주의를 '통치하는' 다양한 제도로부터 기인하는 것이다.

푸코는 자유주의가 사회의 이름으로 '국가이성'과 단절한다고 말한다. "왜 통치가 필요한가, 라는 물음은 바로 '사회'의 이름으로

---

19. 같은 책, p. 326 [같은 책, 440쪽].

미셸 푸코 (Michel Foucault, 1926~1984)

제기되는" 것이며, 자유주의자들이 국가이성의 문제를 더 이상 던지지 않은 것 역시 늘 사회의 이름으로이다. "언제나 지나치게 통치하고 있다는 의심에는 왜 통치해야 하는가, 라는 물음이 자리 잡고 있다."[20] 위기의 시기에는 전혀 다른 논리가 작동한다. 만약 시장이 기능하지 않는다면, '가격의 합리적이고 공정한 형성' 대신에 시장이 가치화를 가로막고 위기를 초래한다면, 잘못은 사회로 되돌려진다. 설령 자유주의가 소유자와 기업가에 의해 활성화된 '시민 사회'와 국가 사이의 신화적 투쟁을 이야기하는 데 성

20. 같은 책, pp. 324~325 [같은 책, 436쪽].

공한다 해도, 사회가 '채무자들'로 구성되어 있으며 '채권자들'의 이익에 따라 통치해야 하는 오늘날 이러한 이야기는 설득력을 얻을 수 없다.

모든 증거에 반하여, 심지어 가장 단순하게 '경제적'인 논리를 포함한 모든 논리에 반하여, 시장에 맞추어야만 하는 것, 변화해야만 하는 것은 사회이다. 남유럽에서 그랬던 것처럼, 심지어 그것이 사회의 붕괴와 해체를 의미한다 해도 사회는 그렇게 해야만 한다. 이로부터 고용시장의 '반개혁', 사회보장 서비스의 중단, 임금동결과 삭감, 가장 가난한 자들과 중산층에 대한 증세 등, 사회가 부채의 협박에 굴복하지 않을 경우 '사회의 파괴'를 겨냥하는 모든 것이 뻔뻔한 냉소주의와 함께 따라 나온다. 자유주의는 사회와 민주주의를 자본주의적 가치화에 맞추어 정렬시키기 위해 '자유'의 생산에 관련된 모든 것을 평가절하하고, 포스트민주주의적인 post-démocratique 권위주의적 통치성의 생산을 주저 없이 실천에 옮긴다.

유로, 독일의 화폐

질서자유주의는 다양한 유럽제도의 구축을 정초하는 주요한 정치적 혁신을 구성한다. 유럽 통치성의 논리는 '경제'에 의한 '국가'의 발생이라는 방법론이 거의 글자 그대로 적용되는 [독일] 질서자유주의의 모델에 의해 제조된 것처럼 보인다. 바로 이것이 우리가 유로는 독일의 화폐라는 주장을 펼치게 되는 이유이다. 유로는 '경제'와 '정치'의 분리가 더 이상 불가능한 국가자본주의의 새로운 표현이다.

전문가와 언론은 우리에게 단일 통화 노선의 부조리함을 줄기차게 설명해 주는데, 이는 이러한 단일 통화를 확립하고 정당화하기 위해서는 단일한 하나의 정치적 공동체, 단일한 하나의 국가(혹은 이와 유사한 단일한 하나의 권력 집중), 단일한 하나의 정치적 권위를 필요로 하기 때문이다. 유로는 이제까지 늘 경제로부터 출발하는 (그리하여 유로의 취약성과 불가피한 실패를 불러오게 될) 그와 반대되는 방향의 길만을 걸어왔고, 지금도 여전히 그러하다는 것이다. 이러한 관점은 19세기의 국가자본주의 분석을 재생산할 뿐, 결코 질서자유주의자들에 의해 창안되고 수행된 20세기 후반의 국가자본주의가 갖고 있는 전제와 메커니즘을 포착할 수 없다. 슈미트의 말처럼, 헌법은 경제에 의해 쓰이고, 질서자유주의자들의 말처럼, 국가는 경제에 의해 관리된다.

유럽연합 설립 이전의 유럽인들은, 이와는 반대로, 우리로 하여금 단일 통화가 우리로 하여금 국민국가를 넘어서게 해 줄 절대적으로 독창적인 한 걸음을 표상한다고 믿도록 만들고 싶어 했다. 사실은 이들 역시, 개별국가의 주권을 옹호했던 이들과 마찬가지로, 유로가 단지 자본주의적 착취와 지배를 위한 새로운 공간만을 창출했다는 사실을 보지 못했다. 유럽적 통치성은 전 지구적 시장에 부합하는 새로운 차원의 공간·인구를 구성하고자 노력하고 있다. 국민국가는 더 이상 이러한 계획의 수행을 위한 영토도,

국민도 대표하지 못한다.

개별 국가의 주권을 주장하는 이들에 반하여, 따라서 우리는, 단일 통화 노선이 부조리하지 않다고, 그리고 유럽연합 결성 이전의 유럽인들에 반하여, 오히려 그것이 국가자본주의적 착취의 새로운 조건에 합치하는 전략과 권력의 노선이라고 주장해야 한다. 그것은 자신의 성립을 위해 민족^{nation}과는 다른 공간, 민족사회와는 다른 '공동체'를 필요로 하는 하나의 자본주의적 주권과 하나의 통치성이다. 다양한 유럽의 제도는 이런 점에서 질서자유주의의 가르침을 따르고 있다. 국가는 경제(와 통화)의 전제가 아니라, 결과이다. 보다 정확히 말하자면, 국가는 자신이 그것을 창출하고 유지하는 데 크게 기여하는, 새로운 자본주의적 권력 장치의 절합 중 하나이다. 이 기획의 목표는 유럽연합을 구성하는 여러 국민들 사이의 연대 또는 유럽의 일치와 통합이 아니라, 명령과 착취 곧 계급분할을 위한 새로운 장치의 창출이자 유지이다.

국가와 화폐

이러한 유럽의 구축과정은 물론 하나의 언어와 민족, 영토에 한정되었던 전후 독일 사회국가의 구축보다 더 힘든 일이었다. 유럽의 구축과정은 각기 상이한 주권에 대한, 그러니까 국가의 기능에 대한 상이한 개념에 기반한 국제적 자본가들 사이의 갈등에서 탄생한 것이었다. 유럽국가 중 프랑스는 전형적인 방식으로 국민국가의 주권을 강력히 요구했다. 이러한 입장은 새로운 독일적 국가자본주의 모델의 도래 이후(특히 신자유주의의 도래 이후, 결정적인 방식으로) 거부되어 온 것이었다. 그러나 이 입장을 프랑스의 비주류 경제학파의 입장에 비추어서 검토하는 것도 흥미로운 것이다. 왜냐하면 비주류 경제학파에서 주권은 우리를 현재의 위기로 곧장 이끌어줄 두 가지 '제도'인 부채와 화폐를 통해 제기되었기 때문이다.

화폐monnaie는 경제에 관한 '과학' 일반, 나아가 질서자유주의의 블랙홀을 구성한다. 경제학자들 거의 대부분은 화폐를 경제학의 외부에 존재하는 것으로 간주한다. 이들에 따르면, 화폐는 교환을 용이하게 해 주는 기능(지불 수단, 척도, 일반적 등가물 등)을 가질 뿐이다. 이 외재성에 대해 밀턴 프리드먼Milton Friedman, 1912-2006이 부여한 이미지는 상징적이다. 화폐는 헬리콥터에서 - 그때까지는 화폐의 도움 없이 생산을 해나가던 - 사회의 위로 던져진 것이다. 화폐는 생산이 완료된 이후에 오직 생산물의 실현·교환을 위해 개입한다. 화폐는 경제학자들에게 여러 가지 문제들을 제기한다. 왜냐하면 특히 화폐의 기원과 기능이 시장(또는 생산)에 의해서는 설명 불가능하며, 오히려 교환·경쟁·생산에 의해 조직되지 않는 권력의 초점 또는 중심에 의해서만 설명 가능하기 때문이다.

한편 우리는 푸코의 글에서도 - 가장 추상적인 동시에 가장 구체적인 방식으로, 자본주의적 권력관계를 표현하는 - 자본주의의 가장 중요한 이 '제도'에 대한 문제화가 결여되어 있는 것을 알 수 있다.

푸코 분석의 한계는 푸코의 맑스 독해가 갖는 한계와 일치한다. 푸코의 분석은 ─ 푸코 자신의 말을 따르면, 규율disciplines에 대한 자기 이론의 대부분을 이끌어내게 될 ─ 공장 노동의 조직화에 대한 묘사에서 멈춘다. 그러나 푸코는 (상업·산업·금융이라는) 자본의 세 형식을 경유하는 과정으로서의 자본 기능에 대한 분석을 수행하지 않는다.

질서자유주의에 의해 이루어졌으며 푸코에 의해 탁월하게 묘사된 교환에서 기업으로의 이행, 교환인으로서의 호모 에코노미쿠스에서 기업가로서의 호모 에코노미쿠스로의 이행은 단순히 일반적 등가물로서의 화폐만이 아니라, 특히 자본으로서의 화폐도 고려한다는 것을 의미한다. 왜냐하면 기업의 화폐가 정의상 자본-화폐monnaie-capital이기 때문이다. 이러한 이행은 ─ 자본-화폐, 곧 신용-화폐, 부채-화폐가 가치화 작용 전반을 주도하고 조직한 ─ 신자유주의에 의해서 완전히 전개되었다.

아글리에타와 오를레앙의, 화폐에 대한 비주류적 이론이 제기한 문제는 매우 독창적이다. 그 이유는 이들 이론의 핵심에 '권력의 초점', 곧 한편에는 국가와 그 통화주권이, 다른 한편에는 부채가 놓여 있기 때문이다. 그러나 화폐에 대한 표준적 개념에 대한 근본적 비판을 수행하는 비주류학파도 국가자본주의의 존재를 단호하게 부정하면서, 반대로, '금융'(사적 화폐)과 '중앙화폐'(공적 또는/동시에 국가 화폐)가 서로 주권을 주장하는 가운데 오늘날 직접적인 갈등상태에 있다고 확언한다.[21] 이 이론은 새로운 국가자본주의하에서는 자본의 정치학이자 자본 권력의 표현인 금융과 국가주권의 표현인 화폐 사이에는 갈등이 아니라, 수렴이 있을 뿐이라는 우리의 가설과 대립된다. 이러한 수렴은 그 양상을 결정하는 (집단자본주의로서의) 금융자본의 헤게모니 아래에서 발생한다.

비주류학파의 이론에는 그럼에도 불구하고 표준적인 경제학 이론과 절대적 차이를 보이는 발언이 존재한다. 화폐는 상업 교환이 아니라, 부채로부터 탄생한다. 그러나 이러한 진전은 경제와 국가, 경제적인 것과 정치적인 것, 사회의 분리(또는 차이)의 프리즘을 통한 부채 기능의 해석에 의해 즉각적으로 취소된다. 국가는 - 사적 행위자들의 행위에 앞서 - 사회적 결합을 보증해 주는 하나의 유익한 외재성처럼 기능할 것이다. 자본주의는 경제적 부채와 정치적(사회적) 부채라는 부채형식의 양분작용에 의해 특징지어질 것이다. 경제적 부채는 개인들 사이의 사적 계약이며, 정치적 부채는 시민성과 연대라는 정치적 논리에서 출현하여 국가로부터 유래하는 것이다.[22]

21. André Orléan, *Le Pouvoir de la finance* [금융-권력], Paris, Odile Jacob, 1999, p. 249.

22. 이 두 가지 부채 사이에는 보다 큰 차이가 존재한다. 정치적 부채는 신과 조상에 대한 개인의 원초적 부채, '최초의 부채'로부터 직접적으로 생겨난다. 원초적 부채는 현대 금융에서처럼 쌍무적 관계가 아니며, "공동체에 대한 개인의 귀속을 규정하는 하나의 사회적 관계이다."(아글리에타와 오를레앙의 다음 책을 참조하라. Aglietta et Orléan, *La Monnaie souveraine* [주권적 화폐]). 근대의 경우, '생명의 부채'와 그에 수반되는 신성함은 국가의 담당 영역이다. 이는 원죄(혹은 정신분석이 수행하는 세속적 독해에 따르면 결여)가 부채에 의해 대체된 것과 같다. 태고 사회에서 국가(또는 제국)에 의한 '유한한 부채'의 부담 및 그것의 '무한한 부채'로의 변형에 대한 또 다른 급진적 독해는 들뢰즈와 과타리의 계보학, 또는 나의 책 『부채인간』(*La Fabrique de l'homme endetté*, Paris, Amsterdam, 2011 [마우리치오 라자라토, 『부채인간』, 허경·양진성 옮김, 메디치미디어, 2012])에 등장하는 요약을 보라.

사회국가와 사회부채는 계급 갈등이라는 매개를 통해 운동하는 정치적인 것의 자율성으로부터 추론된다. 이는 자본과 그 분할이 "이전에 국가의 행위를 통해 반응하던 민족 공동체에 대한 하나의 영구적 위험 요소를 구성하기 때문이다."[23] 국가는 그것의 '외재성'과 사회를 전체로서 표상하는 능력에 의해 '함께 살기'와 통합(사회부채는 그것의 정치적 표현이다)을 목표로 하는 조정 기능을 갖게 될 것이다.

'사회적 권리[법]가 정치적 권리에서 유래한다'는 말은 신자유주의에 의해, 그리고 신자유주의가 복지국가에 강요하는 변형에 의해 공개적으로 반박된다. 우리가 매일 우리 사회보장 제도의 한 조각을 잃어가고 있음에도, 우리는 여전히 시민성을 가지고 있다. 만약 사회부채가 국가와 그것의 시민성 원리에 의존해 있는 것이라면, 왜 복지가 마술처럼 사라지고 있겠는가? 의심스러운 것은 오히려 사회적 권리가 정치적 권리에서 도출된다는 관념 자체이다. 이에 대해서는 늙은 반동주의자 칼 슈미트의 판단이 더 적절한 것처럼 보인다. 사회적 부채는 국가에 대한 통제 및 국가의 전유·분배 기능을 획득하려는 계급투쟁의 열매다.

조절 이론에서 특별히 우리의 흥미를 끄는 것은 국가의 기능이다. 사적 부채와 사회 부채라는 금융의 두 회로가 만나는 접합부에서 작동하는 국가 통화 제도는 "사회의 통일성을 생산하기 위해 협력한다."[24] 사적 부채와 사회 부채 양자는 모두 '국민' 통화라

---

23. Orléan, *Le Pouvoir de la finance*[금융-권력], p. 245.

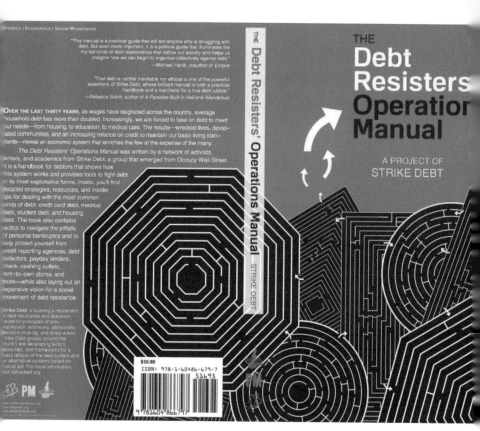

<부채타파운동>이 발행한 『부채에 저항하는 사람들을 위한 행동 안내서』(2014) 표지

는 동일한 공간의 핵심에 위치하는 동일한 단위 곧 국가통화 안
에서 표현되지만, 양자는 동일한 가치도 역능도 갖지 않는데, 이는
'공적 재화'로서의 통화와 '정치적인 것'이 '사적 재화'로서의 통화와
경제에 대해 우위를 갖기 때문이다. 이렇게 해서 이 이원론은 "통

---

24. Michel Aglietta et André Orléan, *La Monnaie entre violence et confiance* [폭력과
신뢰 사이의 화폐], Paris, Odile Jacob, p. 116.

화권력을 자신의 권위에 종속시키는 공인된 특정 주권의 통제 아래 남게 된다." 우리는 이때의 권위를 '그것의 이름으로 사회적 통합이 확언되는 집단적 가치의 집합'[25]이라는 의미로 이해해야 한다. 이렇게 해서 '최종적 채권자'로서의 국가의 기능은, 다시 한번, 사회적 유대를 수호하게 된다.

국가통화의 기능에 대한 이러한 이론적 묘사는 위기의 시기에 통화가 실제로 행하는 기능과 전혀 닮지 않았다. '공적' 화폐는 사적 부채와 사회 부채에 앞서 작용한 적이 없다. 공적 화폐는 부채의 평가와 인정 안에 자신의 자리를 확실히 차지했을 뿐이다. 국가는 사적 부채로부터 이득을 취함으로써 사적 부채를 인정하고 평가했다(국가는 은행의 괴물과도 같은 적자를 재정적으로 충당해 주었고 또 지속적으로 충당해 준다). 그러나 국가는 자신이 재정적으로 충당해 주기를 거부한 특정 사회 부채를 인정한 적도 평가한 적도 없다(국가는 공적 지출을 삭감했고 또 지속적으로 삭감하고 있으며, 중앙은행은 그러한 사회부채에 대한 재정적 충당을 거부한다). 최종 채권자는 오직 사적 부채에 대해서만 이러한 역할을 수행해 줄 뿐, 사회 부채에 대해서는 이러한 거래의 대손차액 청구서를 제시한다(지출 삭감과 증세). 국가는 '사회'를 보호해 준 적이 없으며, 오히려 반대로, 긴축·징세라는 매개를 통해 시장의 '비합리적 합리성'에 대해 지불하도록 사회에 강요해왔다.

사회적 유대의 '수호'는 때로는 그리스의 경우처럼 사회 자체를

---

25. Aglietta et Orléan, *La Monnaie souveraine*[주권적 화폐], p. 11.

파괴하는 것으로, 때로는 스페인, 포르투갈, 이탈리아, 프랑스, 영국 등의 경우처럼 사회를 근본적으로 약화하는 것으로 전도된다. 정치적인 것('민주주의')은 이제 더 이상 스스로를 사회적 유대의 보증인으로서 부과하지 못하고 '시장과의 합치'(메르켈)가 완벽해질 정도로까지 중단되어 버렸다.

정치와 경제의 분리, 사회와 경제의 분리를 근대성의 구성 조건으로 내세우는 비주류 경제학 이론은 자본과 국가 및 사회가 얽히는 통합적 관계를 포착하지 못한다. 비주류 이론은 '시장'에 대한 사회와 국가의 점진적인 종속화 과정을 완전히 간과해 버렸다. 비주류 이론은 이러한 종속화 과정을 그저 위기에 의해 결정적인 방식으로 실현되어 버린 하나의 '경향'으로 바라보았을 뿐이다. 비주류 이론이 채택하지 않은, '주권이란 시장에 의해 평가된 자본'[26]이라는 가설이 우리에게는 옳은 것으로 보인다. 더구나 앙드레 오를레앙도 위기 속에서 주권의 행동을 그다음 문장에서 완벽히 묘사하기 때문이다. "시장을 향한 권력의 이러한 전위轉位, dé-placement는 평가 역능이 실제적인 통제로 변형될 때, 자신의 궁극적 단계에 이르게 된다." 우리가 지금 여기서 겪고 있는 것이 다름 아닌 이 '궁극적 단계'이다.

들뢰즈와 과타리의 통화 이론을 살펴보는 것은 여러 가지 의미에서 유용할 것이다. 우리가 이제까지 살펴본 두 이론은 자본주의가 통화라는 이중적이고 문제적인 순환[유통](또는 부채의 이중

---

26. Orléan, *Le Pouvoir de la finance*[금융권력], p. 246.

적 체제)에 의해 특징지어지는 것으로 바라본다. 그러나 들뢰즈와 과타리는 이들 이론과는 근본적으로 상이한 설명과 해법을 제시한다. 들뢰즈와 과타리는 자본/국가 관계 역시 자본주의에 대한 이질적인 개념들을 통해 설명한 바 있다.

비주류 이론이 규정하는 대로 문제의 용어들을 다시 한번 살펴보자. 문제의 이원성은 경제 통화[27]와 국가통화 사이에 존재한다. 경제 통화는 사적 통화로, '인간에게 자신의 절대적 중립성과 공정함만을 제시하는 순수하게 도구적인 것'이다. 경제 통화는 오직 '시장을 방해하지 않으며, 상거래를 가능케 하는 충실한 도구'이기를 바랄 뿐이다. 반면, 국가의 중앙 화폐는 하나의 '공적 재화'로, '사회를 그 총체성에서'[28] 대표한다. 공적 화폐는 전체적 일관성을 확립하고 이를 통해 '함께 살기'의 연속성을 보증해줌으로써 사적 화폐의 가치를 평가하고 태환성兌換性, convertibilité을 확보해 준다. 이는 물론 프랑스 '공화주의적' 관점이 보여 주는 다양성들 중

---

27. 비주류 이론은 사적 화폐의 정의와 관련하여 지불수단으로서의 화폐, 측정·축재 수단으로서의 화폐(상업 사회에서 화폐가 맡고 있는 기능) 그리고 자본으로서의 화폐 사이에서 망설인다. 결국 비주류 이론은 자본으로서의 화폐, 특히 자본주의적인 화폐를 상업적 기능으로 축소시켜 버리고 만다. 자본주의적 관계는 상품과 상업화폐 이후에 도입되지만, 가장 먼저 나타난다. 이 과정을 지배하는 것은 자본으로서의 화폐이다. 자본으로서의 화폐는 필연적으로 시초에 존재해야 한다.

28. 우리는 화폐에 대한 비주류 이론에서 에밀 뒤르켐(Émile Durkheim, 1858~1917)의 '공화주의적' 사회학으로부터 도출된 통화의 유통이라는 문제적 이중성을 설명하기 위한 목적으로 도입된 또 다른 놀라운 대립, 곧 집단의 표현으로서의 국가통화와 개인적 표현으로서의 경제통화라는 대립을 발견한다. 이처럼 '사회적인 것' 안에서 갈등에 대한 매개를 찾으려는 시도는 실패할 수밖에 없는데, 이는 ― 우리가 칼 슈미트, 특히 위기에 대한 '자유주의적' 관리로부터 배운 것처럼 ― 국가·제도로서의 사회적인 것은 계급투쟁에 의해 점철되어 있기 때문이다.

하나에 관련되는 것이지만, 우리에게 흥미로운 것은, 이러한 관념이 화폐와 부채의 개념을 통해 표현되어 있다는 사실이다.

들뢰즈와 과타리를 통해 우리는 '공화국'을 벗어나 국가자본주의에 도달하게 된다. 이들이 제안하는 지불수단으로서의 화폐와 자본으로서의 화폐의 분리, 그리고 후자에 대한 전자의 종속을 전제하지 않는다면, 위기의 기능을 이해하기는 불가능하다. 화폐들의 이질성은 공과 사, 혹은 집단과 개인이 아닌, 자본의 상이한 기능들로 되돌려질 뿐이다. 문제시되고 있는 이중성은 지불수단으로서의 화폐와 자본으로서의 화폐 사이에서 확립되는데, 전자는 구매력을, 후자는 사회와 노동에 대한 명령권을 표현한다.

들뢰즈와 과타리에게, 두 화폐는 동일한 역능을 소유하는 것이 아니다. 그러나 비주류학파가 역능의 차등성을 경제 화폐와 국가 화폐 사이에서 표현되는 것으로 바라보는 것과는 대조적으로, 『안티 오이디푸스』의 두 저자는 양자의 차등성을 '상업화폐'와 (자본주의의 고유한 화폐라 할) 자본-화폐 사이에서, 곧 화폐와 신용에 관련되는 것으로 바라본다. 국가 화폐는 두 화폐 사이의 태환에 대한 보증 및 통화 형식 아래 나타난 계급 관계의 '은폐'를 통해 작동한다.

'아나키스트' 이론에 대해, 또는 어떻게 자본과 자본주의 없이 화폐를 다룰 것인가?

이 문제를 광범위하게 다루기 전에, 두 화폐의 본질적 차이를 강조하기 위해 다른 이야기를 좀 해 보자.

데이비드 그레이버는 부채에 관한 자신의 책에서 신용화폐와 상업화폐를 분명히 구분한다.[29] 그레이버는 이러한 구분 위에 상업화폐에 의해 지배되는 순환 주기와 신용화폐가 지배하는 순환 주기 양자의 교대로 특징지어지는 일종의 역사철학을 세운다. 1971년 이래 우리는 '우리가 아직은 이에 대해 아무 말도 할 수 없는' 신용화폐의 순환 주기로 접어들었다. 우리가 아직 아무 말도 할 수 없는 이유는 평균 500년을 지속하는 통화 순환 주기에 비하면 40년은 아무것도 아니기 때문이다.

화폐를 핵심으로 하는 이러한 역사철학은, 매우 놀라운 방식으로, 자본주의적 메커니즘과의 대면을 피해간다. 신용화폐와 상업화폐는 매우 긴 역사를 가지고 있으며 두 가지 모두 자본주의와 함께 탄생한 것이 아니지만, 자본주의는 매우 특별한 방식으로 양자를 통합했다. '산업자본'의 출현은 사실상 신용화폐와 상업화폐의 총체적인 재배치에 의해 결정되었다. 상업화폐는 무엇보다도 더 이상 왕, 국가, 관료제와 같은 권력의 중심에 봉사하지 않으며, 자본과 그 축적이라는 새로운 모델에 봉사한다. 신용화폐는 금융자본으로, 교환화폐는 상업자본으로 변형되었다. 산업자본과 결합된 신용화폐는 자본의 세 가지 변형된 형식을 구성하고, 이는, 점차로 그리고 끊임없이, 사회·자연·세계를 전유하는 하나의 경제

---

29. Graeber, *Debt: The First 5,000 Years* [그레이버, 『부채, 그 첫 5,000년』].

를 출현시킨다. 이런 과정은 자본주의의 탄생 이전까지 두 화폐가 수행해오던 기능을 근본적으로 변화시킨다.

두 화폐는 자본의 지배를 위한 특수한 전략적 기능을 수행한다. 신용화폐는 자본의 가장 탈영토화된 형식을 구축하면서, 진정한 권력, 자본의 진정한 '경찰'을 구성하는 '출자financement의 흐름'으로서 스스로를 드러낸다. '집단자본주의'capitaliste collectif가 구성되는 것은 바로 신용화폐의 주변에서다. 반면, 피지배자들에 대한 수입의 분배, 임금의 지불은 교환화폐를 통해 이루어진다.

자본-화폐로서의 신용화폐는 생산을 위한 생산이라는 논리를 탄생시킨다. 이는 자본주의적 가치화 작용의 무한성을 도입하는 것 외에 다른 일이 아니다. 현대의 자본 순환[유통](A-A')은 화폐로 시작하여 화폐로 끝난다. 이는 이러한 순환이 결코 종결되지 않으며, 늘 새롭게 시작될 것임을 의미한다. 우리는 화폐가 '무한성'과 결합하는 관계를 늘 인식하고 있었는데, 이는 마치 우리가 모든 사회관계에 대해 화폐가 수행하는 파괴, 추상화, 탈영토화의 권력을 잘 인식하고 있는 것과 마찬가지다. 자본주의 시기 이전까지, 사회는 ─ 정확히는 화폐의 자기 지시적이며(화폐를 낳는 화폐) 무한한 메커니즘을 무력화시키려는 목적으로 ─ 종교·정치·사회 체계를 구성함으로써 엄격히 화폐를 통제·관리하고자 시도해왔다.

자본주의에는 주목할 만한 새로운 점이 있다. 자본주의는 화폐와 그것의 추상화와 탈영토화 권력으로부터 자신의 조직원리, 자신의 알파와 오메가(A-A'), 자신의 의미와 목적을 창출하는 유일한 사회를 구조화하고 구축한다. 자본주의에 의해 하나하나 해체당하는 것은 종교적·정치적·상징적·사회적 코드만이 아니다. 이제 사회적·정치적 관계 자체가 생산을 위한 생산, 무한한 가치화라는 자본주의의 논리에 따라 전개되어야만 한다.

자본주의는 신용화폐와 상업화폐의 역사에 근본적 단절을, 그러나 데이비드 그레이버의 범주들에 의해서는 포착되지 않는 단절을 확립했다. 우리는 다음 500년 동안 신용화폐가 상업화폐를 지배하는 새로운 순환 주기에 들어가지 않았다. 왜냐하면 신자유주의의 도래와 함께 **자본으로서의** 신용화폐가 산업자본 및 상업자본에 대한 지배권을 확립하게 되었기 때문이다. 이는 한 화폐의 다른 화폐에 대한 지배가 아니며, 자본(과 그 법칙)에 의한 사회의 지배다. 양자는 전혀 다른 것이다.

교환-화폐/자본-화폐로서의 화폐는 자본주의 이전의 사회에서는 존재하지 않았던 특수한 계급관계를 표현한다. 화폐는 ─ 한편으로는, 지불수단 곧 '상업-화폐'로서, 다른 한편으로는, 신용화폐로서 ─ 자본가와 피지배자 사이의 권력관계, 계급 차이를 표상하고 또 조직한다. 신용화폐는 자본의 '역능'을 표현하는 반면, 상업화폐는 임금노동자의 '무능'을 표현한다. 그는 두 화폐를 명백히 구분하지만, 그레이버는 자본주의에서, 특히 현대 권력관계의 관리에서 화폐가 수행하는 기능과 본성을 포착하지 못한다. 신용화폐를 오직 그것의 잠재성, '관습적' 성질에 의해서만 정의하는 것은 화폐의 기능을 매우 제한적으로만 규정하는 일이다. 차라리 자본으로서의 화폐를 '미래 노동에 대한 청구권', 곧 미래의 전유와 착

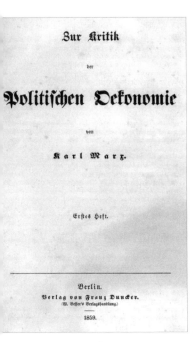

칼 맑스,『정치경제학 비판 요강』
초판 표지 (1859년)

취에 대한 권리로 보았던 『정치경제학 비판 요강』*Grundrisse der Kritik der Politischen Ökonomie*(1858/1939)의 맑스를 참조해야 했다. "마찬가지로 공적 신용에서 각각의 자본가들은 자신들의 축적된 가치를 통해 미래의 노동에 대한 청구권을 소유하고 있다. 자본가는 현재의 노동에 대한 전유를 통해 앞으로 이루어질 노동 역시 전유한다."[30] 이에 대해 우리는 다만 다음과 같이 덧붙여야 할 것이다. 현대 자본가의 청구권은 노동만이 아니라, 사회적 생산의 다른 양상들에 대해서도 마찬가지로 적용된다.

임금노동자와 국민은 현재와 미래의 전유 자격을 부여하는 것으로서의 화폐에 결코 접근하지 못한다. 그들은 다만 상업-화폐, 지불수단으로서의 화폐, 일반적 등가라는 무력한 통화적 기호에 접근할 수 있을 뿐이다. 반면, 자본가들은 미래의 생산을 기대하고 결정하는 '출자 흐름'에, 자본-화폐라는 역능의 기호에 접근할 수 있다. 임금노동자와 국민은 시장에서 이미 유통되고 있는 물품에 대해서만 자신의 화폐를 교환할

---

30. [옮긴이] Karl Marx, *Grundrisse*, trans. martin Nicolaus, New York, Penguin, 1973, p. 367 [카를 마르크스, 『정치경제학 비판 요강 1~3』, 김호균 옮김, 그린비, 2007].

수 있는 반면, 자본으로서의 통화와 자본가는 무엇이, 어떻게, 어떤 조건으로, 어떤 역할과 기능에 따라 생산될 것인가를 규정한다. 두 화폐가 갖는 이질성의 전환은 (국가기관인) 중앙은행과 사적 기업인 민영은행에 의해 보증된다.

물론 민영은행과 중앙은행의 기능에는 차이가 있지만, 양자는 일정한 목적을 위해 협력하며 움직인다. 사적 화폐와 공적(국가) 화폐는 같은 목적을 위해 동시에 개입한다. 위기 시에 양자가 수행하는 행위는 전적으로 상보적인 것으로, 시장의 보존을 목적으로 한다. 이를 위해 양자는 피도 눈물도 없이 모든 사회적 관계, 민주주의, 곧 사회 자체를 희생시킬 준비가 되어 있다.

오를레앙 자신이 자본주의적 가치화 논리에 대한 '공적' 화폐의 종속을 인정한다. 통화주권 권력은 "좁은 한계 안에 담겨 있다. 사적 통화의 창출을 인정하지 않기란 – 불가능하지는 않다 해도 – 어려운 일이다."[31] 이는 피할 수 없는 일인데, 이는 '화폐와 관련된 주도권을 쥐고 있는' 것이 민영은행들이기 때문이다. 달리 말해, 자본으로 기능하는 것이 바로 그들의 화폐이기 때문이다. (중앙은행의) 주권은 "종속적 역할밖에 수행하지 않는다. 사적 행위자의 신용에 대한 정당한 필요와 관련된 중앙은행의 사명은 전반적 일관성의 관리다."[32] 우리는 '사적 행위자들', 특히 위기 이전

---

31. Orléan, *La Monnaie souveraine* [주권적 화폐], p. 372.
32. 같은 책, p. 373. 오를레앙은 국내 통화가 '자본'으로 기능하는 유일한 순간은 그것이 국가 재정을 충당할 때, 곧 사회적 생산에 관련된 명령권·결정권을 수행하면서 국가투자와 사회적 지출을 결정할 때뿐이라는 흥미로운 언급을 하고 있다. 그리고 정확히 이것이 (미국보다 자유롭다는) 유럽이 금지하고 있는 일이다.

과 도중, 그리고 이후의 '사적 행위자들의 신용에 대한 필요'가, 특히 은행의 신용에 대한 필요가 과연 정당한가를 의심해볼 수 있다. 반면, 우리는 새로운 권력 중심, 새로운 권력 장치에 대한 정치적·통화적 주권의 종속을 인식해야만 한다. 사실, 우리는 종속이 아니라, 국가를 하나의 구성요소로 삼는 자본주의적 권력 장치의 새로운 절합의 구성에 대해 말해야 할 것이다.

새로운 국가자본주의

현재 채용되고 있는 통치성 기술과 권력의 새로운 배치를 이해하기 위해서는, 비주류 이론처럼, 위기를 정치와 경제, 공적 부분과 사적 부분의 갈등으로 해석해서는 안 된다. 우리가 추구해야 할 목표는 하이에크Friedrich Hayek, 1899-1992와 같은 시장의 탈레반들이 옹호하는 목표가 아니다. 하이에크는 다양한 사적 통화들의 경쟁 체제를 도입하기 위한 국가통화의 소멸을 주장한다. 위기의 시기에, 우리는 자본주의 장치가 스스로 국가를 대체하려는 어떤 관심도 가지고 있지 않음을 잘 알고 있다. 문제는 차라리 '주권'·'행정·'왕권' 기능을 새로운 통치성 안으로 통합하는 일이며, 이 통치성의 관리는 자본주의 장치에 전적으로 귀속되지 않는 종류의 것이다.

자본은 우리가 겪고 있는 부채의 인정·평가 여부를 규정하기 위해 여전히 국가화폐의 '주권'이 필요하다. 머리가 여럿 달린 이 새로운 권력 장치의 목적은 '경제의 정치로부터의 근본적 해방'[33], '경제 영역을 여타의 외적인 장애물들, 특히 정치로부터 분리하는 것'[34]이 아니다. 비주류 이론은 사태를 거꾸로 해석하는 듯싶다. 사실, 비주류 이론은 이전에는 사회적인 조직에 속했던 경제적 질서가 '독립성'을 획득하여 '사회로부터 분리되었다'는 폴라니의 주장을 따른다.

칼 폴라니(Karl Polanyi, 1886~1964)

그러나 위기는, 그와는 정반대로, 존재하는 것은 사회와 경제의 분리가 아닌, 경제에 대한 사회의 종속이라는 사실을 보여 준다. 자본주의는 다양한 여러 측면으로 구성된 새로운 통치성의 구축을 통해, 경제와 사회, 사적인 것과 공적인 것, 국가와 시장 등등의 사이에 존재하는 것으로 가정되었던 이원론을 넘어서고, 나아가 양자를 통합시킨다. 자본의 권력은 경제와 정치, 사회를 가로지른다. 통치성은 시장을 위한 경제·정치·사회 사이의 관계 설정을 주요 목적으로 하는 배치의 기술로서 정확히 규정된다.

신자유주의적 통치성은 ― 비록 국가가 큰 역할을 맡고 있기는 하지만 ― 비단 하나의 '국가 테크놀로지'에 그치지 않는다. 1970년대

---

33. 같은 책, p. 382.
34. 같은 책, p. 380.

이래 우리는 통치성의 사유화[민영화]라 부를 수 있는 무엇인가를 목격하고 있다. 통치성의 사유화는 더 이상 국가에 의해서만 수행되지 않으며, ('독립적인' 중앙은행들, 시장, 평가기관, 연기금, 국제기구 등) 비﹡ 국가 제도들의 집합에 의해 수행된다. 이러한 집합에서 국가 행정은 그것의 다양한 기능 중 하나이며, 중요성이 없는 것은 아니지만, 결국 여러 다른 요소들 중 하나 이상이 아니다. 이러한 점은 위기 시 (국제통화기금·유럽연합·유럽중앙은행이라는) '트로이카'가 보여 준 행위에 잘 나타나 있다.

우선, 국가와 그 행정 시스템은 '사유화'에 분명한 혜택을 부여함으로써 그것의 비약적 성장을 촉진하는 동시에, 금융시장의 자유화와 사회·경제 부문의 금융화[자본화]financiarisation를 정착시켰다. 다음으로, 이 동일한 행정 시스템은 사회국가 및 사회적 공익사업의 관리에 사기업의 경영방식을 적용했다.

이렇게 해서 위기는 들뢰즈와 과타리가 특히 '국가자본주의'라 부르는 과정의 구축·심화를 실현한다. 국가와 시장, 주권과 통치성, 경제와 정치, 사회와 자본의 이러한 결합은 재정 파탄 '충격'을 활용하여 더 멀리 나아갔다. 위기를 대하는 자유주의적 관리방식은 주저 없이 '최소국가'를 통치성 장치에 통합시켜버린다. 이때의 국가는 오직 국민에 대해서만 주권을 행사하는 국가이다. 자유주의적 관리 방식은 시장의 자유를 위해 국민들의 삶에 대규모적이고 무리하며 권위적인 방식으로 개입하고 모든 개별 행위에 대한 통제를 지향함으로써, 사회를 예속시킨다. 모든 자유주의 형식과 마찬가지로, 이러한 자유주의 관리방식은 (자본을 소유한)

소유자들의 '자유'를 생산해 내는 반면, 소유하지 못한 자들을 위해서는 이미 허약하기 짝이 없는 '사회적'·'정치적' 민주주의의 모조품을 남겨놓을 뿐이다.

5장

통치성 비판 2
자본과 흐름의 자본주의

우리가 『안티 오이디푸스』에서 자본주의의 본질은
산업 자본주의가 아니라,
상업·은행·화폐 자본주의라고 말한 것은
바로 이런 의미이다.

— 펠릭스 과타리

『생명관리정치의 탄생』에서 푸코는 자본과 자본주의 사이의 구분을 도입한다. 우리가 주목해야만 하는 이유는 이를 통해 푸코가 맑스주의에 대한 비판과 자본주의에 대한 새로운 규정을 동시에 수행하고 있기 때문이다. 이 두 개념 혹은 연관은 자본주의와 자유주의는 물론, 들뢰즈와 과타리 및 푸코에게서의 주권과 통치성의 관계를 이해하는 방식과 관련된 근본적 분기와 부분적 수렴을 함께 포착하게 해 준다. 『안티 오이디푸스』에 개진된 자본주의의 개념은 자유주의의 환상적 특성(통치와 주권을 분리할 수 있다는 환상) 또는 불가능성을 함축하는 반면, 푸코의 경우, 자유주의는 통치의 다양한 형식들에 대한 지속적이고도 독창적인 질문으로부터 나온 것으로 간주된다. 『자본주의와 분열증』의 두 권1은 모두 금융과 실물경제를 구분할 수 없다는 논증들, 금융과 실물경제를 주권의 새로운 기능 및 국가자본주의라는 새로운 정치학의 두 측면처럼 바라보려는 논증들로 가득 차 있다.

누구나 알고 있는 것처럼, 맑스는 '자본'을 분석·해부·비판했지만, 이후에 다른 이들에 의해 도입된 '자본주의'라는 용어를 결코 사용한 적이 없다.2 푸코는 자본주의와 '자본의 경제적 논리 및 축적'을 동일시했다는 이유로 맑스와 맑스주의자들을 비난한

---

1. [옮긴이] 들뢰즈와 과타리의 공저 『자본주의와 분열증』은 모두 두 권으로 이루어져 있는데 1권이 1972년에 나온 『안티 오이디푸스』이며, 2권이 1980년에 나온 『천 개의 고원』이다.
2. [옮긴이] 저자의 생각과는 달리, 맑스는 '자본주의'라는 용어를 사용했다.

다. 그런데 사실 제도와 경제를 분리하는 것은 불가능한 것이다. 푸코는 '자신의 논리·모순·결점을 수반하는' 본래적 자본주의가 존재한다는 관념을 거부한다. "존재하는 것은 오직 경제적이며 제도적인 하나의 자본주의, 경제적이며 법적인 하나의 자본주의"[3]일 뿐인데, 이는 마치 '역사적 자본주의가 … 자본 논리'와 그 축적이 갖는 '가능하고 필연적인 유일한 형상으로 연역될 수 없는 것'[4]과 마찬가지다.

자본주의는 늘 '특이한' 것이다. 존재하는 것은 자본 생산 양식에 의해 구성된 다양한 제도적 형식에 의해 구분되는 미국 자본주의, 독일 자본주의, 프랑스 자본주의, 중국 자본주의 등이다. 만약 이러한 언명이 참이라면, 우리는 어떻게 해서 우리가 '경제-제도적 총체를 통해 구성된 하나의 특이한 자본주의'[5]로부터 출발하여 새로운 제도를 고안하고 또 자본주의를 발전시킴으로써 개입하게 되는가를 이해할 수 있을 것이다. 자본주의가 스스로를 재구조화하고 변형시키면서 결국 '재앙' 혹은 '결정적인 것'으로 보이는 위기를 극복하게 되는 것은 제도를 가로질러서, 곧 제도적 변화를 통해서이다. 더욱이 제도와 법은 '상부구조의 질서'에 속하지 않으며, '경제와 관련된 순수한 표현 내지 도구성의'[6] 관계에 속하지도 않는다. 제도와 법은 자본주의를 구성한다. 만약 경제가 '잘

---

3. Foucault, *Naissance de la biopolitique*, p. 179 [푸코, 『생명관리정치의 탄생』, 255쪽].
4. 같은 책, p. 170 [같은 책, 238쪽].
5. 같은 책, p. 172 [같은 책, 241쪽].
6. 같은 책, p. 168 [같은 책, 235쪽].

조절된 행위들'의 집합이라면, 고유한 혹은 단순한 경제적 실재란 존재하지 않을 것이다. "경제절차와 제도적 틀은 서로를 소환하고 서로에 의존하며 서로를 변화시키고 부단한 상호관계 속에서 서로를 형성한다."[7]

우리는 맑스보다는 맑스주의자들에게 더 많이 해당되는 이러한 비판의 핵심을 공유할 수 있다. 이미 펠릭스 과타리가 1968년의 한 논문에서 지적한 것처럼,[8] 이는 분명 맑스주의의 한계에 관련된 것이다. 아래에서 나는 다음과 같은 두 가지 이유로 과타리의 고찰을 소개하고자 한다. 첫째, 과타리는 '자본'에 '제도'를 결합해 버리는 한계를 갖는 혁명적 과정에 대해 [푸코와] 동일하게 비판하지만, 비판의 전면적 수행을 통해, 자본주의의 메커니즘과 본성을 포착하기 위해 자신이 들뢰즈와 전개한 '자본'이라는 소중한 범주를 유지한다. 둘째, 푸코와 달리, 과타리는 피지배자들의 관점에서 제도에 접근한다. 피지배자들이 볼 때, 제도의 근원은 법[권리]droit이나 국가가 아니라, 혁명이다. 집단의 주체화를 주요 과제로 삼았던 "혁명이 제도를 생산한 것이라고 우리는 말할 수 있을 것이다."[9]

혁명적 과정이 좌초하게 된 이유는 제도를 통합하고 사유할 수 없었던 무능력 때문이다. 소비에트(또는 '소비에트적') 혁명으로

---

7. 같은 책, p. 169 [같은 책, 237쪽].

8. Félix Guattari, *Psychanalyse et transversalité*[정신분석과 횡단성], Paris, La Découverte, 2003.

9. 같은 책, p. 157.

'주택 보유자들이 아니라 은행가들을 감옥에 보내라.' 2008년 서브프라임 금융위기에 책임이 있는 금융기관과 은행가 들에 대해 합당한 법적 조치가 취해질 것을 요구하는 시위 (미국 미네소타주 미니애폴리스, 2013년 5월 21일)

부터 탄생한 '제도'가 교조적 반복과 불변적 결정론으로 고착화된 반면, 뉴딜이 재조직화한 제도적 메커니즘과 질서자유주의의 독일적 체험은 자본주의를 근본적인 방식으로 변화시켰다. 자본주의는 여전히 제도를 푸코가 이해하는 의미의 '자본' 혹은 생산의 '부분집합'으로 간주하던 "이른바 사회주의 국가들의 제도적 창조 능력을 광범위하게 앞지르며, 사실 이러저러한 소비재의 생산과 이러한 생산을 받쳐주는 제도 사이의 구분은 불가능한 것이다."10 사회주의적 계획화의 목적은 '사회적 창조성의 고유한 형식을 출현시키는 것'이 아니다. 왜냐하면 사회주의적 계획화는 '매개 요소들에' 어떤 자유 혹은 자율성의 여지도 남겨두지 않고 오히려 그 것들을 엄격하게 통제한다. 사회주의자들이 흥미를 갖는 것처럼 보이는 드문 제도들은 국가, 당, 군대뿐이다.

따라서 우리는, 자본주의는 맑스가 묘사한 바대로의 '자본'으로부터 직접적으로 연역할 수 없는 것이라는 푸코의 주장에 동의할 수 있다. 그럼에도 불구하고, 우리가 겪고 있는 현재의 위기는 이러한 비판에 미묘한 차이를 가져오며, 아마도, 변경 역시 가져올 수 있을 것이다. 만약 자본주의가 자본으로 환원할 수 없는 것이자, 자본으로부터 직접적으로 연역해낼 수도 없는 것이라면, 일정한 '자본과 그 축적의 논리'가 분명 있을 것이다. 다양한 자본주의들은 서로서로 모두 다르지만, 모두, 정도의 차이는 있겠지만, ─ 푸코의 용어를 다시 사용한다면 ─ 자본의 동일한 '모순과 난점'의 전개에 의해 영향받았을 것이다. 독일 자본주의는 서로 다른 제도를 채용하고 있기 때문에 미국 자본주의와 같은 자본주의가 아니지만, 양자는 모두 서브프라임 위기, 다시 말해 그것에 고유한 논리에서 도출된 금융자본 위기와 더불어, 단순한 제도적 측면으로 환원시킬 수 없으며 그 효과가 다양한 제도들, 특히 국가에 미치는 그러한 특수한 모순과 난점에 의해 영향받았다. 우리는

---

10. 같은 책, p. 162.

여기서 한편으로는 자본과 자본주의의 분리 불가능성, 다른 한편으로는 개념적·실천적 차원에서 양자를 분리해야만 할 필요성을 동시에 발견하게 된다. 자본과 국가, 경제와 제도는 서로가 서로를 요청하지만, 이들 사이의 관계는 푸코가 제안한 것과는 기능적 측면에서 또 다른 독해를 요청한다.

통치성은 긴 역사를 가진 하나의 기술이지만, 자본주의의 전개는 생명관리권력^{biopouvoir}으로부터 자신의 고유한 조절 기술을 만들어 낸다. 우리의 가설에 의하면, 만약 자본이 국가는 물론 통치성에 대한 필요성 역시 포함하는 것이라면, 우리는 자본을 엄격히 정의하여 국가와 통치성이 어떤 방식으로 자본의 제도가 되는지를 이해해야 할 것이다. 국가(또는 제도)는 경제의 필요불가결한 측면이면서 동시에 또 다른 측면인데, 이는 마치 국가·정치·제도의 어떤 분리 혹은 자율성도 가능하지 않은 것과 마찬가지다. 자본과 국가, 자본과 그 제도들 사이의 관계는 양자의 긍정적 차이를 모두 포함하면서도 차이가 필연적으로 정립되는 '포괄적 선언選言, disjonction inclusive의 개념 아래 엄밀히 파악될 수 있다.

자본의 '개념'

자본주의 사회의 합리성/비합리성이 갖는 근본적이고도 배타적인 기원을
자본과 그 축적의 모순 논리에서 찾았다는 점에서 그들은 틀렸다.
— 미셸 푸코

왜, 푸코의 확언과는 반대로, '자본'의 법칙·본성·모순을 포착하는 것이 중요한가? 왜냐하면 신자유주의적 전환이 본질적으로 포디즘적 제도에 대한 자본의 '해방'에서 기인하는 것이기 때문이며, 일단 포디즘적 제도들이 제거되고 나면, 헤게모니의 측면에서 산업자본(A-M-A')으로부터 전혀 다른 제도적 배치를 함축하는 금융자본(A-A')으로의 이행이 조직되기 때문이다.

산업자본에 대한 금융자본의 헤게모니는 어떤 단순한 우연, 금융가들의 탐욕이 빚어낸 상황의 산물이 아니다. 그것은, 오히려 자본과 그 축적의 논리에 의해 초래된 것이다. 신자유주의에 의해 발생한 자본의 '해방'은 무엇보다도 '자본으로서의 화폐'의 해방이다. 그것은 정확히 그리고 결정적으로 1971년 달러의 금으로의 태환불가능성 선언 이후 시작된 더욱 강렬하고도 새로운 탈영토화의 한 단계를 나타낸다. '자본'의 '해방'은 신자유주의자들이 주장하는 자기조절 역능(시장)의 해방이 아니며, 오히려 정반대로 영원한 불균형이라는 내재적 운동, 불균등과 비대칭에 대한 체계적 모색, 그리고 자신의 가치화들, 곧 자신의 진정한 목적을 이루는 사회적 생산물에 대한 전유와 착취의 조건들의 해방을 의미한다.

푸코에 따른다면, 자본주의로부터 연역 불가능한, 자본은 다양한 자본주의들의 근본적 변형을 목표로 하는 자본주의 전략의 핵심에 위치했다. 이 자본주의들은 사실 제도의 측면에서는 서로 다르지만, 1970년대 이래 새로운 제도의 구축을 통해, 함께 협력·동반하면서 자본의 해방을 촉진한다. '자본'은 분명 ─ 신자유주의자들(그리고 심지어는 맑스주의자들)이 믿는 것과 같이 ─ 기업·경쟁·

시장으로 온전히 환원될 수 없는 자신의 고유한 논리와 특수한 축적 양식을 갖는다.

들뢰즈와 과타리의 정의로부터 출발해 보자. 첫 번째 인용은 『안티 오이디푸스』에 대한 강의로부터 따온 것이고, 두 번째 인용은 『안티 오이디푸스』 자체에서 따온 것이다.

자본주의는 근본적으로 산업적이지만, 오직 산업 생산의 목적을 결정해 주는 상업·은행 자본으로서만 기능한다. 따라서 이 상업·은행 자본은 더 이상 자본주의 이전의 구성체들과 결합하지 않는다. 이 새로운 자본은 산업 자본 자체와의 결합이라는 자신의 진정한 결합을 실현한다. 모든 종류의 폭력, 곧 은행 자본이 생산 자체의 조직에 대해 갖는 모든 억압과 권력을 함축하는 결합이 그것이다.[11]

어떤 측면에서, 들뢰즈와 과타리는, 다음과 같은 점을 확언한다. '전체 시스템을 지탱하고 있는 것은 은행'이며, 욕망의 주체적 투자를 보증하는 것은 금융의 흐름flux financiers이다.[12]

이러한 정의는 실제로 맑스의 그것과 같지만, 이미 자본과 자본주의의 역사에 근본적 불연속을 도입한 금융자본주의 헤게모

---

11. 들뢰즈의 1971년 12월 21일 뱅센 대학교 강의. http://www.webdeleuze. com/php/texte.php?cle=121&groupe=Anti%20Oedipe%20et%20Mille%20 Plateaux&langue=1
12. Deleuze et Guattari, L'Anti-Œdipe, p. 272 [들뢰즈·과타리, 『안티 오이디푸스』, 391쪽].

니의 논리를 가리키고 있다. 산업혁명 이후, 정치와 권력관계, 가치화의 핵심에는 분명 자본/노동 관계가 자리 잡고 있었다. 이러한 새로운 과정을 포착하기 위한 개념이 우리에게는 결여되어 있다.(흐름, 탈코드화된 흐름, 코드, 탈코드화, 교점交點, 리좀 등)『안티 오이디푸스』가 제안하는 개념들은 명령·포획 장치로서의 금융자본을 묘사하는 데 특히 적합한 것으로 드러난다.『안티 오이디푸스』는 포디즘적 사회관계를 지배하는 정치적(대중정당)·사회적(사회국가)·경제적(완전고용) 코드의 파괴로 특징지어지는 보다 강력하고 새로운 탈코드화의 단계로 우리를 단숨에 데려간다.

맑스주의는 1860년대 이래 거의 배타적으로 '생산'에만 집중함으로써 금융자본이 산업·상업 자본에 대해 행사하는 정치·경제적 헤게모니를 간과했다.[13] 금융자본은 새로운 전체적 일관성을 갖고 상업자본과 산업자본을 통합시켰다. 금융자본은 1970년대 이래 새로운 헤게모니가 지배하는 전유의 가장 순수하고도 일반적인 형식을 대표한다. 나는『안티 오이디푸스』가 제안하는 범주들이 맑스주의가 충분히 분석할 수 없었던 또 하나의 측면을 분석 가능하게 해 준다고 본다. 노동계급 및 국민의 자본주의적 가치화에로의 통합이 그것인데, 이는 우선은 대중소비를 통해서, 다음으로는 복지를 수단으로 하여 이루어진다. 이러한 통합은 ─ '문화산업', 마케팅, 소비, 영화, 라디오 등 ─ 주체성의 생산 흐름에 대한 것인 동시에 주체성의 생산 흐름에 의해 작동하는 다양한 권력 테

---

13. 이러한 헤게모니의 역사적 심화과정에 대해서는 이 책의 마지막 장을 보라.

크놀로지와 분리 불가능하다. 우리는 『안티 오이디푸스』가 제안하는 범주들을 통해 권력·생산의 장치에 대한 이중적 탈영토화를 수행할 수 있다.

자본의 가치화에 필요불가결한 이러한 탈영토화 과정은 단번에 생산되는 것이 아니다(맑스의 본원적 축적). 이러한 탈영토화 과정은 자본주의적 지배의 새로운 시기마다 되풀이되는데, 이러한 과정은 노동에 한정되기는커녕 점차 사회관계 전체로 확장된다.14 탈영토화 과정은 이전까지 규율적 자본주의가 (공장·학교·군대·병원 등) 각각의 영역 안에 가두어놓았던 (노동·공공서비스·커뮤니케이션·욕망의) 다양한 흐름에 대한 '전반적 동원령'을 선포한다. 자본/노동 관계는 탈지역화(영역의 변화), 유연화(국민 영역 내부로의 동원)되었다. 사회국가의 서비스는 노동력과 국민에 대하여 부과되고 민영화된 동원 양식을 따라 다양한 방식으로 재再정렬되었다. 국민국가와 그 통치성은 ─ 모두 한계를 모르는 ─ 테크놀로지의 변화, 이주, 자본의 운동 등에 의해 동요하고 약화하였다. 국가에 의해 연결된 정보·커뮤니케이션 흐름은 '탈脫─연결'되어 사적 자본 등의 손에 쥐어졌다.

이러한 일반적 탈영토화 과정의 가장 큰 부분을 지지하고 추동해왔던 전략적 제도는 ─ 금에 대한 종속에서 풀려나 ─ 무한히 유

---

14. "자본주의 혁명은 과거의 모든 영토를 공격하여, 농촌·지방 공동체, 동업조합 공동체를 붕괴시키고, 축제, 종교의식, 음악, 전통적 아이콘들을 탈영토화시키며, 이전의 귀족제만이 아니라, 사회의 모든 유목적·주변적 층위들을 '식민화'할 것이다."(Félix Guattari, *Lignes de fuite, La Tour d'Aigues*[도주선, 투르 데그], L'Aube, 2011, p. 54).

동적이고 무한히 동원가능하게 된 화폐였다. 이전에 안정적이었던 것은 운동을 따르게 되었고, 이전에 견고하던 것은 ― 맑스 자신도 놀랄 정도로 ― 흐름을 따르게 되었다. 흐름들은 다양한 속도로 변화되었지만, 이들 모두는 자본의 가장 유동적·유연한 형식이라 할 화폐-자본capital-argent이라는 모태의 속도에 종속·적응한, 유용한 것이 되었다.

자본으로서의 화폐

왜 금융·화폐 자본이 일반적 동원의 신자유주의적 전략의 동력이 되는 것일까? 그것은 어떤 의미에서든 하나의 단순한 투기 시스템 혹은 하나의 기생적 장치가 아닐까? 왜 금융과 실물경제를 대립시킬 경우, 현대 자본주의를 이해할 수 없게 되는 것일까? 그것은 금융자본이 '자본' 개념의 가장 적합한 형식을 이루고 있기 때문이다. 헤겔과 맑스의 개념에 따르면, 금융자본은 자본의 실현이다. 금융의 흐름은 자본주의의 퇴조를 표상하지 않으며, 자본주의의 법칙을 완성한다. '자본' 개념은 산업자본주의가 아닌 금융자본주의에 와서야 현실적인 것이 되었다.

금융과 그것의 회계 메커니즘은, 산업자본보다, 자본의 본성을 잘 표현해 준다. 이는 금융과 그 메커니즘이 (자동차·지식·요구르트·소프트웨어·주체성·섹스를 막론하고) 생산의 질에 근본적으로 무관심하기 때문이다. 금융의 흐름은 (산업·인지·서비스·가

사·섹스·언론을 막론하고) 노동의 질에도 역시 무관심하다. 금융의 유일한 관심은 생산과 노동의 다양한 양식들로부터 화폐라는 추상적 양으로 표현되는 잉여를 도출하는 것이다. 이러한 무관심은 금융이 생산과 노동의 본성과 무관한 화폐적 잉여의 전유라는 유일한 목적을 갖는다는 사실에 의해 근본적으로 확증된다.

현재의 생산 시간과 미래의 생산 시간, 현재의 전유와 미래의 전유 사이의 접점에서 작동하는 금융은 현재의 흐름만이 아니라, 가능한 흐름, 미래에 존재할 부의 흐름에도 관심을 갖는다. 이들 흐름은 여전히 그리고 언제나 자본-화폐, 곧 화폐라는 추상적 양에 의해 표현된다. 이러한 금융의 흐름 역시 모두 미래에 존재하게 될 생산과 노동의 질에는 무관심하다. 금융 흐름의 유일한 관심사는 미래에 존재할 상환 가능성의 수준이다.[15]

증권의 이러한 '유동적'liquid [16] 형식은 자본의 필요불가결한 유동성, 하나의 부분에서 다른 부분으로, 하나의 국가에서 다른 국가로, 하나의 수익률에서 다른 수익률로 이행하는 속도의 유동성에 상응하는 것이다. 이러한 '유동성'은 자본의 근본 '법칙'을 가장 효율적이고 가장 빨리 완성하는 것을 목표로 한다. (이익률의 주기적 하락의 경우처럼) 끊임없이 자신의 한계에 부닥치는 자본은 자신의 한계를 지속적으로 이동시키고 조금씩 더 멀리 밀고 나가 새

---

15. 증권은 얼마든 교환 가능하기 때문에, 현재와 미래의 투자 흐름은 증권 '투기'가 벌어지는 하나의 시장을 구축하게 된다. 그러나 상인들 사이의 교환이 자본의 법칙을 결정한다고 믿는 것은 결과를 원인으로 오해하는 것이다. 이는 경제학자들이 상업적 교환이 경제학의 법칙을 결정한다고 생각했던 바와 같다.
16. [옮긴이] 프랑스어에서 liquid는 또한 '화폐'를 의미하는 속어이다.

로운 단계에 도달한다. 자신의 한계를 끊임없이 밀어붙이고 또 밀어붙이는 신용화폐의 유동성은 새로운 부분, 새로운 자원에 대한 투자를 관리하여 새로운 이익률을 창출하는 최선의 무기이다. 새로운 투자와 전유가 또다시 투자된 자본의 가치 하락을 만나게 되면, 새로운 투자가 행해지고, 이러한 과정은 무한히 되풀이된다.

생산에서의 무한한 것

자본주의는 (폭군·국가·공동체·의례儀禮적 소비를 위한 생산 등) 어떤 경제 외적 코드에도 의존하지 않는 흐름들의 탈코드화와 탈영토화에 기초해 구축된 첫 번째 사회이다. 자본주의에는 더 이상 다양한 '가치들'이 아닌, 유일한 '가치'가 존재할 뿐이다. 자본은 이렇게 해서 자신의 고유한 가치화 이외의 어떤 외적 한계도 갖지 않게 되는데, 이것이 의미하는 바의 절대적 새로움은 자본주의가 또한 경제와 생산에 '무한성'을 도입한 첫 번째 사회라는 사실이다. 자본주의는 되풀이되는 생산의 무한성, 되풀이되는 소비의 무한성, 되풀이되는 전유의 무한성을 특성으로 갖는다.

신고전주의 경제학파의 주장과는 반대로, 생산·소비·전유의 증대는 '한계효용'을 감소시키지 않는다. 자본주의하에서 당신이 마시는 첫 번째 잔의 물은 마지막 잔의 물보다 더 큰 만족을 발생시킨다는 파레토의 법칙은 작동하지 않는다. 자본의 법칙은 당신이 더 많이 마실수록 당신은 더 목이 마를 것임을, 당신이 더 많이 생산할수록 당신은 더 생산하고 싶어질 것임을, 당신이 더 많이 소비할수록 당신은 더 많이 소비하고 싶어질 것임을, 당신이 더 많이 축적할수록 당신은 더 많이 축적하고 싶어질 것임을 확언한다. 생산·소비·전유는 어떤 가능한 만족도 주지 않는다. 주체의 관점에서, 자본의 순환은 무한히 스스로 증식하는 갈망/실망의 연속으로 묘사될 수 있다. 강화強化와 부가附加는 자본주의의 존재론적 조건을 이룬다.

이러한 현실을 가장 잘 표현하는 것 역시 화폐인데, 이는 화폐와 함께 시작하고 화폐와 함께 끝나는 가치평가의 순환이 끝이 없기 때문이다. 자본의 동학은 화폐와 함께 그 자체로 자신의 목적을 소유하지만, 자본 기능의 내재성이 자신의 개념과 만나게 되는 것은 오직 금융자본의 순환(A-A')을 통해서이다.

무한은, 정의상, 균형을 모른다. 경제학의 주장과는 반대로, 자본은 균형이 아닌, 생산 및 재생산 양식들의 지속적인 전복을 추구한다. 그리고 경제·사회의 어떤 부분도 이러한 전복의 예외가 되지 않는다. 일반균형이론의 주장과는 정반대로, 영구적 불균형, 영원히 유지되는 비대칭, 지속적으로 추구되는 불평등이야말로 자본의 진정한 법칙이다. 위기는 예외가 아니라, 자본의 규칙이다.

화폐만이 유일한 경제적 현실이 되는 맑스의 금융자본 정식(A-A')은 산업노동·생산·서비스·매개적 생산 등의 종언을 함축하지 않는다. 마찬가지로, 이 정식은 노예제와 같은 '시대에 뒤떨어진' 착취 형식의 사멸도 함축하지 않는다. 이 정식은 다만 금융자본이 태고 이래로 근대와 초근대에 이르는 다양한 흐름들을 화폐라는 추상적 양화 형식 아래 취급·포획·전유한다는 것을 말하고 있을 뿐이다.

파렴치함은 금융이 아닌, 자본의 고유한 속성이나. 너무도 식상한 말이지만, 우리가 기억해야만 할 것은 자본의 목적은 결코 생산, 부 혹은 '고용'이 아니며, 오직 축적을 위한 축적이라는 사실이다.

흐름의 연결접속

그러나 자본은 단순히 규정되지 않고 추상적인 탈코드화된 흐름에 의해 형성되지 않는다. 자본은 오직 이 흐름들이 서로 연결접속될 때, 다시 말해 자본이 그 흐름들의 착취를 (역사적 순서대로, 우선은 노동 흐름의 활용[착취]를) 조직할 때에만 나타난다. 탈영토화된 흐름들에 의해 구축되는 (맑스의 표현대로) '실재적 추상'abstraction réelle의 구체-되기devenir-concret는 산업적 생산의 노동 흐름과 자본 흐름의 연결접속에 의해서도 형성되지만, 오늘날에는 마찬가지로 (서비스·섹스·이미지·인식·'여가' 등) 모든 흐름의 연결접속/활용[착취]conjonction/exploitation에 의해서도 형성된다. 흐름들의 자본주의적 만남/연결접속은 더 이상 원시적 축제에서와 같은 소비/소진consommation/consumation도, 전제군주가 벌이는 소비의 사치도 아니다. 흐름들의 자본주의적 만남/연결접속은 더 이상 잉여에 대한 의례儀禮적 파괴 혹은 향락jouissance과 연결되지 않는다. 흐름들의 자본주의적 만남/연결접속은 오직 '화폐-자본'의 무한한 가치화 작용의 물질적 형식이라 할 생산을 위한 생산으로 되돌아갈 뿐이다. 이는 잉여만이 사회의 배타적 목표가 되어버린 추상적 양화 작용에 다름 아니다.

이러한 연결접속은 어떤 방식으로 그리고 어떤 장치를 통해 작동하는가? 늘 화폐를 통해, 그러나 자본으로서의 화폐는 모든 사회적 관계의 추상화, 탈코드화를 발생시키고 실현하는 데 그치지 않으며, 또한 그리고 무엇보다도 하나의 비대칭, 권력관계, 착취[활용]라는 경제적 관계를 표현한다. 화폐는 단순히 평등을 가져오는 것일 뿐만 아니라, 무엇보다도 특히, 차이[차별]를 가져오는 것이다. 자본주의 사회에서 화폐가 맡고 있는 특수한 역할은 무엇보다도 바로 이러한 차이화[차별화] 기능이다. 자본주의는 화폐의 개입이 (교환·측정·축재를 용이하게 하는 등의) 기능적 방식이 아닌, 정치적 방식으로 이루어지는 하나의 화폐경제이다. 이는 화폐가 다양한 권력관계를 표현하고 뒷받침하는 것이기 때문이다. 금융 흐름은 다양한 생산·노동 양상들과는 무관한 것인 반면, 비대칭적 권력관계들에 의해서는 전적으로 '보증'된다.

흐름들의 접합을 조직화하면서, 화폐는 양과 이 양의 이질성을 동시에 표현한다. (임금과 소득이라는) 구매력의 흐름과 화폐-자본의 흐름은 이러한 이질성을 표현한다. 왜냐하면 이는 한편의 자본과 다른 한편의 임금과 소득이 동일한 화폐를 다루거나, 사용·관리하는 것이 아니기 때문이다.

자본주의적 경제가 기능하는 것은 오직 교환가치, 구매력을 표현하는 (단순히 노동만이 아닌, 성적·미디어적 흐름 등)의 흐름과 다른 성질의 흐름들 사이의 연결접속을 조직화하면서이다. 엄밀히 말해, 이때의 다른 성질이란 교환가치를 넘어 금융구조 자체, 곧 기능과 역할의 새로운 생산과 분배의 규정 가능성을 보증해 주는 화폐, 자본으로서의 화폐로 표현되는 또 다른 역능, 우월한 역능으로 이루어진 흐름들을 의미한다. 현대자본주의에서 흐름들의 연결접속과 그 활용은 금융, 곧 가장 많이 탈영토화된 흐름들에 의해 좌우된다. 왜냐하면 한 국가의 자본을 다른 국가로, 한 영역의 자본을 다른 영역으로 이전하면서, 어떤 조건하에서 어떻게 '생산할' 것인가를 결정하는 것이 가장 많이 탈영토화된 흐름이기 때문이다. 오늘날 사기업의 경영, 공적 서비스의 관리, 학자들 및 학문의 관리 등을 지배하면서 다른 한편에서 이러한 실재적 추상의 현실화를 가능케 하는 것은 미규정적 흐름들을 관리하는 관점, 곧 탈영토화된 흐름들의 관점이다.

공리계와 공리들

들뢰즈와 과타리는 이러한 자본의 기능을 하나의 사회적 공리계公理界, axiomatique로서의 자본으로 정의한다. 이 사회적 공리계는 과학적 공리계가 아니다. 공리계는 포획·통제를 위한 하나의 사회기계다. 자본주의를 특징짓는 것은 '생산을 위한 생산'이라기보다는 차라리 '전유를 위한 전유'이다. 자본주의는 이를 위해 '생산'을 포함한 가히 모든 것을 희생시킬 준비가 되어 있다. 통치성과 그 장치들은 자본주의에 엄격히 종속되어 있다. ("최소한의 통치" 혹은 모든 것에 대한 통치와 같은) 통치 양식의 차이는 자유주의에 내재적인 어떤 논리 혹은 논쟁이 아니라, 소유의 공리계에 달려 있다. 이것이 현재의 국면으로부터 우리가 얻어낼 수 있는 주요한 교훈이다.

금융의 공리계는 한편으로는 세계화된 경제에 의해, 다른 한편으로는 국가나 (학교, 복지, TV 등과 같은) 집단적 장치 혹은 대량소비만이 아니라, 종교적 전통주의, 인종주의, 국수주의, 성차별주의 및 애국주의 등 다양한 형태의 신-복고주의를 포함하는 (재영토화의) 현실화 모델들에 의해 구축된다.

이런 공리계의 실질적 함축을 분석해 보기 전에, 먼저 그 기능을 단순히 묘사해 보기로 하자. 공리계란 '자본의 기호론적 형태를 만들고, 생산, 유통, 소비의 배치 성분으로 들어가는' '조작操作적인 언표들'이다.[17] 공리계는 누구에 의해 언표되는가? 공리계는 어떻게 작동하는가? 공리계는 이데올로기의 문제인가? 공리계는 왜 그리고 어떻게 해서 자본주의 발달의 특정 배치로부터 다른 배치로 변화하는가?

부채 위기를 통해 우리는 이러한 질문들에 대한 대답을 쉽게 발견할 수 있다. 공리계를 발화한 것은 금융·은행 제도, 국가를 자신의 일부분으로 통합하는 초국가적 정치제도들이다. 이들은

---

17. Deleuze et Guattari, *Mille plateaux*, p. 577 [들뢰즈·가타리, 『천 개의 고원』, 884쪽].

펠릭스 과타리(Félix Guattari, 1930~1992)와 질 들뢰즈(Gilles Deleuze, 1925~1995)

(채권자에게 상환을 하라, 세금을 인상하라, 복지비용을 삭감하라, 국가 재정을 안정화시키라 등의) 원칙을 규정한다. 우리가 경제 정책과 통치성을 도출해 내는 것은 바로 이 원칙들로부터다. 이들은 또한 물질적 흐름과 마찬가지로 생산에 도입되는 기호학적 흐름을 구축한다. 사실은 공리계가 **상황변화에 끊임없이 직면·적응**하는 하나의 **정책**인 것처럼, 이들 역시 변화한다.

공리계와 그 실현을 가로지르는 흐름들 사이의 조절과 연결접속을 정의하려는 시도는 매우 추상적으로 보인다. 사실, 공리계는 다른 범주들보다 현실에 더 잘 들어맞는다. 자본주의적 배치의 변화, 하나의 축적 모델에서 다른 모델로의 이행 주기는 정확히 공리의 변화 및 그 실현 모델을 대상으로 하는 격렬한 갈등이 생산되는 계기들이다. 『생명관리정치의 탄생』은 이렇게 해서 - '시장의 사회경제' 구축 과정을 지배하는 질서자유주의적 공리들의 확립과 구축을 가로지르는 - 공리계의 기능과 그 현실화 모델에 대한 하나의 탁월한 묘사를 제공한다. 전후 독일에서 새로운 헌법 및 사회국가와 관련하여 일어난 논쟁은 공리들, 따라서 당시의 역사적 단계에서의 '자본'의 주체화 양식 및 제도적 배치에 관련된 하나의 정치적 전투였다.

포디즘으로부터 금융자본주의로의 이행 속에서 우리는 다음과 같은 이중적 투쟁을 목도할 수 있었다. 그 하나는 임금, 복지, 고용의 공리를 둘러싸고 한편에서 자본과 그 제도들 그리고 다른 한편에서 피지배자들 사이에 벌어진 매우 격렬한 투쟁이며, 다른 하나는 엘리트들 및 자본주의 제도들 내부에서 벌어진 그에 못지않게 격렬한 투쟁이다. 신자유주의적 엘리트들은 자신들의 고유한 공리를 케인스주의적 엘리트들에게 강요하기 위해 오랫동안 투쟁해야 했다.

하나의 배치에서 다른 배치로의 상징적 이행 지점 중 하나는, 하이에크의 교리에 따라, 권력의 재구성은 새로운 공리의 주변에서 형성됨을 알려준 [영국] 대처Margaret Thatcher, 1925-2013 정부의 의회 간섭이었다.

공리계에서 언어활동과 언표는 무엇이 믿어져야 하는가가 아니라, 무엇이 행해져야 하는가를 지시한다. 맑스와 대비되는 근본적으로 새로운 점은 다음의 것이다. 즉 기호학은 토대에 포함되며, 이는 구조와 상부구조라는 용어에 의해 규정되는 이원론적 분석의 지양을 함축한다. 자본은 하나의 기호학적 조작자opérateur sémiotique이며, 기호의 흐름이 자본의 가치화 속으로 진입하게 된다. 공리계는 생산·소비·유통 기계들로 이루어진 하나의 복합체를 구축한다. 경제는 단지 경제에 그치지 않는다.

자유주의적 관념의 오랜 세련화와 그것이 생산한 자본주의적인 새로운 주체성의 점진적 접속은 신자유주의 기계의 본질적 요소였다. 포디즘과 비교해볼 때, 신자유주의는 (시장은 자기 조절 능력이 있다, 부자와 기업에 대한 감세는 생산적이다, 실업은 자발적이며, 사유화는 모두에게 이익이 된다 등과 같은) 보다 엄격한 일련의 공리들에 기초하여 수립되었다. 공리계가 제일 원리로 모양을 갖추면 여타의 변용들이 그 공리계가 언표하는 것에 스스로 적응하고 일치하게 되었다. 수익률 15%가 하나의 공리로서 받아들여졌을 때, 고용, 임금, 노동의 권리, 생산의 지역화 역시 이에 맞추어 적응해야만 했다. 이른바 경제학의 법칙이란 정치적 공리임을 스스로 폭로하게 되었다. 어느 누구도 감세가 경제 성장을 촉진한다는 것을 증명한 적이 없음에도 불구하고, 이는 사회적 지출, 임금을 규제하는 ─ 하나의 독립변수를 고정하며, 마치 하나의 조정 변수처럼 기능하는 ─ 하나의 진리, 공리처럼 받아들여졌다.

부채 위기의 시기 동안, 공리계의 현실화 모델은 채권자에 대한 상황, 임금과 사회 보장에 대한 급격한 삭감, 복지국가의 민영화 등과 같은 일련의 보다 제한된 공리들과 함께 기능한다. 자본주의 정치학은 복잡계[복합성]complexité 이론에는 전혀 무관심한 것처럼 보인다. 오히려 자본주의 정치학은 일련의 단순화, 단선적 결정행위, 권위주의적 부과를 통해 진전한다. 위기의 위급상황이 오면, 자본주의 정치학은 자신의 단순화를 극단화시킨다. 부채의 경제학은 실제적으로 일련의 제한된 공리들 주변에서 구축되고, 모든 복합성은 주어진 공리의 실현이라는 목적에 종속·동원된다. 부채의 경제학은 이 극단적 단순화를 이용하지만, 이는 제한된 공리들을 통해 위기의 진정한 원인인 화폐-자본의 '무분별한' 흐름을 통제하기 위한 것이라기보다는, 차라리 여성·노동자·실업자·빈자·청년 등에 의해 투자·전유되고 있는 복지 흐름을 해체·지배하기 위한 것이다.

공리들은 흐름을 시장·국가·은행·기업 및 다양한 소비산업 등과 같은 통제·결정의 핵심에 종속시킨다. 부채의 공리는 이러한 과업을 수직적·권위적·중앙집권적 방식으로 충족시킨다. 공리들이 위기의 시기에 최소화되는 것은 이 때문이다.

현대 자본주의의 공리계

우리는 현대 자본주의의 기능 및 그 안에서 화폐가 자본으로서 담당하고 있는 역할(통화·조세·금융 정책의 집합)을 묘사하기

'유죄!' 스페인 카이샤 은행 현금인출기에 붙은 플래카드 (스페인 마드리드, 2011년 7월 24일)

위해 공리계 및 공리계의 실현이라는 개념을 자유롭게 사용해 보고자 한다.

통화[화폐]·금융 정책(자본으로서의 통화)은 연결접속/분리접속conjonction/disjonction 장치, 모든 자연nature 흐름의 포획 장치를 구축한다. 통화·금융 정책은 하나의 공리계를 규정하는데, 이는 그것이 자본흐름과 노동·커뮤니케이션·서비스·성적 노동 등의 다양한 흐름 사이의 관계를 그 본성nature이 특정화되어 있지 않은 기능적 (전유) 관계로 간주하기 때문이다. 기능적 관계 또한 무엇보다도 권력관계이다. 왜냐하면 통화[화폐]가 생산·노동의 내용과는 무관하지만 권력관계와는 무관하지 않기 때문이다. 그것은 무엇보다도 다양한 '물질적' 흐름들 사이에 차별, 비대칭, 불평등을 확립·부과하는 금융 흐름이다. 현대자본주의는 다시 한 번 진정한 '정치학'을 구축하는 통화·조세·금융 정책에 의해 설계되는 일련의 권력관계를 그려내고 있다.

(국가의 일부를 이루면서 통화를 관리하는 권력 블록인) '금융 자본가들'의 관점은 '공리적'인데, 이는 오직 자신들의 '수익성'이라는 측면에서 흐름들 사이의 기능적 관계만을 배타적으로 고려하면서 생산·분배·커뮤니케이션·연구 등에 관여하는 이전 자본가들의 관점과는 전혀 다른 것이다. 사실, 이전의 자본가들 역시 − 모든 자본가가 그런 것처럼 − 흐름을 화폐의 형태로 표현된 추상적 양으로 간주했으며, 이윤을 도출해 내기 위해 연결접속을 조직화했다. 하지만 이들은 금융 자본가들과는 달리 노동의 조직화, 제조·커뮤니케이션·서비스 과정에서 이를 가능케 해 주는 권력관

계에 직접적으로 대면하고 있었다. 금융 흐름 관리는 — 비록 그것이 이미 서비스·기업 등의 권력관계 및 조직화를 **전제**하는 동시에 **구체화**함에도 불구하고 — 이러한 권력관계 및 조직화와는 분리되는 것처럼 보인다.

금융·통화 공리계는 오직 자신을 실현해 주는 기업, 상업, 사회, 노동시장, 복지 및 정치·행정 시스템, 군사권력 등이 존재할 때에만 기능할 수 있다. 그러나, 다른 한편으로, 이 모든 제도들은 금융, 통화, 그리고 조세의 관리로부터, 그들 스스로 획득할 수 없을, 소득과 권력을 얻는다.

금융자본은 상업자본 및 산업자본 없이는 아무것도 아니지만, 현재의 자본주의적 조건하에서는, 상업자본과 산업자본 역시 금융자본 없이는 존재할 수 없다. 왜냐하면 오직 이러한 역사적 변화만이 산업자본에 대한 — 산업혁명 이래 다소간 강화되어 왔던 — 노동자의 지배를 무력화시키기 때문이다. 세계화를 강화하고 사회 전체를 이러한 가치화 안으로 밀어 넣는 것은 바로 금융화이다. 전통적인 (심지어는 인지적 형식 아래 나타난다 해도) 산업 및 상업 자본의 도구만으로는 이러한 기획을 성공적으로 수행할 수 없었을 것이다.

금융자본은 가치의 포획에 그치지 않으며, 나아가 스스로 가치의 주요 생산자 중 하나가 된다(이는 '화폐를 낳는 화폐'을 의미하는 공식 A-A'에 잘 나타나 있다). 마찬가지로 금융영역은 미래 경제의 결정·규정, 혹은 현재 경제의 평가·측정에 그치지 않는다. 금융영역은 특정 '법칙'과 기능을 갖는 시장에 의해 증감도가 결정되는 엄청난 양의 증권이 갖는 가치를 측정·구축한다. 이 시장은 '가능성'으로서의 시간에 대한 전유를 위한 것으로, 우리가 다양한 가능성들을 구매·매도·보증하는 것 역시 이 시장에 대해서이다. 시장은 가능성을 지배할 수 있다는 주장을 펼치는 동시에, 불가능한 것("대안은 없다!")이 무엇인가에 대해서도 자신의 주장을 펼친다. 증권은 (그 이름을 잘 나타내는 말인 '미래'는) 산업과 서비스의 생산물만큼이나 실재적이다. 맑스가 '허구[의제] 자본'이라 불렀던 이 자본은 인간 존재에게 전혀 허구적이지 않은 실재적인 결과를 가져온다.

우리는 심지어 금융자본과 산업자본을 분리된 두 개의 실재들이라 말할 수조차 없다. 왜냐하면 하나의 우월한 추상화 벡터의 헤게모니, 곧 금융의 헤게모니가 여타의 모든 열등한 속도의 흐름들을 재배치하기 때문이다. 이러한 분리는 탈영토화의 새로운 우월한 수준에 적합한 새로운 제도, 새로운 지배양식, 새로운 정치 시스템을 통해 작동하는 새로운 자본주의에 의해 지양·통합된다. 이 새로운 자본주의가 작동하기 위해서는 산업·서비스·노동 시장·사회 전체가 새로운 가치화·유동성·유연성·가치평가의 규범에 복종해야만 한다. 이 새로운 자본주의는 공장을 직접적으로 주주들을 위한 잉여가치의 포획 기계로 만들기 위해 기업의 형태로 구조화했다(프랑스는 위기의 한가운데였던 2008년 이래 주주들에게 30%에서 80%로 이익 배당률을 인상했다).[18]

---

18. 부채경제의 금리생활자를 '자면서도 화폐를 벌었던' 19세기 부르주아로 간주해서는

금융 공리계의 전유 가능성은 산업자본주의의 공리계와 비교해볼 때 크게 확장되었다. 산업자본주의는 산업 노동에 대한 통치·전유로 자신의 역할을 '제한'한다. 반면 금융자본의 공리계는 산업적·전산업적·후산업적·노예적·전통적·사회·커뮤니케이션적인 다양한 생산 형식들에 대한 통치·전유를 조직한다.

금융자본은 자신의 역할을 흐름의 전유에 한정하지 않으며, 나아가 자신의 가치화라는 관점에서 흐름들을 배치한다. 금융에 의해 기업과 공공지출(복지)에 부과되는 회계 규범은 ─ 하나의 생산 혹은 서비스에 뿌리를 내리고 코드화된 이런저런 관계들을 금융적 가치화의 원칙에 따라 평가된 '흐름들'로 번역한다는 ─ 자신의 과업을 정확히 실현한다. 그러나 이러한 새로운 회계가 가져온 진정한 개혁은 '조세 피난처'에 의해, 달리 말해 기업과 부자들로 하여금 '전적으로 합법적인 방식으로 세금을 내지 않게 만드는' 전* 지구적 규모의 지속적 사기를 가능하게 만드는 섀도 뱅킹shadow banking 및 온갖 종류의 조세 절차에 의해 확립되었다.

사회의 정보화는 ─ 컴퓨터와 그 작동을 가능하게 해 주는 기호학에 힘입은 자본·서비스·커뮤니케이션·생산 흐름의 유동성에 대한 접근을 통해 ─ 이전까지 견고하고 안정적이었던 것들에 대한 유동화·유연화의 흐름과 강력히 결합한다. 따라서 오늘날 금융과 실물경제 사이에는 어떤 대립 혹은 모순도 존재하지 않는다. 왜

안 된다. 금리생활자들 중에는 우선 그리고 무엇보다도 ─ 기업이 금리생활자를 위해 일한다면 ─ 금융에 의해 포획된 잉여가치의 일부를 다른 금리생활자들과 나누는 기업이 속한다.

냐하면 실물 경제가 금융에 의해 완전히 해체되어, 재배치되었기 때문이다.

이제까지 금융과 실물경제 사이의 관계를 명확히 밝혔으므로 이제는 공리계로 돌아가 보자. 공리계는 사회적 관계의 탈영토화 (추상화)에 의해 제기된 질문들에 대답할 수 있게 해 준다. 모든 사회는 (종교적·사회적·정치적 등) 경제 외적 코드의 확립을 통해 화폐에 의한 탈코드화에 의해 제기되는 문제들을 해결했다. 그렇다면 화폐가 자본과 양립 가능한 유일한 코드일 때, 어떻게 흐름을 제어할 수 있으며, 어떻게 그 결합접속과 전유를 조절할 수 있을까? 경제 외적인 모든 코드가 이전의 힘을 잃어가고 있을 때, 누가 흐름들의 접속·활용·전유를 보장해 주는가?

코드들은 무한한 과정 속에서는 어떤 효용도 갖지 못한다. 왜냐하면 코드들은 자신들의 특유성과 특수성, 곧 정확히 그것들이 경제 외적 코드들이라는 사실에 의해 과정을 중단시키게 되기 때문이다. 생산을 제한하고 생산에 목적을 부여해 줄 경제 외적 코드가 없어지고 생산의 메커니즘이 무한 속에 '갇혀버리게' 되면, 규정되지 않은 추상적 요소들 사이의 기능적 관계(이윤)만을 다루는 장치에 대한 고려만이 남게 된다.

역사상 처음으로 나타난 이런 자본은 경제 외적인 코드화들을 추상적 양과 그 관계들이라는 공리계로 대체해 버린다. 자본으로서의 화폐는 이러한 논리를 모범적으로 전개하는데, 이는 단순히 자본으로서의 화폐가 기능적인 (권력)관계를 확립하기 때문만이 아니라, 자본으로서의 화폐가 ─ 마치 과학적 공리계의 경우처럼 – 무한한 통제(A-A')를 수행하기 때문이다. 무한한 재료를 지배하고 자본의 분열증적 운동을 조절·통제하기 위해 "공리계는 무한한 재료에 적합한 하나의 유한한 망을 구축한다." 이는 "질서를 재편하면서 … 탈코드화된 기호의 흐름이 사방으로 이탈하는 것을 막고", 이를 통해 전유를 가능케 하는 "정지점"을 구축한다.[19] 공리계는 통치성 행위의 틀을 정의한다.

현실화 모델로서의 국가

그러므로 자본주의와 함께 국가는 폐지되는 것이 아니라, 형태를 바꾸어,
국가를 지양하는 공리계의 현실화 모델이라는 새로운 의미를 갖는다.
— 질 들뢰즈와 펠릭스 과타리

　푸코가 말하는 '자본'으로부터 '자본주의'로의 이행, 제도와 분리 불가능한 이 이행을 이해하기 위해서는 공리계로부터 그것의 현실화 모델에 대한 분석으로 넘어가야만 한다. 양화될 수 없는 흐름들의 연결접속과 활용이라는 장치를 통해 맑스적 자본의 의미를 확장·풍부화한 들뢰즈와 과타리는 즉시 다음과 같이 덧붙인다. "이것은 자본주의의 아주 특수한 한 양상일 뿐이다."[20]

---

19. Deleuze et Guattari, *Mille plateaux*, p. 577 [들뢰즈·과타리, 『천 개의 고원』, 884쪽]. 과학적 공리계마저도 이미 하나의 단순한 논리-연역 체계가 아닌, 기호학적 흐름들, 과학적 언표들 및 그들의 배치를 통제하기 위한 하나의 투쟁, 갈등의 관리, 정치학이다.
20. 같은 책, p. 567 [같은 책, 872쪽].

규정되지 않은 흐름들 사이의 관계 및 기능의 조직화를 통해 오직 추상적이며 탈코드화된 흐름들만을 다루는 자본의 공리계는 남자도 여자도 성도 젠더도 육체도 인종도 피부 색깔도 국적도 신경 쓰지 않는다. 이처럼 탈영토화된 화폐의 흐름에는 주체도 대상도 개인도 집단도 직업도 직종도 존재하지 않는다. 동시에 공리계가 구체적으로 현실화되기 위해서, 공리계는 계급적, 인종적, 성적, 사회적 분할과 위계를 조직함으로써, 위대한 평등장치인 화폐가 지우는 바로 그 규정들을 반드시 생산하고 재생산해야 한다.

단절과 도약에 이어지는 탈코드화된 흐름의 배출 및 연결접속 및 무한히 활성화되는 그것의 메커니즘은 특정한 통치성과 조절 작용을 요구한다. 1970년대까지도 국가는 자본 탈영토화의 우월한 속도에 대한 조절,[21] 나아가 분명 '국민'Nation을 가장 중요한 표상으로 삼는 '보충적 영토화'를 제공함으로써 공리계 현실화의 모델처럼 기능했다. 이러한 '보충적 영토화'로부터 탈영토화된 흐름을 다루는 추상 기계로서의 자본에 흠집을 내는 주체화, 가치, 제도가 확립된다. '국민국가' 형식은 '추상적 자본의 질적 등질성과 양적 경쟁이 최초로 실현되는 생동감 있고 정열적인 형태'를 보증한다는 의미에서, 자본 공리계 현실화의 모델이 된다.[22]

---

21. "자본주의는 전혀, 심지어 처음부터도 결코 영토적이었던 적이 없"으며, 마찬가지로 "자본주의는 처음부터 국가에 고유한 탈영토화를 무한히 능가하는 탈영토화의 힘을 동원해왔다."(같은 곳 [같은 책, 871쪽]).
22. 같은 책, p. 570 [같은 책, 876쪽]. 자본의 경쟁이 보여 주는 동질성은 늘 '자신을 실현하기 위해 … 새로운 힘, 새로운 권리'를 필요로 한다.(같은 책, p. 568 [같은 책, 873쪽]). 국가는 필요불가결한 경제적 행위자의 역할을 수행한다. 이는 국가가 '유효 수

자본주의 기계는, 시초부터 전 세계적 차원에서, 주체성 생산의 (전통적, 조합적, 부족적, 공동체적 등의) 이전 양식들을 파괴하여 착취에 '적합한' 것으로 변형시킨다. 이처럼 이전의 사회적 코드화로부터 '해방된' 주체성의 흐름은 (학교, 병영, 병원, 사회보장 등과 같은) 국가 제도들에 의해 새롭게 '포맷'되어야 한다. 이 국가 제도들은 개인적 주체에게 노동의 사회적 분업에 맞는 주체성, 국적, 인종, 성, 육체를 부여한다. 푸코는 성과 주체성, 육체를 만들어 내고 정상화하는 이런 제도들에 대한 탁월한 분석을 제공한 바 있다. 그러나 지금 나의 흥미를 끄는 것은 물론 이러한 제도를 고무하는 동시에 그것에 한계를 부여하는 기본적 틀로서의 금융 공리계이다. 금융 공리계는 이러한 제도들에 대해 단순한 변형을 요구하는 것을 넘어, 때로 파괴를 강요한다. 그리스에 강요되었던 바와 같은 학교와 대학의 폐교, 병원의 폐업, 행정기관의 폐청, 문화기관의 폐쇄는 신자유주의 통치성의 극단적 사례가 아니라, 신자유주의 통치성의 실현을 위한 하나의 실험실로 간주되어야 한다. 통치의 비민주적 양식을 확립하기 위해 통치성 장치를 권위주의적 방향으로 변형하거나 그것을 중지 혹은 무효화하는 것, 이것이 위기 속에서 실험된 것들이다.

마치 맑스에게서의 자본가와 노동자가 산업자본 관계의 인격

효'의 조절을 통해 잉여가치의 실현에 기여하기 때문이다. 경제적 관점에서 국가는 ─ 자유주의자들의 생각과는 달리 ─ 기업으로부터 잉여가치를 갈취하는 것이 아니라, 그와는 정반대로, 자본주의 경제를 극단적 효율성의 방향으로 밀어붙인다. 가치 증대를 향한 만족될 길 없는 갈증으로 고통받는 자본주의가 끊임없이 갈망하는 한계의 확장은 국가의 개입 없이는 이루어지지 않는다.

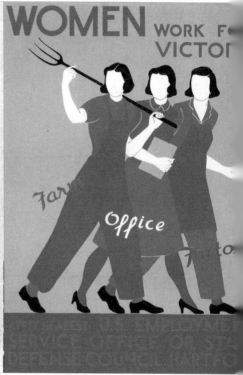

미국 뉴딜 시기의 포스터.
왼쪽 : '미국산 제품을 구입하여 일자리를 늘리자'(1930년대)
오른쪽 : '여성은 승리를 위해 농장, 사무실, 공장에서 일한다'(1941~1943년경)

화인 것처럼, 자본주의 기계 역시 자신만의 '인격화'를 필요로 한
다. 공리계의 알려지지 않은 차원이라 할 주체성의 민족화·인종
화·성별화는 국가적 현실화 모델의 생산물이자, 국민과 노동력의
형성 조건이다.

　전후의 사회민주주의 정책과 '뉴딜'은 국가에 의한 공리계 현
실화의 가장 완성된 형식을 대표한다.[23]

공리계의 포디즘적 실현모델은 '국민국가'에 고유한 주체화/예속화 형식, '보충 영토', 법[권리]과 제도에 '사회' 국가의 그것들을 부가했다. 자본의 추상적이며 탈코드화된 흐름은, 뉴딜 이래, 비단 (시민, 법적 주체 등과 같은) '정치' 제도에 의해서만이 아니라, 특히 복지국가 사회시스템의 연대를 통해서도 마찬가지로 재영토화된다. 고용에 연동된 분류된 사회 서비스의 '이용자'라는 인격화는 19세기에는 존재하지 않았던 또 다른 인격화 과정, 곧 '소비자'라는 인격화 과정을 수반하고 또 완성한다.

국가의 개입은, '공리계의 실현'이 20세기를 가로질렀던 혁명적 압력에 대응하여 그것을 통합하고 무력화해야 했고, 나아가 인류 역사상 가장 끔찍한 대규모의 학살로 연결되었던 19세기 말과 20세기 초 자유주의의 파괴력을 '규제'해야 하는 바로 그만큼 더욱 더 강력하고 광범위한 것이다. 포디즘의 공리계와 그것의 실현은 유럽의 부르주아가 노동계급과 [1917년 러시아 소비에트] 10월 혁명에 반해 연이어 일으켰던 내전의 시대를 종결짓는다. 국가에 의한 이러한 '현실화/통합 작용은 포디즘의 공리계와 그 현실화 모델인 '민족국가'를 탈영토화 해야만 했던 신자유주의에 오늘날 끔찍이도 결여되어 있다.

노동자투쟁과 사회투쟁, 여성투쟁과 학생투쟁은 공리계 현실

---

23. 일단 국가에 통합된 노동운동은 1970년대까지도 이전의 어떤 자본주의하에서도 이루어진 적이 없는 초유의 안정적이고 견고한 재영토화·예속화를 자본에 보장했다. 이는 자본주의적 관계의 수행을 위해 국가 영토에 덧붙여진 주체, 사회주의적 가치, '보충 영토[영역]'의 제공을 통해 이루어졌다.

무장한 러시아 병사들이 '코뮤니즘'이라 쓰인 배너를 들고 크렘린을 향해 모스크바 니콜스카야 거리를 행진하는 모습 (1917년 10월)

화의 제도와 '보충 영역들'을 하나씩 해체한다. 자본주의는, 투쟁의 충격을 받아, 자신의 가치화에 대한 구속(자본의 가치하락)으로 변해 버린 이 사회, 이 국가로부터 거리를 제거하지 않을 수 없다. 이렇게 해서, 포스트포디즘의 공리계는 더 이상 자신에 적합한 주체화·예속화 양식을 갖지 못한다. 왜냐하면 한편으로 금융자본주의가 사회적 재현과 정치적 재현을 약화하는 동시에, 다른 한편으로는 포디즘의 법적, 정치적, 사회적 주체를 자기 기업가, 인적자본, 과잉소비자, 간단히 말해, 모두에 대한 모두의 경쟁에 의해 구체화되는 다양한 군상들로 대치하는 등의 방식으로 약화하고 있기 때문이다. 포스트포디즘은 각자가 오직 자신에게만 의존하는 사회적 다위니즘, 그리고 극단적 개인주의에 의해 대표된다. 공리계의 현실화는 자본의 중지가 아닌 조절을 통한 자본을 탈영토화하는 '분열증적'schizophréniques 경향을 중지시키거나 규제하기보다 그 경향들을 강화하면서 공리계와 동일한 원칙들 위에서 작용한다.

공리계와 그 실현 사이의 관계는 부채 위기에서도 역시 작동한다. 부동산 융자관리, 그리고 금융시장에서 그것의 교환 가능한 증권으로의 변환은 통화 및 금융 흐름 및 그것의 기능적 관계라는 관점에 의해 배타적으로 조직화되었다. 이러한 조직화는 (소득의 처분가능성, 가난 등) 채무자의 실제 상황에 대한 고려 없이, 즉 채무자의 현실화 모델에 대한 고려 없이 이루어지는 신용의 지속적 확장을 통해 이루어진다. 흐름과 이윤 사이의 기능적 관계만을 고려하면서 흐름과 이윤을 극단적으로 밀어붙이는 이러한 행위가 '경제행위자'의 무능력을 의미하는 것은 아니다. 이러한 행위는 브로커의 특별한 '탐욕'이 아닌, 자본주의의 '법칙'을 표현할 뿐이다("자본은 가능하다면 자신의 흐름을 극단으로 밀어붙일 것이다."). 일단 위기가 발생하면, 국가의 개입이 절대적으로 요청되는데, 이는 은행시스템의 구제만이 아닌, 현실화 조건의 변형을 위한 것이기도 했다.

우선, 위기는 공리계 및 그 현실화의 변화를 강제했다. 우리는 채권자의 공리계로부터 부채의 공리계로 이동했는데, 부채의 공리계는 신용 대출 서류에 서명한 사람들을 지불능력이 없으며 따라서 유죄이고 책임을 져야 하는 채무자들로 변형시켰다. 이어서, 약간의 주저를 거친 후에, 부채위기는 공리계 현실화의 조건들을 재구조화하기 위한 도구로, 달리 말해 금융을 중심으로 하는 전면적 재조직화에 저항하는 모든 것(현재의 사회 복지 부분 및 임금 수준을 유지하려는 힘)을 쓸어 버리기 위한 도구, 채무자/채권자 관계의 또 다른 측면인 사유화의 강화를 강요하기 위한 도구로 사용되었다.

신자유주의적 공리계의 현실화가 보여줄 수 있는 모든 난점이 위기를 통해 모습을 드러냈다. 법치국가와 쌍을 이루는 사회국가에 의해 보장되던 통합력은 사라졌다. 부채 공리계의 현실화는 자본주의적 관계의 특정 인격화, 곧 부채인간이라는 퇴행적이고도 부정적인 모습을 생산한다. 자신의 사회적 책무와 민주주의로부터 해방된 국가는 긴축정책, 희생, 경기후퇴, 재정 감축이 아니라면 부채인간에게 제공해 줄 것이 별로 없다. 현대 자본의 공리계는 이렇게 해서 권위주의적 현실화의 모델을 필요로 한다.

공리계는 자동적 혹은 초월적 기계가 아니다

자본주의가 코드가 아닌 공리계에 의지해 작동할 때,
우리는 자본주의가 사회 기계를 기술 기계로 대체한다고 믿어서는 안 된다.
— 질 들뢰즈와 펠릭스 과타리

공리계는 다른 장치들보다 자본주의의 기능과 그 통치성 양식을 더 잘 드러내 보여 준다. 이는 공리계가 다음과 같은 이중의 함정을 피할 수 있게 해 주기 때문이다. 우리는 공리계 덕분으로 통치성 양식을 한편에서 단순한 주체적 권력으로, 다른 한편에서 기술적 기계 곧 사이버네틱 기계에 의해 작동되는 자동적·비인격적 권력으로 환원시키는 위험에서 벗어나게 된다.

자본주의는 우리로 하여금 자본주의의 기능이 자동기계가 수행하는 기능과 비슷하다고, 나아가 부채 경제, 증권거래소, 시장이 자동기계(와 자기조절 기능을 수행하는 사이버네틱 피드백)에 의해 지배되므로 이외의 다른 대안은 없다고, 결국 통치성 형식은 조정변수의 역할로 축소되어 버린 주민[인구]의 입장에서는 오직 적응만이 남아있을 뿐인 바로 그러한 같은 방식으로 기능한다고 믿게 만들고 싶어 한다. 증권거래소의 경기는 등락을 거듭하는데, 마치 온도에 반응하는 온도계처럼, 이러한 신호에 실시간으로 응답하고 이 다양한 변수들에 맞추어 자신의 행위를 적응시켜야 하는 것은 주민[인귀이다.

자본은 사회 기계가 자기조절적·반복적·탈脫정치적인 하나의 자동 기계처럼 작동하기를 꿈꾼다. 실제로, 자동 메커니즘은 늘 특정 행위들에 대한 일정한 정치적 승리에 뒤이어서만 일어난다. 자동 기계는 정확히 행위의 탈정치화를 목표로 하는 정상화[규범화]normalisation에 상응하는 것이다. 시장의 자동화가 스스로를 생산할 때(혹은 생산하는 것처럼 보일 때), 그것은 결코 기술적 혹은 사이버네틱 기계의 단순 기능으로부터가 아닌, 사회 기계로부터 이끌어진 것이다. 공리계(와 그 현실화 모델)은 기술과 전혀 무관하며, 오히려 하나의 정치적 장치에 관련된다. 공리계는 실험, 시행착오, 진전, 후퇴, 곧 "결정하고 관리하고 반응하고 기입하는 사회 기관들을, 즉 기술 기계들의 기능으로 환원되지 않는 기술 관료와 관료제를 내포"하는 정치에 의해 작동한다.24

공리계의 사회 기계는 자기조절이 가능한 사이버네틱 기계일 수도, 자동 기계일 수도 없다.25 왜냐하면 그것은 결코 균형을 모

---

24. Deleuze et Guattari, *L'Anti-Œdipe*, p. 299 [들뢰즈·과타리, 『안티 오이디푸스』, 425쪽].

25. 시장을 설명하기 위해 하이에크에 의해 사용된 사이버네틱 기계의 개념은 기계 스스로에 의해 지배되는 총체화 과정의 개념으로 되돌아가는 "피드백의 연쇄를 포함한다." 사이버네틱 기계는 이 기계가 "영원 회귀(éternel retour)의 원리를 따라" 기능하게 만드는 것을 목적으로 갖는 **투입**과 **산출**에 입각하여 작동한다. 한편 기계는 언제나 외적 요소들에 의존하며, 늘 이타성(異他性, altérités)과 상호작용한다. 기계는 결코 사이버네틱 기계의 구조적 조건들로 한정시키거나 환원할 수 없는 다양한 우주(테크놀로지의 우주, 다이어그램적 우주, 산업적 우주, 상상적 우주, 정치적 우주, 경제적 우주)의 다수성이 교차하는 지점에서 출현한다. 따라서, 르루아-구랑이 도구와 관련하여 수행했던 것처럼, 기계를 그것의 사회적·인간적·육체적 환경과 문화적·이론적·정치적·경제적 조건에 연결시키는 것이 바람직하다. 만약 우리가 정보

르는 자본 운동의 변동과 권력관계를 따라야 하기 때문이다. 자본운동의 변동과 권력관계 중 어느 것도 균형의 피드백에 의해 진행되지 않는다. 양자 모두는 오직 단절, 파괴, 불연속성, 위기에 따라 작동할 뿐이다.

금융위기에서 기계(증권의 가치평가는 90% 이상 자동 기계에 의해 이루어진다)는 결코 자기조절 기능을 수행하지 않는다. 반대로, 기계의 자동화는 종종 불균형을 심화시킨다. 기계는 어떤 자율성도 증명하지 않는다. 왜냐하면 기계가 언제나 자신을 한 요소로 가지면서 외부와 이타성을 향해 열려 있고 연결되어 있는 권력배치의 한 가운데서 작동하는 것이기 때문이다. 이러한 외부와 이타성의 가장 중요한 요소들이란 잘 알려진 것처럼 '자본'과 그것의 가치화이다. 이 자본과 가치화가 모든 것을 지배하고 명령한다. "기계가 자본주의를 만드는 것이 아니라, 자본주의가 기계를 만든다."(들뢰즈와 과타리) 이러한 과정은 기계를 자본주의적 기능 안으로 통합시킴으로써 이루어진다. 시장이라는 기호와 지적인 자동 기계 아래에 놓여있는 "행복한 세계화"는 체제적 위기의 상태로 전환된다. 왜냐하면 자본주의에는 테크놀로지를 매개로 한 어떤 자기통치, 자기조절도 존재하지 않기 때문이다.

자본의 '체제적' 필요와 사회적 통제의 정치적 명령을 동시에 통합시키는 사회 기계인 공리계는 매우 급격한 변화를 가져온다.

기계의 본질을 그것의 '바깥'을 향해 탈중심화시키지 않는다면, 우리는 기계 환원주의적 관점에 사로잡히고 말 것이다. 따라서 기계주의(machinisme)의 본질과 그것의 "가시적 부분을 비물질적 부분을 향해" 탈중심화시키는 것이 필수적이다.

권력이 '거의 일탈에 이르는 다른 모든 행위의 계열'을 승인하고[26] 그 결과 일정한 '다양성'을 관용함으로써 그 작동방식이 '더욱 교묘하고 더욱 섬세해진', 푸코가 안전사회societés de sécurité라 부른 것의 내부에서 우리는 이러한 '차이들'의 생산에 대한 경제적 착취를 목도한 바 있다. 이는 신자유주의의 첫 단계에 나타나는 현상이다. 이 '좋은 시절'을 잇는 현재의 국면에서 오늘의 우리는 어떤 섬세함도 없이 권력이 수행되면서 오직 금융 흐름의 '다양성'만이 관용되는 통치성의 권위주의적 뒤틀림을 감내하고 있다. 규율사회와 안전사회의 구분은, 이 양자가 무엇보다도 자본의 사회들이며 통치성은 산업자본 혹은 금융자본에 의해 수행되는 경제순환상의 필요에 따라서만 변화한다는 사실을 우리가 기억한다면, 푸코의 이 구분은 매우 유용하다.

부채의 통치성

법, 다음에 규율, 그다음에 안전이라는 식의 일련의 연속 관계가 존재하는 것이 아니다.
차라리 안전은 자신의 고유한 몇몇 메커니즘을 덧붙여
법과 규율이라는 예전의 골격을 작동하게 만드는 하나의 방식이다.
— 미셸 푸코

---

26. Michel Foucault, "La sécurité et l'État(entretien avec R. Lefort, 1977) [안전과 국가]", *Dits et Ecrits tome II*, texte n°213, Collection Quarto, Gallimard, 2001, p. 386. 강조는 랏자라또의 것.

프레데릭 그로는 푸코에 대한 자신의 탁
월한 주석서에서 다음처럼 적고 있다. 통치한
다는 것은 '굴복시키고, 명령하며, 지도하고,
질서를 지우고, 정상화하는' 것을 의미하지
않는다. 왜냐하면 통치의 관건이 한 의지가
다른 의지에 대해 권력을 행사하는 장치에
관련된 것이 아니기 때문이다. 자신의 고유한
메커니즘을 갖는 사건들에 직면하여, (우리가
그것들과 상호주관적인 관계를 맺을 수 없으
므로) 인간적이지 않은 금융과 생산의 흐름
들처럼 푸코가 '자연적'이라 규정하는 '현실

프레데릭 그로
(Fréderic Gros, 1965~)

들'에 직면하여, 통치성은 "아무것도, 곧 어떤 물리적 힘도, 금지도,
행위규범도 부과하지 않는다."[27] 통치성은 '적응적이고 융통성 있
는 조절작용의 계열'을 가로지르며 개인으로 하여금 이런저런 방
식으로 이에 대응하게 만드는 환경의 정돈을 촉진할 뿐이다.[28]

---

27. Frédéric Gros, *Le Principe sécurité* [안전원칙], Paris, Gallimard, 2012, p. 211.
28. 안전권력 기술에 대한 이런 '소프트한'(soft) 개념은 연구자들 사이에 매우 광범위하
게 퍼져 있으며, 그 결과, 그것이 실제로 수행하는 기능과는 대조적으로, 때로는 평
화주의적 정점에 도달하기조차 한다. 가령, "자신의 권위주의적 속성에도 불구하고,
행위와 표상의 변형은 부드러운 정상화 과정을 통해 작동한다. 심지어 때로는 법 자
체가 (건강을 보호하고, 생식을 통제하며, 삶을 구축하고, 죽음을 선택하는 등의)
자기 관리와 관련된 더 좋은 방식이 무엇인가를 개인 스스로가 결정하도록 허용함
으로써 이행에 합법성을 부과한다. 차이에 대한 존중과 자기 검열로 이루어진 자기
의 자기와의 관계, 혹은 타인과의 관계는 좋은 품행의 일상이 된다. 통치한다는 것
은 각자 스스로가 자기 자신을 가장 잘 통치하도록 만드는 것이다."(Didier Fassin
et Dominique Memmi, "Le gouvernement de la vie, mode d'emploi [삶의 통치, 사
용법]", in *Le Gouvernement des corps* [육체의 통치], Paris, Éditions de l'EHESS,

우리는 신자유주의가 막 발흥하던 시기에 행해졌던 푸코의 범주를 위기에 대입시켜 검증해 보아야 한다.[29] 통치성은 자신의 역할을 단지 촉진·자극·선호에 한정하지 않는다. 통치성은 금지하고 규범을 부여하고 지도하고 명령하며 질서를 부여하고 정상화한다. 안전 '조절작용'이 배제시켜야만 했던 모든 기능이 2007년 위기에 의해 열린 정치적 국면에서 실제로 수용··관리·부과되었다. 무엇보다도, 푸코의 말처럼, 공리계의 실현은 (주권, 규율, 안전 등) 다양한 권력형식들의 연속적 대체가 아닌, 축적에 의해 작동한다. 위기는 권위주의적 통치성의 확립을 통해 안전사회 안에 주권권력과 규율권력을 최우선적으로 작동시켰다.

위기 시의 통치성은 푸코가 규율사회의 분석에서 안전사회의 분석으로 이행한 이후 포기한 바 있는 권력수행 양식에 명백히 상응한다. "권력의 일상적 수행은 하나의 내전처럼 고려될 수 있어야 한다. 권력의 수행은 특정한 방식에 의한 내전의 수행이다. 우리가 식별할 수 있는 이 모든 도구와 전술, 이 연합은 내전의 용어로 분석 가능한 것이어야 한다."[30] 권력을 "내전을 억압하는 것이

2004).

29. [옮긴이] 푸코는 1984년 에이즈로 사망했으며, 그가 교수로 있던 콜레주 드 프랑스에서 행해진 통치성 및 신자유주의 관련 강의는 주로 1970년대 후반에 이루어졌다.

30. Michel Foucault, *La Société punitive* [처벌사회], Paris, Gallimard, 2013, p. 33. 화폐의 경우에도 비슷한 일이 일어났다. 푸코는 [1970~1971년 콜레주 드 프랑스에서 이루어진] '앎의 의지에 대한 강의'(Leçons sur la volonté de savoir)에서 화폐를 권력과 경제의 기초로 제시한 바 있지만, [콜레주 드 프랑스에서 이루어진 1978~1979년의 신자유주의에 대한 강의 '생명관리정치의 탄생'에서는 이러한 분석을 확장시키지 않는다.

아니라, 수행하고 지속하는 것"으로 보는 이러한 확언은 규율사회에 대해서만 타당한 것일까?

권력은 내전 이후에 도래하는 것이 아니며, 마치 평화처럼 갈등에 뒤이어 나타나는 것도 아니다. 내전은 권력 이후에 도래하는 것이 아니며, 권력 역시 모두에 대한 모두의 투쟁 안에서 해소되는 것도 아니다. 분할, 갈등, 내전은 "그것의 내부에서 권력의 요소들이 작동하고 서로 반응하며 해체되는 하나의 모체"[31]를 형성함으로써 권력과 정치적인 것을 구조화한다. 푸코의 이러한 확언은 물론 우리의 오늘 현실에 대해서도 유효하다. 통치성은 안전사회에서 드러나는 이러한 메커니즘에 대한 통제의 양식이다.

푸코가 바라보는 자유주의의 문제, 곧 '최소한의 통치'라는 문제는 (품행들의 품행conduite des conduites에 대한) 통치성 장치의 확대 가능성 및 그것의 모세혈관과도 같은 확산과 전파, 나아가 그것의 수평적·'환경적' 기능에 직접적으로 연결된다. 그러나 위기의 시기에, 스페인, 이탈리아, 포르투갈, 그리고 특히 그리스 등에서, 파괴적 기능을 동반한 이러한 장치들과 더불어 주권적 중앙 집중화가 작동하였을 때, 우리가 확인한 것은 '일종의 항상성', '조절기능을 수행하는' '안전을 보장하는' '전반적 균형' 등과 같은 것이 아니었다. 우리가 목도한 것은 인구에 대한 '통치' 양식, 전술, 가능성으로 간주되어야 할 '내전'의 출현이었다. 효과적으로 실현된 파괴의 이러한 우발성은 직접적으로 통치성 개념에 영향을 미치고 또

---

31. Michel Foucault, *La Société punitive* [처벌사회], p. 33.

그것을 호명하게 된다.

'통치성'을 이해 가능한 것으로 만드는 것은 여전히 내전, 전투, 갈등 그리고 "부의 역사, 다시 말해 이동, 수탈, 도둑질, 협잡[사기], 권한 남용, 빈곤화, 파산의 역사"이다.[32] 통치성과 '경제적 지식에 대한 투쟁'에 관련된 프로그램 이전의 푸코로 되돌아가는 것이 시급하다. 왜냐하면 이는 부채경제가 우리를 '부의 어떤[특정] 상태를 창출한 것은 사실상 파산, 부채, 부당한 재산축적임을 보여 주기 위해, 부의 생산이라는 문제의 뒤'를 캐도록 강요하고 있기 때문이다.[33] 따라서 우리는 가치에 대한 경제학 이론보다 다음과 같은 정치적 질문을 더 필요로 한다. 신자유주의에서 "누가 승자였고 누가 패자였는가가 아니라 누가 강해지고 누가 약해졌는가?"[34] 어떤 이유로 강한 자들이 약해졌으며, 어떤 이유로 약한 자들이 강해졌는가? 지식은 늘 하나의 특정한 게릴라적 지식이다. 우리는 지식을 경제로부터 연역하는 것이 아니라, 갈등과 투쟁으로부터 구축해야 한다.

(빈곤화, 파산, 부채 등과 같은) '파괴'는 우리가 주권에서는 물론 규율과 통제사회에서도 발견하는 권력수행의 한 양식이다. 특정 시기의 특정 조건 아래에서 파괴는 자본주의 전술의 핵심이 된다. 물론 권력은 늘 분배되는 것이며, 결코 배타적 소유의 대상이

---

32. Michel Foucault, *Il faut défendre la société*, Paris, Seuil/Gallimard, 1997, p. 115 [미셸 푸코, 『"사회를 보호해야 한다"』, 김상운 옮김, 난장, 2015, 169쪽].
33. 같은 곳 [같은 곳].
34. 같은 책, p. 143 [같은 책, 201쪽].

아니다. 나아가 권력은 위에 집중되는 것이 아니라, 아래로부터 형성되는 것이다. 권력은 하나의 단일체가 아니며, 늘 특정 상황과 특정 시간 아래에서 생성되는 것이다. 권력의 작동에 관한 푸코의 이론은 근본적인 것이지만, 매번의 상황에 따라, 자본주의의 현실적 권력놀이에 따라 새롭게 적용되어야 한다. 푸코의 권력관계에서 결코 내전과 계급투쟁을 배제해서는 안 된다. 1929년 위기 이후, 자본주의는 정치적 질서의 다양한 힘 관계들rapports de force이 공개적 갈등으로 전환되지 않도록 '통치성' 장치와 기술을 다양화했다.

만약 '품행들의 품행'conduite des conduites이 전적으로 미래로 지향되어 있기 때문에 예측 불가능하며 예견할 수도 없는 고도로 사회화·금융화된 경제에 대한 통제의 수행을 목적으로 한다면, 자본가들, 특히 금융자본가들은 통치성의 촉진·고무·선호를 통해 권력관계의 모체가 분할·반목·대립이라는 점, 그 논리가 승자와 패자의 논리라는 점, 미국 금융계의 가장 유명하고 부유한 이들이 (비록 그 장치의 대부분은 직접적으로 전쟁에 관련된 것이 아니지만) '계급전쟁'이라고 부르는 것의 문제임을 적절히 인식하고 있다. 위기의 격화는, 소유권의 구제라는 절대적 우선권에 따라 권력기술을 변화시키는, 전투 대형을 갖춘 정치적 계급의 관점을 출현하게 만들었다.

(실업, 질병, 노년 등과 같이) 삶에서 일어나는 다양한 사고에 대한 사회보장의 테크닉은 단지 규율보다 '섬세하며' 덜 '조잡한' 안전권력 메커니즘의 구축에 그치지 않는다. 왜냐하면 이는 사회

대공황 시기 '괜찮은 일자리를 구합니다.'라는 피켓을 메고 있는 두 남자 (1934년 시카고)

보장의 테크닉이 계급투쟁의 새로운 양식에 급격하게 종속되었으며 또 그렇게 기능하기 때문이다. 따라서 생명관리권력 개념에 대한 작은 변경이 요구된다. 왜냐하면 ['살게 내버려 두고 죽게 만드는'laisser vivre et faire mourir 고전주의적 주권권력에 대비되는] '살게 만들고 죽게 내버려 두는'faire vivre et laisser mourir [근대의 생명관리] 권력이 새로운 신자유주의적 사회모델로 구체화된 소유권의 논리에 복종하게 되었기 때문이다. 만약 당신이 지불할 수 있다면, 당신은 살 수 있다. 만약 당신이 지불할 수 없다면, 당신은 죽을 수 있다. 당신이 죽음, (빈곤화, 비참, 착취, 지배, 불평등 등과 같은) 사회적 죽음, (추방, 거부와 같은) 정치적 죽음에 대해 더욱더 노출된다는 의미에서. 생명관리권력과 통치성은 자본의 공리계에 복종한다.

자본주의는 단순한 '억압'이 아니며, 또한 특히 '생산'이지만, 이 생산은 늘 '파괴'와 짝을 이루는 하나의 특수한 생산이다. (군사 혹은 민간을 막론하고) 핵 관련 테크놀로지에 의한 인류의 파괴는 우리 사회를 사로잡고 있는 하나의 가능성인데, 이는 마치 생태학적 파국이 지구를 일상적으로 위협하고 있는 것과 마찬가지다. 자본주의의 매 국면마다, 가치화와 전유의 한계를 밀어붙이려는 작업은 하나의 [헤겔의] '악무한'惡無限, mauvais infini처럼 자신을 드러낸다. 왜냐하면 이는 자본이 슘페터적인 '창조적 파괴', 곧 전적인 파괴로 되돌아감으로써만 극복할 수 있는 불가능을 갈구하기 때문이다. 들뢰즈와 과타리의 반反생산은 자본순환의 몇몇 국면에서 기계와 인간(불변자본과 가변자본)의 파괴를 통해 급진화된다. 이것이 역사적으로 (20세기 초, 그리고 1980~1990년대와 같은) '좋은 시절'을 잇는 자유주의의 또 다른 얼굴이다.

우리는 이제 우리의 출발점으로 되돌아감으로써 결론을 내릴 수 있다. 우리의 논의는 자유주의의 불가능성과 그것의 환상적 성격에 대해 말하면서 시작되었다. 마찬가지로 자유주의란 존재한 적이 없으며, 자본 역시 결코 진보적이거나 중재적인 측면을 가졌던 적이 없다. 과타리가 지적하듯이, 이는 "전적인 보편화의 관점만을 갖는 생산의 지속적 전복, 모든 사회적 범주의 부단한 동요, 불안정성과 영원한 운동"을 포함하는 자본주의적 탈영토화 과정이 "역사적으로 오직 민족주의적, 계급주의적, 조합주의적, 인종주의적, 통제주의적 질서의 재영토화, 자기 자신에로의 되접힘에 도달하고 말았을 뿐이기 때문이다."[35] 이처럼, 자본은 하나의 이중운동에 의해 활성화된다. 자본이 자신에 앞선 정치적·사회적·종교적 코드화들로부터 '해방된다'는 것은 자본이 이러한 것들은 즉시 또 다른 권력 장치에 종속시킨다는 말이다. 이런 두 과정은 동시적인 것이며 분리 불가능한 것이다.

자본주의의 역사는 흐름들의 일반화된 탈코드화, 그리고 동시에, 마치 자본주의가 탈코드화된 흐름들을 접합시키기 위한 장치를 배치하기라도 해야 하는 것처럼, 뭔가 다른 것을 포함합니다. 바로 이것이 자본주의에 자유주의라는 그것의 외관, 환상이 부여되는 방식입니다. 자본주의는 결코 자유주의적이었던 적이 없으며,

---

35. Félix Guattari, "De la production de subjectivité [주체성 생산에 대하여]", in *Chimères*, n° 50, p. 54 (이 글은 같은 잡지의 제4호에 처음으로 발표되었다).

오직 늘 국가자본주의였을 뿐입니다.[36]

현대 사회학은 현대사회를 '액체liquide 사회'로 정의하면서 이와 동일한 오류를 저지른다. 자본주의는 오직 사회적 관계들, 경제, 기호학을 경직화하고 계급 차이를 고착화하며 유례가 없는 방식으로 사적 소유와 세습재산을 강화하고 사회적 유동성을 경직화하며 착취를 강화·고착화할 경우에만, 동시에 이들을 액체로 만들 뿐이다.

어떤 면에서, 자본주의는 순수한 상태의 광기 자체인데, 이는 화폐의 탈영토화된 흐름들이 다른 모든 코드들을 파괴하기 때문이다(이는 마치 광인이 사회적 의미작용의 코드들을 파괴하는 것과 같다). 그러나, 다른 한편으로, 자본주의는 광기의 정반대 편에 위치한다. 왜냐하면 그 흐름들은 공리계에 의해, 곧 흐름들이 흘러가도록 내버려 두는 대신 흐름들을 정지시켜 권력·통제·결정 기계에 종속시키는 회계 시스템에 의해 가로막혀 재포획되기 때문이다. 위기의 시기 곧 소유권이 위협받는 시기에 자본은 흐름들을 공리계에 종속시키고자 시도하며, 이러한 시도가 실패할 경우 흐름들을 파괴해 버린다.

우리가 푸코의 자본주의를 재발견하는 것은 바로 이 지점이지만, 이는 전혀 다른 관점과 기능 아래에서 그러하다. 자본주의는

---

36. 1971년 12월 14일 뱅센 대학교에서 행한 들뢰즈의 강의. http://www.webdeleuze.com/php/texte.php?cle=118&groupe=Anti%20Oedipe%20et%20Mille%20Plateaux&langue=1

물론 자본의 또 다른 얼굴이다. 그러나 자본과 그것의 '파괴적' 측면을 고려하지 않는다면, 경제·사회·품행의 통치성에 관련된 다양한 양식들은 우리에게 이해 불가능한 것으로 남게 될 것이다.

6장

통치성 비판 3
누가 누구를, 무엇을, 그리고 어떻게 통치하는가?

아마도 말, 커뮤니케이션은 타락했을 것이다.
이러한 것들은 돈에 의해 전적으로 침투되어 있다.
이는 우연한 일이 아니라, 본성에 따라 일어난 일이다.
말과 관련된 방향전환이 필요하다.
창조란 늘 커뮤니케이션과는 다른 어떤 것이었다.
중요한 것은 통제에서 벗어나기 위해
비-커뮤니케이션(non-communication)의 작은 구멍들,
차단기(interrupteurs)를 창조하는 것이리라.

— 질 들뢰즈

이제까지 우리는 자본과 제도가 동전의 양면을 구성하는 자본주의의 개념을 재구성한 바 있다. 이제 우리는 통치성에 대한 푸코의 선구적 작업에 대한 확장을 시도하고, 푸코의 작업을 부채위기의 내부에서 재규정할 수 있게 되었다. 푸코에게, 통치성은 근본적으로 인간과 그의 품행品行, conduite에 대한 통치를 목적으로 하는 하나의 국가 테크놀로지technologie étatique이다. 푸코의 권력이론이 국가이론을 포함하고 있지 못하다는 비판에 대답하면서 푸코는 통치성이 국가에 대하여 "정신의학에서의 격리기술, 형벌체계에서의 규율기술, 의학제도에서의 생명관리정치"와 같은 것이라고 말했다.[1]

자본주의에 대한 우리의 새로운 개념으로부터 출발하여 우리는 새로운 참신한 질문을 던져볼 수 있을 것이다. 현대 자본주의, 특히 부채경제에서 누가 누구를, 무엇을 그리고 어떻게 지배하는가? 국가? 금융? 사기업들? 그리고 자본주의에서 우리가 통치하는 것은 정확히 무엇인가? 인간의 행동(혹은 품행)만인가? 어떤 기술을 통해서? 국가에 의해 설정된 기술들에 의해서?

아래에서 우리가 전개할 종합적인 대답을 제시하기 전에 우리는 다음과 같은 점을 확인할 수 있다. 현대자본주의에서, 우리는 사회 기계(공리계)와 이 기계들을 위한 주체성(공리계의 실현)을 통치한다. '정치경제학'의 구성은 넓은 의미의 노동력 형성과정

---

1. Michel Foucault, *Sécurité, territoire, population*, Paris, Seuil/Gallimard, 2004, p. 124 [푸코, 『안전, 영토, 인구』, 175쪽].

을 생산·통치하는 '도덕의 계보학'과 분리될 수 없는 것인데, 이는 도덕의 계보학이 이제는 소비·커뮤니케이션·서비스를 위한 주체성을 포함하기 때문이다. 들뢰즈와 과타리는 통치성의 이론을 생산한 적이 없지만, 그럼에도 불구하고 자본의 기능에 대한 그들의 이해방식으로 말미암아, 현대자본주의에 존재하는 조절작용 및 통치성의 본성을 사유하기 위한 필수적인 범주들을 우리에게 남겨주었다.

통치성은 특히 1920년대 이래 우리가 국가에만 배타적으로 부여할 수는 없는 다양한 기술들의 집합으로서 스스로를 드러낸다. 반대로, 사적 기업들은 소비·마케팅·광고·영화·커뮤니케이션 등의 전반에 대한 대규모의 투자를 실행하게 될 것이다.[2] 그리고 이는 단순한 개인과 그의 행동에 대한 통치를 넘어, 전前개인적인pré-individuelles 여러 요소들, 곧 지각양식, 느끼고 보고 생각하는 방법의 차원에서도 수행된다. 이러한 과정은 상품의 제조에 그치지 않는데, 이는 그것이 (가장 육체적인 기술들만큼 효과적인 지배의 '비육체적인' 도구로서의) 무의식, 라이프 스타일, 가치의 세계와 도구들 역시 생산하기 때문이다.

'지배'의 문제와 관련해서조차, 자본주의는 하나의 '국가자본

---

2. 우리는 미셸 푸코의 강의록에서 통치성의 새로운 장치들에 대한 언급을 발견한다. "이제, 시간의 완전한 사용(plein emploi du temps)은 여가·볼거리·소비에 의해 보장되며, 이들은 다시금 19세기 자본주의의 주된 관심사들 중 하나였던 시간의 완전한 사용[고용]을 재구축한다."(Foucault, *La Société punitive*[처벌 사회], p. 216). 규율 사회에서 주체성의 생산·통제 장치는 종종 사적 제도의 주도하에 다양화된다. 푸코는 이러한 사적 기관들을 "국가구조를 모델로 삼는 작은 국가들"이라고 말한다.(p. 214). 반면, 오늘날, 국가를 포함하여, 각종 제도의 모델은 기업이다.

주의'이다. 이는 가치화 및 주체성 생산 양자에서 기인하는 다양한 기술들을 동반하는 '사적' 자본이 개인 및 개인을 구성하는 비물질적이며 전前개인적인 수준의 다양한 요소들의 제조·통제를 담당하고 있기 때문이다. 특히 복지국가, 사회서비스, 공공시설을 가로지르며, 국가는 물론 여전히 주체성의 생산에 관련된 중요한 역할을 수행한다. 그러나 국가의 지배는 이제 '사유화'되었다. 왜냐하면 오늘날 기업의 경영방식이 관리의 방법론으로서 부과되고 있기 때문이다. 국가의 소유권은 여전히 '공적'이지만, '사적' 소유권의 번영을 촉진하도록 예정되어 있다. 사적 영역과 공적 영역은 이중의 방식으로 서로 수렴된다. 왜냐하면 양자가 함께 하나의 주체성 생산 및 가치화 장치, 도덕의 계보학 및 그것의 통치성에 관련되는 장치를 구축하기 때문이다. 자본주의적 가치화와 주체성 생산 작용은 이렇게 일치하게 된다.

기계화

들뢰즈, 과타리 및 시몽동이라는 탁월한 예외를 제외한다면, 현대의 비판적 사유가 보여 주는 공통적 한계 중 하나는 '기계'machine 개념의 거의 전적인 결여에서 찾을 수 있다. 이는 자본주의가 무엇보다도 기계화machinisme이며, 오늘날의 주체성 생산 및 통치성 기술 역시 기계의 개입 없이는 생각할 수도 없는 것이기 때문이다. 비판이론은 자본주의의 본질적인 기계적 본성에 대한 맑스의 가르침을 잊은 것처럼 보인다. "기계화는 고정자본의 가장 적합한 형식으로 스스로를 드러낸다. 그리고 고정자본은 그냥 자본, 자본 자체로 간주되는 자본의 가장 적합한 형식으로 스스로를 드러낸다."[3]

질베르 시몽동
(Gilbert Simondon, 1924~1989)

자본(및 이에 따른 지배의 기술들)의 조직화는 개인 혹은 사회에 집중되는 것이 아니다. 개인과 그의 행위는 출발점이 아니라, 차라리 도착점, 결과를 구축한다. 자본은 하나의 사회적 관계이다. 하지만 이 '관계'를 상호주관성 그리고/혹은et/ou 상호개인성으로 환원시켜서는 안 된다. 인간과 그의 행동은 이 관계의 고갈되지 않는 요소들이다. 자본은 물론 하나의 관계이지만, 그 관계는 자본이, 맑스가 말처럼, 자신의 행동을 지배하게 되는 유령과도 같은 객관성으로 전환되는 '주체'만이 아니라,[4] 증대하는 몇몇 비-인간적 요소들을 포함하고 있다는 의미에

3. Karl Marx, *OEuvres: Économie II*, éd. M. Rubel, Paris, Gallimard, Bibliothèque de la Pléiade, 1968, p. 299.
4. 우리는 하이에크와 같은 자유주의자에게서도 대상/주체의 이원론에 기초해 있는 패러다임을 또 다른 형식 아래 발견한다. 개인적 이기주의에 의해 이끌어지는 주체의 행동은 주체의 행동으로부터 '주체 없는' 과정을 구성해 주는 하나의 '객관적' 실체를 삶에 부과함으로써 자동적으로 조절된다. 시장은 어떤 의지도 뒤쫓을 수 없고 어떤 의식도 예견할 수 없는 하나의 '자생적 질서'이다. 자동 기계는 사회적 자율성과 개인의 자율성을 동시에 보증해 주는 시장의 자생적 질서에 대한 은유이다. 우리는, 맑스의 물신주의(fétichisme)에서 보여지는 바와 같은 신비한 방식으로, 주체의 질서로부터 대상의 주체로 이행한다. 판단을 가능케 하는 것은 차이이다. 이는 맑스에게는

서 기계적 관계이다. 권력관계는 이미 그리고 직접적으로 사회적, 기술적 '기계들'에 의해 수행되고 있다.

(제조기업은 물론 커뮤니케이션기업, 금융기업 등) 자본주의에 특유한 조직 양식에서 인간과 기계는 주체와 대상처럼 대립하지 않는다. 근대성에 의해 세계와 자연으로부터 모든 '정신[정령]'들이 제거되었기 때문에, 주체성은 이전처럼 인간 주체(혹은 맑스와 맑스주의자들의 '살아있는 노동')에서만 배타적으로 발견되는 것이 아니다.

들뢰즈와 과타리는 인간 주체성에 '예외적인 실존적 지위'를 부여하는 것을 거부하고, 의식과 언어를 갖는 다른 심급들 역시 '주체화의 벡터' 혹은 '언표작용의 초점'으로 기능할 수 있다고 간주한다. 이렇게 해서 기계는 비록 말을 하지 못하지만 하나의 주체성을 획득하기에 이른다. 기계가, 그리고 기호, 대상, 다이어그램 등이 언표작용과 주체화의 원형적 초점을 구축한다는 것은 이러한 것들이 특정 행동, 사유, 감정에 대한 선호를 통해 다른 행동, 사유, 감정을 제시하고, 가능하게 하며, 불러일으키고, 유발하며, 촉진한다

소외를 가져오는 장치이고, 하이에크에게는 인격적 복속으로부터 해방을 가져오는 것이다. 우리는 이러한 비약을 '사회적'이라는 개념에 의해 구성된 사회학에서도 다시금 발견하게 된다. 이를 설명하기 위해, 하이에크는 폰 노이만(John von Neumann, 1903~1957)으로부터 빌려온 사이버네틱 자동 기계의 은유를 사용하는데, 이에 따르면, 이러한 비유는 개인보다 더 복잡한 논리적 질서를 구축함으로써 인간을 벗어나 버리는 '자동 기계를 고안해 낸 인간의 역설'을 해결할 수 있다. 나는 우리가 만약 주체/대상이라는 근대적 패러다임에 머무르면서 '대상성[객관성]'과 '주체성'을 다른 방식으로 배분하지 않는다면, 인간은 물론 비인간의 문제에 대해서도 여전히 커다란 난점을 갖게 될 것으로 본다.

는 것을 의미한다. 미셸 푸코는, 매우 의미심장하게도, 이 동일한 동사들을 권력관계의 기능에 대한 묘사를 위해 사용한다. 푸코는 이렇게 말한다. 기계와 기호는 반드시 한 인간의 다른 인간에 대한 관계로만 배타적으로 이해되어서는 안 되는 '행동에 대한 행동'action sur une action이라는 방식으로 작용한다. 비인간적인 것은 행동의 조건 및 틀의 규정과 관련하여 정확히 인간처럼 기여한다. 우리는 늘 기계·대상·기호가 모두 '행위자'로 간주되어야 할 특정 집단, 특정 배치의 내부에서 행동한다. 그리고 인간은 기계와 동일한 방식으로 하나의 혼합물hybride, '대상/주체의 두 얼굴을 가진' 하나의 실체이다.

자본주의는 무엇보다도 인간과 비인간, 인간과 기계, 조직과 기술 사이에 주체와 대상을 가르는 '존재론적 철의 장막'이 아닌, 교통과 회귀, 가역성만이 존재하는 루이스 멈포드Lewis Mumford, 1895-1990의 메가머신mégamachine, 하나의 사회 기계로서 규정된다.

만약 주체성의 생산이, 과타리의 말대로, 자본주의의 '가장 중요한 생산'이라면, 주체성이 사회 기계와 기술적 기계를 위해 존재한다는 사실, 그리고 통치성은 이 기계와 주체성에 대해 동시에 수행되어야 한다는 사실은 특히 강조되어야 한다. 물론 주체화subjectivation의 개념은 1970년대 철학의 주도적 개념이다. 그러나 만약 우리가 사회적·기술적 기계의 경제 및 그것이 인간 주체성과 맺는 관계의 경제를 수립하고자 한다면, 우리는 참으로 그것의 생산·지배의 과정을 포착할 수 있을까?

자본주의는 개별화된 주체를 만들어 내는('사회적 예속화' assujettissement social) 동시에, 얼핏 그 반대로 보이는 것, 곧 탈주체화 désubjectivation를 만들어 내는('기계적 종속화[자동제어]'asservissement machinique) 두 가지 상이한 장치를 통해 주체성의 생산과 통제를 조직한다. 자본주의가 주체성에 대해 수행하는 포획 작용은 따라서 이중적이다. 예속화는 (정치적·언어적) 표상, 지식, 담론적·시각적 실천 등을 통과하는 동시에 이동시키며, 나아가 '법적 주체', '정치적 주체', '주체' 자체, '나', 개인을 생산하는 다양한 지배의 기술들을 포함한다. 사회적 예속화는 우리를 개별적 주체들로 생산해 내면서 우리에게 하나의 정체성, 성, 직업, 국적 등을 부여한다. 예속화는 아무도 빠져나갈 수 없는 재현과 의미의 기호학적 함정을 구축한다. 현대자본주의에서 이러한 과정과 기술은 우리 각자를 자신의 고유한 '행위'와 '행동'에 대해 책임이 있으며 따라서 죄가 있는 하나의 '주체'로 만드는 '인적 자본' 안에서 자신의 완성된 형식을 발견한다. 모든 인격적 종속으로부터 '벗어났다'는 의미에서의 이른바 '자유로운 주체'는 오늘날 자기 기업가의 형상, 상업의 무한한 성채 안에서도 '왕처럼' 자신의 선택을 행하는 소비자의 형상 안에서 자신을 실현한다.

반면, 기계적 종속화는 파편적, 표준적, 하위 개체적subindividuelles 주체의 활용을 통해 작동하는 비非 재현적, 조작操作적, 다이어그램적 기술로 되돌아간다. 예속화는 들뢰즈가 '분할 가능한 것'le dividuel이라 부른 것을 생산·작동시킨다. 자본주의는 기계론machinisme의 '인간적' 요소와 요인들에 대한 구축을 통해 인간이 기계의 부속품처럼 기능하는 기계적 종속화를 재구축한다. 사회적 관계망(페이스북) 혹은 검색엔진(구글)을 관리하는 기업, 여론조사 기관, 데이터뱅크, 시장조사, 마케팅 기관 등과 관련하여, 당신은 하나의 '주체'를 구성한다기보디는 차라리 정보의 소통과 교환을 위한 하나의 원천을 구성한다. 당신의 기능은, 마치 '기술적' 기능과 마찬가지로, 기계의 조작, 그리고 기계의 첫 번째 재료인 정보의 보증 활동에 한정된다. 당신의 표현, 심리, 의식, 내면 등은 원칙적으로 요청되지 않는다.

사회적 예속화는 주체/대상의 이원론에 기반하여 기능하는 반면, 기계적 종속화는 조직을 기계로부터, 주체를 대상으로부터, 인간을 기술로부터 구분하지 않는다. 인간과 기계의 관계는 두 경우에서 근본적으로 다르다. 사회적 예속화의 관건은 행위와 사용의 관계이다. [여기에서] 기계는 인간이 그것에 대해 '행위하는' 주체처럼 관계 맺는 외적 대상인 동시에, 두 주체 사이에 존재하는 하나의 매개체이다. 기계적 종속화의 경우, 관계는 인간과 기계 사이의 '내적인 상호소통'이다. 사회적 예속화와 기계적 종속화, 주체화와 탈주체화는 푸코의 생명관리권력biopouvoir 개념을 보충·확장, 곧 변경시킬 수 있도록 해 준다. 통치성의 개념과 실천은 이제 확연히 변화한다. 왜냐하면 그 개념과 실천이 작동하기 위해서는 사회적 예속화와 기계적 종속화의 접점에 위치해야만 하기 때문이다.

개인화의 극단

현대자본주의는 사회적 예속화와 기계적 종속화를 극단으로 몰고 간다. 이렇게 해서 우리는 이러한 이중적 권력관계에 동시에 복종하게 된다.

신자유주의는 (주체와 개인의 생산이라는) '자기와의 관계'rapport à soi를 극단으로 밀어붙이면서 그 관계를 펼쳐내는 자신만의 특별한 방법을 가진다. 신자유주의는 사회적 예속화의 완성이라 할 '인적 자본'('자기 기업가')이라는 표현에서 자신을 상징적으로 드러낸다.[5] 인적 자본은 인간을 하나의 자본으로 만듦으로써 개인주의를 악화시키는 동시에, 한 인격에 대해 이익과 손실, 수요와 공급, (교육 및 개인보장 등에 대한) 투자와 수익성의 논리에 입각한 평가와 측정을 강요한다.

포스트포디즘적 조직화는 끊임없이 자신의 '자유'와 '자율성'에 입각하여 외적 상황만이 아닌 자기 자신과의 관계를 지속적으로 조정해야만 하는 개인을 호출한다. 임금노동자에서 그 모델을 빌려온 독립 노동자는 마치 하나의 개인 기업처럼 기능하면서, 자신의 **경제적** '초자아'와 '자아' 사이에서 끊임없이 협상을 벌여야 한다. 이는 정확히 독립 노동자가 자신의 처지에 책임을 져야 하는

---

5. 일차 과정의 극대화는 독립 노동자, **프리랜서**는 물론 임시직, 실업자, 수당수령자의 예상된 행동에서 압도적으로 드러난다. 그러나 실제로 주체가 되어야 한다는, 곧 [모든 것과 관련하여] 주도권을 쥔 채 연루되고 따라서 책임을 져야 한다는 지상명령은 모든 사람에게 절대적으로 해당된다.

존재이기 때문이다("일을 할 것인가, 바캉스를 갈 것인가? 전화기를 켜놓고 연락을 받을 것인가, 전화기를 끄고 연락을 끊을 것인가?" 등). 자신의 '자유' 자체에 의해 고립된 개인은 타인과는 물론 자기 자신과도 경쟁하도록 몰려간다.

자기와의 이러한 영원한 협상은 신자유주의 사회에 고유한 주체화의 특수한 양식이다. 포디즘 체계에서 규범이 외적이 되는 것과 마찬가지로, 이러한 신자유주의적 주체성은 늘 사회적-경제적 장치에 의해 생산되지만, 이 모든 과정은 마치 개인이 그것을 원했던 것처럼, 개인 자신으로부터 온 것처럼 이루어진다. 질서와 명령은 주체 자신에 의해 내려진 것처럼 보여야 한다. 이는 "명령하는 것은 너 자신이다!", "너 자신의 주인은 너 자신이다!", "네 인생의 주인은 너 자신이다!"와 같은 말을 통해서 이루어진다. 현대의 사회적 예속화는 개인을 자기 자신의 판단에 대한 '무한한' 평가, 주체 자신으로부터 온 평가에 종속시킨다. 주체가 되어야 한다는 명령, 질서를 부여해야 한다는 명령, 자기 자신과의 영원한 협상에 대한 명령, 자기 자신에게 복종해야 한다는 명령, 이 모든 명령이 개인주의를 완성한다.

좌절, 원한, 죄책감과 두려움은 신자유주의적인 자기와의 관계가 갖는 '정념들'을 구성한다. 왜냐하면 자기실현·자유·자율성에 대한 약속은 이 약속을 체계적으로 부정하는 현실과 극명한 대조를 이루는 것이기 때문이다. 자본주의의 실패는 늘 실제보다 축소되어 인식되게 마련이다. 왜냐하면 이는 개인주의가 갈등의 내면화를 통해 이 실패를 보지 못하게 만들기 때문이다. '적'은 자기 자신의 일부와 혼동된다. 경향적으로 '불안'은 권력관계에 투자되기보다는 자기 자신에게로 되돌려진다. 바로 이러한 과정을 거쳐 죄책감, 양심의 가책, 고독, 원한이 생겨난다. 선택하고 결정하고 명령하는 것이 그 자신이기 때문에, 개인의 완전한 '주권'이 이 개인의 충만하고도 완진한 소외에 상응한다.

신경증은 발달한 자본주의의 병리학이다. 21세기의 '질병'은 '우울증' 안에서 자신을 드러낸다. 우울증은 행동할 수 없는 무기력, 결정 장애, 계획을 수행할 수 없는 무기력을 보인다. 우울증은 일반적인 동원, 능동적이 되어야 한다는 명령, 계획을 가져야 한다는 명령, 무엇이든 열심히 해야 한다는 명령에 대한 수동적이고 개인적인 저항이다.

분할 가능한 것들과 새로운 종속화

그러나 신자유주의적 자본주의는 동시에 탈주체화 역시 극단으로 밀어붙인다. 우리 신체의 구성요소들 및 우리 주체성의 전個개인적 요소들에 대한 작용을 통해 우리의 행위를 제조·통제·통치하는 기술적 종속화의 본성과 기능은 '기계'의 개념에 밀접하게 의존한다. 따라서 분할 가능한 것의 개념 및 이를 통치하는 기술의 개념을 도입하기 위해서는 우선 먼저 현대자본주의에서 기계가 어떤 기능을 수행하는가를 살펴보아야 한다. 포스트포디즘적 국면은 기계설비 투자에 대한 대규모 강화로서 특징지어지는데, 이때의 기계설비란 단순히 '생산'에만 관련되는 것이 전혀 아니다.

(말하기, 보기, 듣기, '종'으로서의 생식행위, 느끼기, 영향을 주고받기 등) 우리의 가장 '인간적인' 행위들은 오늘날 기계의 협력 없이는 생각할 수도 없는 것이 되었다. 만약 자본가들이 '인적 자본'에 대해 말할 수 있다면, 이는 '인간적인 것' 중 어떤 것도 기계적 종속화, 기술-기호학적 장치, 과학적 실험실 및 이것들을 활용[착취]하는 산업을 피할 수 없게 되었기 때문이다. 만약 우리 모두가 스스로를 예외 없이 '인적 자본'으로서 구축했다면, 이는 우리 모두가 예외 없이 (특히 우리가 실업 상태에 있거나, 직업교육을 받고 있거나, 은퇴했을 때를 포함하여) 기술-기호학적 관계망의 '입구'와 '출구', 부품들을 구축했기 때문이다.

우리는 산업자본주의 시대와는 그 크기를 비교할 수도 없는 '기계'에 대한 대규모 투자를 '사회적 불변자본'에 대한 투자라 부를 수 있을 것이다. '불변자본' 개념의 확장은 포스트포디즘에 특유한 성격인 흐름들의 일반화된 탈코드화에 상응하는 기술적 수단의 출현에 의해 정당화된다. 컴퓨터는 단순한 생산의 흐름을 넘어, 지각·관심·감각·시각·사유 양식을 가로지르고 재배치하는 커뮤니케이션·이미지·글쓰기·소비 등의 다양한 흐름을 확립·구조화·조직하는 하나의 즉각적이고 일반화된 탈코드화 기계이다. '사회적 불변자본'의 모세 혈관적 확산은 새로운 기계적 종속화, 새로운 공리계의 조건들을 창출했다.

자본은 하나의 기호학적 조작이다

포스트포디즘적 계열은 테크놀로지의 탈영토화 및 기호 자체(특히 언어)의 탈코드화로 특징지어진다. 기호는 더 이상 기표/기의signifiant/signifié의 이원론에 의해 이해될 수 없으며, 이제 물질적 흐름에 직접적으로 개입하는 '기호점'points-signes, '역능기호'signes puissance, '비-기표적 기호'signes a-signifiants, '조작적 기호'signes operatoires처럼 기능한다. 화폐, 증권거래소의 동향, 스프레드시트[분포표] 혹은 알

삐에르 빠올로 빠졸리니
(Pier Paolo Pasolini, 1922~1975)

고리듬, 방정식과 과학 공식은 표상과 의식의 매개 없이도 주체의 동시적인 생산·평가를 목적으로 하는 자본주의 사회 기계를 작동시키는 기호학을 구축한다. 화폐와 같은 비기표적 기호학은 기표 효과를 갖지만 그 고유한 기능은 의미작용signification으로 환원되지 않는 새로운 기호 시스템을 작동시킨다.[6]

---

6. "자본주의적 세계의 피륙 자체가 이처럼 화폐기호들, 경제기호들에 다름 아닌 탈영토화된 기호들의 흐름들로 만들어졌다. … 의미작용, 사회적 가치들(혹은 우리가 그렇게 해석할 수 있는 것들)은 권력형성의 수준에서 스스로를 드러내지만, 자본주의는 그 본질에서 [예를 들면, 증권거래소의 비-기표적 틀과 같은] 비-기표적인 기계들에 의존해 있다. … 자본주의는 우리들 각각에게 의사, 어린이, 교사, 남자, 여자, 호모 (pédé)와 같은 하나의 역할을 할당해 준다. 우리들 각자는 자본주의에 의해 수정된 의미작용의 체계에 적응해야 한다. 그러나 현실적 권력의 수준에서 볼 때, 진정한 문제는 결코 이러한 역할 유형이 아니다. 권력이 늘 필연적으로 사장 혹은 권력자라는

기호는 자신이 작동시키는 기계들과 마찬가지로 탈영토화의 새로운 문턱을 넘어서면서 언어를 과학과 경제학이라는 비-기표적 기호학에 종속시킨다. 언어의 효율성은 이제 화폐의 기호학,[7] 금융 기호학, 알고리듬, 컴퓨터 '언어' 등에 적응하는 능력 안에 존재하게 된다.

언어의 섬세한 감식자인 한 시인[빠졸리니]은 1970년대 초 우리가 "구어가 완전히 관습적이 되어 공허해져 버렸으며(기술적인 것이 되어 버렸으며), (신체적·모방적) 행위 언어가 결정적 중요성을 갖는 역사적 시대에" 들어서고 있다고 말했다. 우리의 현재 문화는 무엇보다도 이 후자 곧 " – 완전히 관습적이 되어 버려서 극단적으로 빈곤해져 버린 – 일정량의 구어 이상의 것"을 나타내고 있다.[8] 따라서, 언어학적 전회의 지지자들 및 라캉주의자들의 믿음과는 정반대로, 언어는 포스트포디즘적 자본주의에서 핵심적 역할을 수행하지 않는다. 생산은, 커뮤니케이션 및 소비와 마찬가지로, 무엇

특정 지위에 한정되어 있는 것은 아니다. 오히려 권력은 금융관계, 압력집단들 사이의 힘관계 안에서 기능하는 것이다…. 비-기표적 기계는 주체도 인격도 역할도 한정된 대상도 알지 못한다."(Félix Guattari, *La Révolution moléculaire*, éd. S. Nadaud, Paris, Les Prairies ordinaires, 2012, pp. 215~216 [펠릭스 가타리, 『분자혁명 – 자유의 공간을 향한 욕망의 미시정치학』, 푸른숲, 1998]).

7. 화폐의 기능은 비-기표적 작용으로 환원될 수 없다. 화폐의 기능은 다른 기호학과의 상호작용 속에서 자신을 드러낸다. '상징적' 수준에서, 화폐는 개인의 상상적 예속화처럼 기능한다. 화폐의 구매력은 개인을 "단순히 '지위에 관련된 코드'의 영역에서만이 아니라…, 지각에 관련된 혹은 성적(性的)인 영역에서도 마찬가지로 원격조종한다." 화폐경제학은 "언어의 기표적 코드화작용, 특히 조절과 법칙 체계들을 가로지르며 지속적으로 통합시킨다."(같은 책, p. 467 [같은 책]).

8. Pier Paolo Pasolini, *Écrits corsaires* [빠졸리니 칼럼], Paris, Flammarion, 1976, p. 79.

보다도 그리고 오직 파롤 parole에 의해서만 주체성에 작용한다. "소비의 열정은 언표되지 않은 질서에 대한 복종을 향한 열정이다."[9] 이러한 과정은 언어학적으로 언표되지도 않았고 '의식적으로 가치'도 '표현된 관념'도 아닌, '실존'과 '체험'에 직접적으로 작용하는 기호학에 의해 작동된다. '이데올로기의 폭격'은, 심지어 텔레비전과 같이 '말하는' 매체의 경우에조차, 파롤을 통해 이루어지지 않으며, "사물 안에 전적으로 간접적으로 존재할 뿐이다."[10] '신체-표현적'physico-mimique 기호 체계는 우선 광고에 의해 활용된다. 광고의 효용성은 '담론적' '이데올로기적 힘'이 아니라, 세계의 기호학(빠졸리니의 말을 따르면, '사물의 언어')에 천착하고 합치하는 능력에서 온다. 이제 과타리는 다음과 같은 점을 강조하기에 이른다.

아이와 어른은, 적어도 지배적인 방식으로는, 기표적 담론의 용어를 통해 자신들의 생성을 배우지 않는다. 그들은 내가 비-기표적 담론성의 형식들이라 부르는 것, 곧 음악, 의상, 신체, 품행과 같은 인정의 기호들 및 온갖 종류의 기계적 체계에 의존한다.[11]

모든 주관적인 사실은 늘 복수적이고 이질적인 기호학적 수준의 특정 배치에 의해서 발생한 것이다. 기계적 종속화 과정에서, 언어

---

9. 같은 책, p. 95.
10. 같은 책, p. 93.
11. Félix Guattari, *Les Années d'hiver*, Paris, Les Prairies ordinaires, 2009, p. 163 [펠릭스 가타리, 『인동의 세월 — 1980~1985』, 윤수종 옮김, 중원문화, 2012].

학적 기호학은 구조주의가 부여해 준 자신의 우위를 상실한다.

지표화 과정

기술적 기계와 기호에 의한 이러한 이중적 탈영토화는 새로운 평가와 새로운 척도를 동시에 제공하는 탈코드화된 흐름들로 구성된 새로운 공리계를 구축한다.

기호는 모든 '생산적' 및 사회적 행동의 상징화·지표화^{indexation}를 실현한다. 상징과 지표^{指標, index}는 가치화의 측정, 통제, 포획을 가능하게 만들어주는 '코드화'를 작동시킨다. 기계와 기호의 탈영토화는 (의견, 감정, 관심, 취향, 사회적 경향 등과 같이) 이전에는 수량화 불가능한 것으로 간주되었던 것의 수량화를 가능하게 해 준다. 상징화와 지표화 장치는 금융자산의 흐름에 대한 수학적 표기로부터 저 유명한 '좋아요'^{like}와 같은 매우 단순한 상징과 지표를 통한 평가·측정·통제·수량화가 작동하는 '사회적 관계망'으로 확장된다.[12] 금융·화폐 기호는 (노동, 커뮤니케이션, 서비스, 소비 등과 같은) 행동 전반에 대한 포획·경영 장치로 기능하기 위한 평가·측정·지표화의 우월적(보다 더 탈영토화된) 수준을 형성한다.

---

12. 지표화 과정은 확장되어 사정(射精) 행위마저도 측정 가능한 것으로 만들어 버린다. 1997년 비아그라(Viagra)를 상업화한 다국적 기업 '화이자'(Pfizer)는 '사정기능 국제지표'(IIEF, International Index of Erectile Functions)라는 것을 만들었다.

모든 것이 평가 가능한 것이 되었다. 그러나 이러한 평가는 노동가치의 법칙이 아니라, (디지털 기술, 기호/지표와 그것의 대수학적 통사구조들을 가로지르는) 객관적인 동시에 (오늘날 모든 영역을 침범하고 있는 '정치적' 평가 기술들을 가로지르는) 주관적인 다양한 평가 원칙들에 의해 수행된다. 화폐/금융은 행동 평가의 차이들에 대한 자본화 과정을 통해 자신을 마치 '척도 중의 척도'처럼 부과한다. 우리가 '알고리듬적 무역'(알고트레이딩algotrading)이라 부르는 것은 금융의 정치적 권력을 포획·측정·평가·지표화라는 조작적 활동으로 번역하는 최후의 기호학적 기술이다.

자본은 하나의 경제학적 범주로 환원 불가능한 것이다. 왜냐하면 자본은 생산의 다양한 층위, 권력의 다양한 지층화 작용, 사회적 분절작용의 다양성을 가로지르는 하나의 기호 권력처럼 작동하기 때문이다. '생명의 작용'은 기호학적·기계적 요소들의 개입 없이는 이해할 수도 효과적이지도 못한 것으로 남게 될 것이다. '사회적' 불변자본의 지속적 신장과 이를 작동시키는 기호의 지속적 복잡화가 '임금 노동' 넘어, 관계, 행위, 의견, 욕망의 통제권을 쥐고 있다.

분할 가능한 것, 곧 개인의 탈영토화

기계와 기호, 기술과 '언어'에 의한 이중의 탈영토화 및 그것들의 '사회적 불변자본'으로의 확산이 규율사회에 고유한 개인/

대중의 쌍을 해체하면서 주체성에 강력하게 작용하는 새로운 기계적 종속화를 결정한다. 통제사회에서 개인individus은 '분할 가능한 것'dividuels이, 대중은 견본, 데이터, 시장 혹은 '은행'이 되었다(들뢰즈). 분할 가능한 것이 개인의 탈영토화를 구축하는 반면, 데이터뱅크, 견본, 마케팅 연구 등은 그것의 '집단적' 실존양식을 구축한다. 분할 가능한 것은 '생명관리정치'biopolitique와 '생명관리권력'biopouvoir 개념을 주체성의 기술–기호학적techno-sémiotique 생산에 직면하도록 강요하는 지배의 특정 유형에 결합된다.

만약 개인이 (그 말이 가리키는 것처럼) 분할 불가능한 것, '분리 불가능한 것'이라면, 이는 개인이 하나의 종합, 하나의 '전체'(자아) 안에 갇혀 있기 때문이다. 개인을 구성하는 파편적·요소적·전前개인적 주체성, 즉 주체의 종합을 해체하는 '분할 가능한 것'은 글자 그대로 무한히 분할 가능하고, 무한히 분리 가능하다. 이는 달리 말해 분할 가능한 것이 무한히 다양한 방식으로 구성 가능하고, 따라서 무한히 '가공 가능함'을 의미한다. 탈영토화는 개인을 (기억, 지각, 지성, 감수성 등과 같은) 구성요소들로 분해하는데, 이는 과학이 물질을 특수한 기능 및 잠재성에 따라 화학적·원자적 구성요소들로 분해하는 것과 마찬가지이다.

기계적 종속화의 통치성은 통일적 단위, 종합으로서의 주체성이 아니라, 인간적인 것과 비인간적인 것을 아우르는 주체화 벡터들, 신체를 구성하는 육체적·생물학적·화학적·유전적·뉴런적 요소들에 작용한다. 테크놀로지는 (시각·청각·촉각·후각·미각 등) 인간의 모든 감각을 분해하고, 이를 주체성 생산의 관점에서 재구성한다. 그 결과 '소비를 위한 소비'가 자본주의의 또 다른 법칙인 '생산을 위한 생산'을 완성하고 실현할 수 있는 것이다.[13]

탈영토화는 '심리적'·'신체적' 주체성의 새로운 가변성을, '신체'와 '영혼'에 개입하는 새롭고도 무시무시한 능력을 생산한다. 파편적·요소적 주체성을 가두어놓는 '전체'를 분해하는 주체성 벡터의 다양성은 개별화된 주체의 지배로부터 해방되는 커뮤니케이션산업 및 소비 산업은 물론 마약, 섹스 등의 제약학에 의해서 포획되고 종속되고 '작동'된다. 전-개인적인 주체성 벡터는 소비와 커뮤니케이션 기업들의 흥미를 끄는 '정보', '신호'를 발산한다. 문화 산업과 미디어는 주체성의 '요소[모듈]'에 작용하는 반면, 과학연구와 테크놀로지 혁신을 활용한 거대 산업 복합체는 신체의 화학적·유전적·뉴런적 요소들에 개입한다. 개인의 탈영토화는 '주체들'만이 아니라 소비자, 투표권자, 커뮤니케이션의 수행자를 재구축하기 위한 기본요소들을 공급하고 이를 통해 성적 정체성, 행태, 순응적 품행, 새로운 신체성을 제조한다.

푸코는 '분할 가능한 것'의 주체성을 몇몇 측면에서 재규정한 신자유주의 경제학자 게리 베커Gary Becker, 1930-2014에게서 가져온 호모 에코노미쿠스homo oeconomicus의 주체성에 대한 정의를 제시한

---

13. '소비를 위한 소비' 및 '생산을 위한 생산'에 다양한 '도덕들'(과 다양한 예속화 양식들)이 대응된다. 첫 번째 도덕은 '향락하라'(jouir)는 명령, 결백과 '소모'(dépense)의 도덕이다. 반면 두 번째 도덕은 '고통받으라'(souffrir)는 명령, 죄책감과 희생의 도덕이다. 세 번째 도덕은 죄책감을 갖고 희생해야 한다는 명령, 부채도덕이다. 부채도덕은 현대자본주의에 커다란 반향을 불러일으키는 분출을 가져왔다. 이상의 세 가지 도덕은 서로 공존하면서, 위기의 시기에, 모순적 방식으로 작동하는 주체성 생산의 세 양식을 결정한다.

다. 신자유주의적 호모 에코노미쿠스, 곧 '인적 자본'은 그것이 더이상 '분리 불가능한' '자유의 원자', '자유방임주의의 신성불가침한 파트너'가 아니라는 의미에서 고전주의적 호모 에코노미쿠스와는 근본적으로 다르다. '분할 가능한 것'과 마찬가지로, 호모 에코노미쿠스는 이제 '분리 가능'해지는 것을 넘어, 심지어는 무한히 분리 가능하다. 다시 말해 그것은 이제 부분적·요소적 주체성과 전-개인적인 주체화의 다양한 벡터들 안에서 분해 가능해진다. 이렇게 해서 이제 분할 가능한 것은 '가공 가능'한 것, 나아가 '특별히 지배 가능한 것'이 된다. 특정 '환경' 안에 끼워 넣어진 순응적 품행은 이제 환경 안에 인위적으로 도입된 다양한 변형들에 응답한다. 이는 마치 분할 가능한 것이 이제 '환경에 작용을 가하고 환경의 변수들을 체계적으로 변형시키게 될 통치성의 상관물'로서 나타나는 것과도 같다.[14] 이러한 '환경' 테크놀로지는, 기계적 종속화와 마찬가지로, 내면화를 생산하지 않는다. 푸코에 따르면, 안전 통치적 개입은 '내적 예속화'에서 기인하는 것이 아니다. 안전 통치적 개입은 개인에 직접 작용하지 않는다. 그것은 개인을 '작동'시키기 위해 개인을 둘러싸고 있는 틀 자체를 규정한다는 의미에서 '환경'에 작용한다.

이 새로운 통치성은 규율과 달리 열린 공간과 비선형적 시간성 안에서 작동한다. 왜냐하면 이 통치성은 "사건들이나 일어날 법한 여러 가지 요소의 계열에 대응해 환경을 정비하려고" 할 것

---

14. Foucault, *Naissance de la biopolitique*, p. 274 [푸코, 『생명관리정치의 탄생』, 372쪽].

이기 때문이다.[15] 통치성은 '예측 불가능한 시간'으로 되돌려지고, 그것의 '안전' 테크닉은 앞으로 일어날 것에 대한 예측과 예방(모의실험)으로 구성된다. 안전 통치성은, 고전적 자유주의에서 자신이 누렸던 '자율적'이며 '자유로운' 주체의 지위를 잃은 새로운 주체성과 더불어 연쇄반응(피드백)을 통해 자기조절하는, 권력의 사이버네틱적, 모듈적, 분배적 버전으로 묘사될 수 있을 것이다.

푸코의 마지막 언급은 우리에게 특별히 중요한 것으로 보인다. '내면성'을 결여하고 있으며 분리 가능한 이 새로운 호모 에코노미쿠스는 '개인과 권력 사이의 접촉 표면을'을 구성하면서, 주체성과 통치성 사이의 '인터페이스'처럼 기능한다. 물론 이것이 "모든 개인, 모든 주체가 경제적 인간[호모 에코노미쿠스]라고 말하려는 것은 아니"[16]며, 단지 주체성의 몇몇 모듈적 구성요소들이 이러한 목적 아래 동원된다는 것을 의미한다. 권력은 직접적으로 개인에 작용하지 않는다. 권력은 '접촉 표면'에 작용할 뿐이며, 이 접촉 표면이 주체성 구축 과정에 개입하는 것이다.

'취향'과 '의견'에 대한 앙케트, 여론조사, 시청률 등에 의해 생산되는 다양한 '인터페이스', 사회관계망을 관리하는 기업과 거대한 데이터뱅크(빅 데이터)에 의해 형성된 '분석도표'profils,[17] 광고

---

15. Foucault, *Sécurité, Territoire, Population*, p. 22 [푸코, 『안전, 영토, 인구』, 48쪽].
16. Foucault, *Naissance de la biopolitique*, p. 257 [푸코, 『생명관리정치의 탄생』, 353쪽].
17. 여론조사와 앙케트는 통계적 평균을 생산하는 반면('프랑스인', '유권자', '소비자' 등은 늘 통계적 표본으로부터 도출된다), '분석도표'는 개별화를 극단화시킨다. 이는 이들 기법이 스스로가 기본 자료로 활용하는 목록화된 전자적 '흔적'에 기초한 것이기 때문이다.

에 의해 만들어진 행동모델과 주체성의 원형[18]은 국가 행위에 덧붙여지면서 그것을 완성하는 통치성의 기술적 한상을 구축한다. '접촉 표면'은 다양한 방식의 개인 주체성에 관련되는 동시에, 개인의 주체성을 글자 그대로 떠돌게 만들고, 주체의 품행을 기호와 정보의 흐름으로 번역한다. 자본주의적 권력과 공리계는 주체의 품행에 대한 평가·통제 및 지배를 위해 기호와 정보를 필요로 한다.[19]

인터페이스는 주체성의 권장·촉진 장치(사회적 예속화)인 동시에, 이 동일한 주체성의 측정·평가·지표화 도구(기계적 종속화)이다. 달리 말하면, 경제적 가치화와 주체성 생산은 서로 짝을 이루면서, 동일한 장치들을 통과한다.

MICHEL FOUCAULT

NAISSANCE
DE LA BIOPOLITIQUE

Cours au Collège de France. 1978-1979

HAUTES ÉTUDES

EHESS
GALLIMARD
SEUIL

푸코의 『생명관리정치의 탄생』 초판 표지 (2004년)

---

18. 과타리에 따르면, 자본주의는, 자동차의 원형과 마찬가지로, 주체성의 원형 역시 생산한다.

19. 푸코는 이러한 기술들에 대한 지나치게 **소프트한(soft)** 개념을 채용하고 있는 것처럼 보인다. 이러한 기술들은 자기 자신에 대해 행위할 수 있는 가능성의 촉발·권장·방임에 그치지 않는다. 이러한 기술들은 가장 내밀한 삶 속으로 침투해 들어오는 진정한 경찰적 도구를 구성한다. 이러한 기술들은 각자의 삶에 대한 보편적이고도 일반화된 엄격한 감시를 조직한다.

신체의 제조

우리가 통치성과 그 기술에 개입된 변화를 가장 극명한 방식으로 포착할 수 있는 것은 아마도 신체를 통해서일 것이다. 과타리는 일찍이 다음과 같은 점을 우리에게 예견해 준 바 있다. 우리가 하나의 신체를 가지고 있다는 것, 하나의 개별적 신체, 하나의 자연적 신체가 존재한다는 것은 전혀 자명한 일이 아니다. 반대로, 신체는 제조되는 것, 우리에게 분배되는 것이다. 우리는 각기 특정 사회적, 생산적, 가족적 공간에서 전개 가능한 하나의 신체를 할당받는다. 자연적 신체, 개인적 신체를 알지 못하는 또 다른 인류학적 시스템들 역시 존재한다. 태고 사회에서 신체는 늘 입문의 기호, 기입, 문신, 표지 등에 의해 '생산된' 사회적 신체의 부분집합이다. 이 신체는 개별화된 기관들을 갖지 않으며, 그 자체로 집단적 배치의 집합에 속하는 영혼과 정령에 의해 가로질러진다.

자본주의적 흐름의 거대한 초기 단계 중 하나는 이미 남성성과 여성성, 영혼과 신체, 개인과 집단이라는 이원론에 의해 구조화된 '개별화된' 신체, '자연적' 신체의 내면화 과정이다. 주체성의 생산은 신체에 대한 작업을 통과한다(니체는 '신체를 먼저, 나머지는 그다음에'라고 말했다). 우리는 폴 B. 프레시아도가 실로 통렬하게 묘사한 제약-포르노그래피pharmacopornographique 자본주의를 통해 사회적 예속화 기능 및 기계적 종속화를 이해할 수 있다.[20] 성, '젠더' 및 성적 정체성의 제조와 관련하여 이루어지는 신체에 대한 개입은 이 두 장치가 만나는 접점에서 생산되는데, 이는 마치 통치성이 개인(분할 불가능한 것)과 분할 가능한 것 양자 모두에 동시적으로 작용하는 것과도 마찬가지이다. 푸코가 우리에게 알려준 바와 같이, 사회적 예속화는 법률, 전문화된 지식, 규범, 시각적·언어적 기호학, 교육시스템을 매개로 하는 시간·공간의 규율적 조직화 기술을 통해 신체에 개입한다. 그러나 이러한 권

폴 B. 프레시아도 (Paul B. Preciado, 1970~)

력관계 유형은 신체에 대한 통제·작용의 양식을 철저히 추적하지 않는다.

국가와 사기업들이 동시에 동원하는 것은 표상이나 의식을 통하지 않고 신체에 직접적으로 작용하는 유전학·분자생물학·신경과학의 '특이점', 화학의 '힘기호', 과학 방정식 등 더욱더 추상적이고 탈영토화된 것의 활용을 통한 '여성의 물질적 생산'이다.

기계적 종속화는 규범이 아니라, 실제 호르몬에 대한 합성호르몬의 작업, 실제 분자에 대한 합성분자의 작업을 통한 신경학적·유전학적·화학적 '다이어그램' 혹은 '프로그램'의 작용을 통과

---

20. Beatriz Preciado, *Testo junkie*, Paris, Grasset, 2008.

하는 정상화를 조직한다. 기계적 종속화의 문제는 개인/주체에 작용하는 '몰적'molaires·담론적·표상적 기술을 넘어서는 글자 그대로 '하이테크·내분비학적endocrinologique', '분자'moléculaire 권력의 문제이다.

사회적 통제는 신체를 통해서 수행된다. 더욱이 이러한 과정은 '내부'로부터 신체에 표지를 남김으로써 수행된다(프레시아도라면, 우리가 캡슐을 삼키듯이 권력을 삼킨다고 말할 것이다). 우리는 여성 신체에 대한 합성호르몬(에스트로겐)의 대량 투여를 통해 "순수한 상태의 여성성을 생산하고 재생산한다." 이는 마치 소변을 통해 배출되는 동일한 호르몬이 하수처리장 필터를 통과하여 강물 속에 사는 물고기의 여성화(자신의 고환 속에서 알을 생산하는 수컷 물고기)를 촉진하는 결과를 낳는 것과 마찬가지이다.[21]

자본주의의 힘, 고유성은 수행적인 것, 상징적인 것, 말, 즉 모든 권력형식에 공통적인 기술들보다는 의식과 표상을 필요로 하지 않는 조작적 '다이어그램적' 행위형식에 놓여 있다. 우리의 신체는 제약·유전자 산업의 기호, 곧 연구·실험의 생산물에 다름 아닌 이러한 비-기표적 기호, 힘기호의 표지가 새겨진 신체이다. 이 기호들은 전체로서의 '주체'를 다루는 것이 아니라, 자본의 생산

---

21. 물속에 있는 에스트로겐에 특별히 반응하여 여성화되는 잉어종(gardon, roach)의 비율은 그럼에도 불구하고 4%에서 40% 사이로 다양하다. 이는 여타의 유럽 국가들에도 거대한 영향을 미치는 현상으로, 프랑스 정부는 이러한 잉어의 여성화 정도를 측정하기 위해 모든 지방행정구역을 대상으로 한 연구를 시작했다.

및 재생산의 요구에 맞추어 새로운 '주체'와 새로운 '신체'를 구성하기 위해 원자적·화학적·'생물학적인' 개인 이하의 요소들을 다룬다. 기계적 종속화는 이제 더 이상 '상호주체성'의 생산물이 아닌 주체, 성찰적 의식을 갖지 않는 하나의 주체를 규정한다. "프로이트적 자아 고고학에 맞서서, 극도로 접속되어 있는 매개적·전자적·호르몬적인 새로운 주체가 나타난다."

사회적 예속화와 기계적 종속화는 국가의 독점이 아니다. 오히려 1920년대 이래 이러한 장치에 대한 사기업의 관리는 끊임없이 확장되었다. 그래서 이 영역에서는 늘 그리고 여전히 '국가자본주의'가 작동하고 있다. 적어도 지난 세기 초 이래의 자본주의에서 인구人口, population는 결코 국가에 의해 배타적으로 포획되지 않는다. 푸코가 자신의 『안전, 영토, 인구』에서 수행한 것처럼, 통치성이 개입하는 장은 인구에서 공중公衆, public으로 확장되었다. 그러나 인구와 그 생물학적 '필요'가 (특히 복지 서비스 영역에서) 다양화·풍부화된다면, 푸코가 '공중'이라 부른 것은 지수적으로ex-ponentielle 확대되었다. 언론·라디오·영화·텔레비전의 공중은 이후에 인터넷과 사회관계망의 사용자들로 다양화되었다. 이 사용자들은 더 이상 반드시 고유한 의미의 공중이 아니다. '인구'는 실시간으로 시청률, 여론조사, 마케팅 앙케트에 의해 끊임없이 번역·호출·소환된다. 곧 인구는 모든 장르·영역의 통계에 의해 면밀히 검토 가능한 것으로 간주된다. '인간'의 품행을 유도하기에 커뮤니케이션 기술과 소비보다 더 효과적인 것이 있을까?

기술혐오와 기술선호

기계와 기술을 무시하고자 하는 이들의 생각과는 반대로, 기술혐오와 기술선호는 기계와 기술에 그것들이 갖지 않은 권력을 부여한다. (웹, 알고리듬, 비트코인, 빅 데이터, 스마트 시티 등) 모든 새로움은 이렇게 해서 해방의 유토피아적 희망과 지배의 묵시록적 불안으로 가득 차 있다. 이런 상반된 감정은 절망적인 규칙성을 갖고 주기적으로 나타나는데, 이는 테크놀로지와 (자본) 권력의 관계가 잘못 설정되었기 때문이다.

질베르 시몽동과 펠릭스 과타리에 따르면, 기계는 자본 혹은 권력과 동일시될 수 없는 것으로, 중립적 사물도 단순한 수단도 아니다. 기계는 '노동'과 '자본'이 늘 오인誤認하며 도구화하는 자신만의 고유한 존재적 일관성을 갖는다. 시몽동은 기계를 단순한 수단 이상의 것, 그러나 노예는 아닌 것으로서 바라본다. 가장 효과적인 알고리듬을 채용한 가장 강력한 컴퓨터 기계도 "한 명의 무식한 노예보다 더 큰 현실성을 갖지 못한다." 한 명의 노예는 봉기할 수 있다. 그런데 봉기는 목적 지향적 품행의 심오한 변형을 함축하는 것이지, 품행의 단순한 고장이 아니다. 기계는 고장 날수 있다. 그러나 기계는 봉기하지 않는다. 기계는 존재하는 동안 자신의 목적을 수정하지 못한다. 따라서, 시몽동의 말처럼, 기계는 '자기 창조적'이지 못하다. (자동 혹은 사이버네틱) 기계는 미리 설정된 목적에 맞추어 적응하고 또 자기 조절을 행하지만, 인간은 돌연한 단절과 비약을 통해(주체적 전환) 자기 창조와 자기 변형이 가능한 존재이다.

프란시스코 바렐라는 자기 조직화를 낳는 오토포이에시스autopoiesis적 기계와 자신 이외의 존재를 생산하는 알로포이에시스 [타자생성]allopoiesis적 기계를 구분한다. 바렐라는 기술적 기계를 알로포이에시스적 기계의 범주에 넣는다. 이와 달리, 과타리는 기술적 기계를 (그것이 늘 그리고 필연적으로 오토포이에시스적 기계인 인간과 관계를 맺어야 한다는 의미에서) 대리에 의한

프란시스코 바렐라
(Francisco Varela, 1946~2001)

오토포이에시스적 기계로 간주한다. 기계-인간의 배치는 추상적으로만 분리 가능한 것이며, 인간과 비인간은 늘 하나의 쌍을 이룬다. 그러나 이러한 인간과 비인간의 관계는 다양한 방식으로 형성될 수 있다. 왜냐하면 이러한 관계 자체가 특정 사회 기계, 그리고 그러한 세계와 가치의 우주가 만들어 내는 생산물이기 때문이다.

기술과 권력이 맺는 관계를 포착하기 위해서는 기술적 기계와 사회 기계를 구분하고, 사회 기계가 늘 하나의 정치학임을 강조해야 한다. 서브프라임 위기를 촉발한 것은 금융자본주의에 의해 광범위하게 사용되던 알고리듬이 아니다. 알고리듬은 가장 낮은 가격에 증권을 구매하여 가장 높은 가격에 팔도록 프로그램되어 있다. 그러나 자본의 가치화의 '법칙', 생산성의 무한추구, 경쟁 등을 고착시키는 것은 알고리듬이 아니다. 포디즘에서 신자유주의로의

이행기 혹은 2007년 위기(긴축정책, 국가재정의 재구축) 시에 있었던 공리계의 변화 및 이러한 상황의 '지배'는 자본주의적 사회 기계, 따라서 정치학의 대상이며, 알고리듬의 대상이 아니다.

디지털 기계는 인간의 노동을 대체함으로써 생산성을 증가시키지만, 실업을 생산하지는 않는다. 위기와 실업은 자본주의의 정치학이자 자본의 범주들이다. 마찬가지로, '해방'은 테크놀로지의 효과가 아니다. 왜냐하면 시몽동에 따르면, 테크놀로지 그 자체가, 자본과 노동의 논리가 자신의 기능에 대해 행사하는 영향력을 끊을 수 있는, 사회 기계의 개입에 의해 '해방되어야' 하기 때문이다.

사이버네틱 기계는 분배되고 탈중심화되는 모듈 기능을, 생산·소비 및 통치성에 대한 '테크놀로지'의 미시물리학microphysique을 조직한다. 사이버네틱 기계는 자신의 역할을 정보의 기록·저장·전달에 한정하지 않는다. 사이버네틱 기계는 사회·경제 및 주체성에 대한 피드백 및 자기조절의 플랫폼을 구축한다. 그럼에도 불구하고, 사이버네틱 기계에 근본적 틀을 부여하고 한정하는 것은 늘 공리계, 곧 자본주의적 사회 기계이다. 위기의 시기에 우리가 목도했던 바와 같은 공리계는 다른 모든 '목적'에 대한 소유권의 우위를 안정화하고 유지하기 위한 기술적 환경과 그것의 모듈성을 활용하고, 분산된 권력을 (재)중심화하면서 통치성 수행양식을 변화시키는 것에 조금도 망설임이 없다. 자본주의 사회 기계는 '지식인들', '아티스트들' 각각이 창조하고 발명하도록 내버려 둘 뿐 아니라, 심지어는 장려한다. 그러나 과학·기술적 창안을 선택하고 골라내며 위계를 설정하고 배치하는 것은 늘 공리계, 곧 하나의 정치학이다.

기술적 대상의 구축은 '사용가능성'을 준비하는 것으로 구성되며, 그 결과, "이제 분리 가능하게 된 하나의 기술적 대상은 이런저런 조합에 의해 다른 기술적 대상들과 함께 분류될 수 있다.… 산업적 분류방식만이 우리가 기술적 대상들로 실현할 수 있는 유일한 분류방식인 것은 아니다. 우리는 비생산적인 분류방식을 실현할 수도 있다."[22] 누가 이러한 조합을 수행하는가? 사회 기계는 기술적 기계의 우주를 (경제적·사회적·정치적·성적·기호학적 등으로 이루어진) 다른 '우주들'의 다양성 속으로 통합시킴으로써 이를 실행한다. 이제 사회 기계는 어떻게 작동하는가? 사회 기계는 (노동·테크놀로지·화폐·성·주체성·기호 등) 다양한 성질을 가진 흐름들을 다루면서 이를 실행한다. 사회 기계는, 정보에 대해서도 (역학적 혹은 열역학적) 에너지에 대해서도 작동하지 않는 '기술'을 가지고 그 흐름들을 절단하고 조립한다.

이렇게 해서 우리는 사회적 예속화와 기계적 종속화를 혼동해서는 안 되는 또 하나의 이유를 이해하게 된다. "기술적 존재는 오직 정보에 의해서만, 그리고 정보와 에너지의 다양한 종의 변형에 의해서만 정의 가능하다."[23] 사이버네틱스는 다음과 같은 주장을 통해 이러한 정의를 일반화한다. "모든 유기체는 정보의 획득·

22. Gilbert Simondon, *Du Mode d'existence des objets techniques*, Paris, Aubier, 1969, p. 333 [질베르 시몽동, 『기술적 대상들의 존재 양식에 대하여』, 김재희 옮김, 그린비, 2011].
23. 같은 책, p. 284 [같은 책].

'거부의 힘을 발견하라!'
가운데 사람이 '부채'
(DEBT)라 쓰인 횃불을
들고 있다.
『타이들(Tidal) :
점거 이론, 점거 전략』
3호 뒤표지 (2012년 9월)

점유·전달 수단의 소유를 통해 통일성을 유지한다."(노버트 위너
Norbert Wiener, 1894-1964) 사회 기계는 정보와 에너지로 환원 불가능
하다. 정보와 에너지는 다만 사회 기계의 배치가 보여 주는 현실
화의 차원을 구성할 뿐이다. 상품과 이익을 생산하기 위한 자본
주의 사회 기계는 무엇보다도 자신만의 가치·욕망 및 그것의 (비

참하든 가증스럽든 상관없이) 실존적 영토들로 이루어진 하나의 세계·우주를 생산할 수 있어야 한다. 사회 기계는 (실재적인 것과 마찬가지로) 단순히 현존하는 시물들의 상태만이 아니라, 과학 법칙에 의해 지배되지 않는 가능성 및 불가능성의 체계에 의해서도 구축된다.

기호적·언어적 흐름의 존재방식도 현실화된 시·공간적 조직체 내에서의 물질적 흐름, 사회·경제적 흐름과 같은 방식으로 실존한다. 반면, 가능성과 불가능성, '실존영역들', '가치들의 우주'의 원인이 되는 '자기긍정'의 힘은 시간 및 공간의 평범한 조직화를 벗어나는 사회 기계의 강도 높은 비-물질적 차원을 구성한다. 비-물질적인 것은 물리적 인과법칙 및 결정작용을 벗어난다. 비-물질적인 것은 정보 혹은 에너지와는 무관한 또 다른 '기계화'를 구축한다.

주체성, 실존, 그리고 사회에서 작동하는 변형 및 단절은 무엇보다도 비-물질적인 것이다. 우리에게 결여되어 있는 것은 지능, 테크놀로지 혹은 과학이 아니라 새로운 욕망 및 새로운 가능성의 창조이다. 묵시록적 사상가들과 유토피아주의자들은 인간-기계의 관계가 늘 특정 사회 기계, 자본주의 공리계 혹은 전쟁 기계, 달리 말해 가능성과 불가능성의 정치학에 의해 포획되어 있다는 사실을 무시한다.

위기 시기의 사회적 예속화와 기계적 종속화

부채위기는 푸코가 묘사한 통치성 기술이라는 무기를 강화할 수 있게 한다. 특히 부채위기는 푸코의 신자유주의 분석에 결여되어 있는 것처럼 보였던 것, 곧 자본주의적 관계를 도입함으로써 자본주의의 정치 전략을 명확하게 드러낼 수 있게 해 준다.

푸코는 규율사회와 안전사회를 가르는 불연속성을 완벽히 포착한 반면, 계급차별에 기반하고 있으며 심오한 변화를 수반하면서 사회적·세계적 수준에서 재생산되는 자본주의 관계의 연속성은 어둠 속에 내버려 두었다. 오늘날, 새로운 공리계를 부과하는 것은 분명히 '자본'이다. 오늘날 위기는 맑스주의 철학은 물론, 프랑스 철학이라는 도구상자를 뒤흔든다. 왜냐하면 위기가 노동-자본 관계가 아닌, 채권자와 채무자 사이의 대립이라는 항을 통해 자신을 드러내기 때문이다. 자본주의의 발흥 이래 산업자본과 (자본가와 노동자라는) 그것의 두 계급은 무대의 중앙을 차지하고 있었지만, 이제는 금융화에 주축을 두고 있는 갈등·시장·생산의 다양한 형식에 그 자리를 물려준다. 새로움은 발본적이다.

채권자와 채무자 사이의 관계는 부채 위기의 도래 이후 명확하게 확립되었다. 그런데 사실상 이 관계는 처음부터 신자유주의적 자본정치의 핵심에 위치하고 있었다. 포디즘으로부터 포스트포디즘으로의 이행을 조직하고 강제한 것이 바로 이 관계였으며, 나아가 세계화를 생성·촉진·주조해 낸 것 역시 바로 이 관계였다. 채권자/채무자 관계는 기존의 노동/자본 관계를 소거시키지 않으며, 심지어는 전 지구적으로 확장한다. 그리고 바로 이런 과정을 통해 채권자/채무자 관계는 노동/자본 관계를 자신의 논리에 종속시키고, 미시정치적 권력관계의 전치·전복을 생산한다. 이러한 변화는 노동운동을 침묵시키고, 노동운동의 정치적 무기들을 앗아간다(실은, 심지어 사형선고를 내린다!).

마리오 뜨론띠 (Mario Tronti, 1931~)

뜨론띠가 생각한 것처럼, 노동운동을, 나아가 민주주의를 결정적으로 패퇴시킨 것은 민주주의가 아니었고, 전대미문의 자본주의적 관계이다. (자본으로서의 화폐에 대한) 금융적 탈영토화에 의해 이루어진 전치를 이해하기란 어느 누구에게도 간단한 일이 아니었다. 특히 신자유주의에 대한 분석 과정에서 화폐의 역할, 곧 자본으로서의 화폐의 역할을 간과했던 푸코에게는 더욱 그러했다. 푸코는 "규율적 틀, 무한정한 규제, 종속관계와 분류, 규범"을 포함하는 개별화하는 통치성이 대거 퇴각하고 있음을 지적했다. 규율사회에 고유한 '일반적인 규격화[정상화], 그리고 규격화[정상화]할 수 없는 것의 배제'는 더 이상 요구되지 않는다. 왜냐하면 이는 이제 '차이의 최적화' 기술을 통해 열린 공간 속에서 인구 전체를 통제하고 생산적인 것으로 만드는 것이 관건이기 때문이다. 이제 통치성은 "변동하는 절차에 그 장[영역]이 자유롭게 열려있는 사회, 개인들이나 소수자들의 실천에 관용을 보이는" 사회에 작용해야 한다.[24] 부채위기에서 이러한 차별화 기술은 자신의 기능을 유감없이 발휘했다. 그러나 이 기능은 오직 자본의 이익만을 허용하면서, 주체의 자유를 생산하기보다 제한하고 결정능력을 증진하기보다 무력화했다.

사기업, 은행, 국가 부채에 의해 초래된 위기의 확대는 개인[분할 불가능한 것]의 논리와 분할 가능한 것의 논리를 극단으로 밀어붙임으로써 사회적 예속화와 기계적 종속화를 동시에 악화시킨다. 위기의 시기에, 인구는 증권거래소의 흐름처럼 유동적인 것이 되어 분포spread의 변화를 따라 진동하게 된다. 한편으로, 우리는 (부채의 심화에) 책임이 있고 유죄인 개인들이라는 우리의 '본성'을 할당받은 '주체들'로서 제조된다. 우리는 우리의 잘못을 속죄하고 채권자에게 빚을 지불하고 갚아나가는 가운데 그 결과를 받아들임으로써 이러한 죄책감과 책임감을 내면화시켜야만 한다. 다른 한편으로, 우리는 부채-기계machine-dette의 톱니바퀴들, 부품들, 요소들로 이루어진 '분할 가능한 것들'로서 제도화된다. '분할

24. Foucault, *Naissance de la biopolitique,* p. 265 [푸코, 『생명관리정치의 탄생』, 364~365쪽]. 삐에로 빠올로 빠졸리니는 [1978~1979년에 있었던] '생명관리정치의 탄생' 강의보다] 몇 년 전에, 규율사회의 그것보다 훨씬 더 섬세하고 정교하며 복합적인 방식의 권력형식을 제안함으로써 관용과 자유의 생산과 소비에 관련된 보다 더 설득력 있는 방식을 보여 주었다. "개인적으로, 나는 관용의 현재 형식이 현실적이라고 생각하지 않는다. 그것은 '위에서' 결정된 것으로, 각자를 좋은 소비자로 만들기 위해 '실존'에 관련된 하나의 절대적인 형식적 탄력성을 필요로 하는 소비권력의 관용이다. … 이는 분명 불관용과 인종주의 시대의 서막을 알리는 위장된 관용이다."(*Écrits corsaires* [빠졸리니 칼럼], p. 256) "소비권력은 이른바 자유주의적이고 진보적인 자유의 요구를 탈취하여 자신의 것으로 만들어 이를 결국 공허한 자연으로 만들어 버린다."(같은 책, p. 145).

기능한 것'에게 남겨진 것은 오직 분포에 의해 발신된 신호에 '응답'하는 일, 긴축정책과 경기후퇴라는 새로운 환경변화에 실시간으로 적응하는 일뿐이다. 부채 흐름의 진동은 우리의 삶에 직접적·즉각적 방식으로 반영된다. **분포**는 통치성과 통치되는 자들 사이의 인터페이스, 권력과 인구 사이의 접촉표면을 형성한다. 재현의 기호학이, 우리에게 결코 줄어들지 않는 부채 상환에 대한 약속의 말, 의식, 기억을 구축하는 반면, 증권거래소와 **분포**의 비-기표적 기호는 호모 에코노미쿠스에 대하여, 푸코가 정확히 지적했던 바와 같이, 반응도responsivité라는 근본 특성의 조작에 따라 작용한다.

통치성이 '환경적'이라는, 곧 달리 말하면, 체계적 변양들에 대한 '자동적' 반응을 위해 환경을 조절할 수 있다는 푸코의 지적은 우리에게 근본적인 것으로 보인다. 그러나 동시에 우리는 다음과 같은 점을 강조해야 한다. 만약 통치성이 분할 가능한 것으로서의 호모 에코노미쿠스에 대한 개입을 극단으로 밀어붙인다면, 통치성은 책임이 있으며 유죄인 개인의 구성과 예속화 역시 극대화한다. 사회적 예속화와 기계적 종속화라는 두 과정은 늘 쌍으로 이루어지는 것으로, 우리는 늘 양자 모두에 동시적으로 포획된다.

주권·규율·안전의 통치성 기술은 늘 함께 기능하고 작용하지만, 위기와 그 공리계의 심화는 안전이라는 측면을 소거시키지 않으면서도 주권과 규율의 측면을 전면으로 내세운다. 국가주권은 오직 인구에 대해 작용하기 위해서만 동원된다. 왜냐하면 경제에 대한 주권이 부분적으로 우선은 질서자유주의에 의해, 그다음에는 신자유주의에 의해 근본적으로 무력화되었기 때문이다. 결코 사라지지 않은 규율의 기술은, 특히 고용시장, '실업자', '빈곤층'의 관리와 사회서비스의 지배라는 측면에서 새롭게 중심적 지위를 차지한다. 조직화된 저항의 결여, 몰락해가는 우리 민주주의의 권위주의는 이 세 가지 권력양식의 절합을 통해 이루어진다.

7장

레닌을 다시 읽으며

금융자본주의의 어제와 오늘

'실물' 경제와 '가상'virtuelle 경제, 산업·상업자본과 금융자본을 구분하는 것이 가능할까? [이탈리아의 정치경제학자] 조반니 아리기 Giovanni Arrighi, 1937-2009처럼, 자본의 경제적 순환을 물질적 축적으로부터 금융적 축적으로의 이행으로 인식할 수 있을까? 금융자본은 우리 시대에 특유한 것일까? 금융자본은 [알제리 출신의 프랑스 경제학자] 엘 무흐브 무흐드El Mouhoub Mouhoud, 1960~의 말처럼 인지경제, 지식정보사회의 통화적 표현일까, 아니면 산업자본과 그 노동 및 노력의 윤리 변칙현상, '과잉', 퇴화일까?

[레닌의]『제국주의, 자본주의 발전의 최고 단계』와 이 책이 촉발하는 경제학 문헌들에 대한 독서는 자본 개념을 재정의하도록 그리고 금융자본의 '헤게모니' 기능을 고려하면서 자본주의 발전을 시대 구분 하도록 이끈다. 사실, 자본은 산업 및 상업 자본주의에 그치지 않는다. 자본은 자본을 하나의 전체로 구성하면서 자본에 일관성과 통일성을 보장해 주는 자본의 완성으로서의 금융 자본을 포괄한다. 결과적으로, 금융자본의 공식(A-A')은 자본주의 운동의 가장 '순수한' 형식, 모든 가치형식에 대한 전유를 통해 자기가치화하는 화폐의 형식을 대표한다.

우리는 레닌의 책에 입각해 금융자본의 지배의 두 개의 거대 국면을 규정해볼 수 있다. 그 두 거대국면은 양차 대전, 유럽의 내전들, 1929년 위기, 뉴딜, 영광의 30년과 냉전 등에 의해 구분될 수 있다. 첫 번째 국면은 1870년에서 1914년의 기간을 포괄하며 이 시기에 **역사상 처음으로** 산업자본, 상업자본 및 금융자본을 포함하지만 결국은 금융자본의 주도로 귀결된, 자본의 완전한 과정

블라디미르 일리치 레닌 (Vladimir Ilyich Ulyanov Lenin, 1870~1924)

이 전개된 시기이다. 두 번째 시기는 1970년대에 시작하는데, 이는 더 이상 금융자본의 헤게모니 정도가 아니라, 금융자본과 그 공리계에 의해 세계 자체가 전적으로 재배치되어 버린 시기이다. 이 두 시기 사이에 차라리 하나의 정치경제적 예외라 할 케인스-포드주의의 시기가 나타난다. 이 시기는 정확히, 국가통제하에서의 자본가와 조합의 정치적 타협에 의해 '관리'되는, 산업자본에 대한 융자라는 '경제적' 기능으로 축소된 금융자본의 정치적 역능의 무력화로 특징지어진다.[1]

금융자본주의로서의 제국주의

레닌은 제국주의를 '금융자본과 그에 이어지는 독점의 시기'라 정의한다. '제국주의'를 (철강과 광산 등) 동시대 자본주의 산업의 주요 요소가 만들어 낸 최후의 결과인 철도로 대변되는 '고도로 발달한 산업자본주의의 생산물'이라 주장한 카우츠키와의 논쟁에서, 레닌은 이렇게 말했다. "제국주의의 특징은 산업자본이 아니라 바로 금융자본"이라는 단순한 사실을 보더라도, 카우츠키의 "이러한 정의는 아무짝에도 쓸모가 없다."[2]

---

1. 지나가면서 잠시 언급하자면, 자본주의의 역사, 특히 19세기 후반에 시작된 시기는, 장기간의 신용화폐 헤게모니 시기가 장기간의 교환화폐 헤게모니 시기로 교체된다고 주장하는 데이비드 그레이버의 이론을 매섭게 반증한다.
2. Vladimir Ilich Ulianov Lénine, *L'Impérialisme, stade suprême du capitalisme*, Paris, Éditions sociales et Moscou, Éditions du Progrès, 1979, p. 149 [V. I. 레닌,

금융자본의 이러한 헤게모니는 자본주의에서 보이는 어떤 변칙현상이 아니다. 반대로, 이는 자본순환의 완성을 구축한다. 맑스가 이론적인 방식으로 묘사한 바 있는 화폐의 가치화 과정이라는 자기운동은 전체적으로 보아 실제에서는 오직 금융자본이 일정한 일관성을 획득한 이후에만 전개된다. 레닌은 금융자본을 '한 줌의 독점체가 전체 자본주의사회의 모든 상업적·산업적 활동을 그들의 의지에 종속시키게'[3] 되는 방식으로 작용하는, 산업과 은행의 상호침투, 융합이라 해석한다.

카를 카우츠키
(Karl Johann Kautsky, 1854~1938)

힐퍼딩은 금융자본에 대한 보다 종교적인 정의를 제안한다. 금융자본과 더불어, '자본의 모든 부분적 형식들'이 무한한 가치화 법칙을 따라 전개되는 일관된 하나의 전체 속에서 "결합한다." "금융자본은 화폐-자본으로서 스스로를 드러내며, 사실상 A-A'의 운동형식, 곧 자본운동의 가장 일반적·물질적 형식이라 할 화폐를 가져오는 화폐라는 형식을 소유한다."[4]

산업자본의 A-M-A' 형식으로부터 훨씬 더 탈영토화된 A-

『제국주의론』, 남상일 옮김, 백산서당, 1986, 122쪽].

3. 같은 책, p. 54 [같은 책, 122쪽].

4. Rudolf Hilferding, *Le Capital financier* (1910), http://www.marxists.org/francais/hilferding/1910/lcp/index.htm [루돌프 힐퍼딩, 『금융자본론』, 김수행·김진엽 옮김, 비르투출판사, 2011].

A' 형식으로 옮겨가는 이행은 따라서 새로운 일이 아니다. '건강한' 산업자본과 도덕적으로 비난받아야 할 '변태적' 금융자본을 끊임없이 구분하는 모든 이들은 오해를 영속화시킨다. 자본은 생산이 아니라 가치화를 목표로 하고, 가치화는 전유를 목표로 하는 것이다. 만약 생산이 A-A' 형식의 실현을 보증하지 않는다면 그것은 아무것도 아니다.

소유

소유의 새로운 헤게모니 형식이 동일한 방식으로 확립된다. 금융자본은 생산의 관리와 '소유' 사이의 분리를 일반화하고 불가역적인 것으로 만든다. 소유의 본성은 맑스의 시대와 달리 이제 더 이상 생산수단과 직접적으로 연결되지 않고 증권거래소에서 자신의 보다 순수한 형식을 드러낸다. "소유는 더 이상 결정된 특정 생산관계 안에서 스스로를 드러내지 않으며, 어떤 행위로부터도 완전히 독립된 것처럼 보이는 하나의 소득증서가 된다."

힐퍼딩은 이어서 이렇게 말한다. "모든 소유는 자본이다. 부채 역시 그것이 국가와 자본으로부터 빌려온 것임을 증명하는 한 그러하다. 나아가 모든 자본은 동등하고, 증권거래소에서 등락을 거듭하는 인쇄된 종잇조각의 모습으로 자신의 모습을 드러낸다." 증권의 소유는 산업자본주의적 전유의 왜곡을 가져오지 않으며, 오히려 자본주의적 전유의 가장 일반적이고 가장 적합한 표현형식을 구성한다. 19~20세기의 전환기에, 우리는 '특히 기술적 발명과 완성의 영역에서, 생산의 사회화라는 거대한 진보'를 확인할 수 있났다. "생산은 사회적인 것이 되었지만, 전유는 여전히 사적인 것으로 남아 있다."[5] 그리고 전유의 대부분은 금리로 구성된다.

루돌프 힐퍼딩
(Rudolf Hilferding, 1877~1941)

금리생활자와 집단자본주의

이 '새로운 자본주의'의 주체적 조건은 금리생활자들과 금융가들이다. 이들은 자본가들과 노동자들이 산업자본의 운동을 인격화했던 것과 마찬가지로 금융자본의 추상적 운동을 인격화한다. "다른 모든 형태의 자본에 대한 금융자본의 우위는 곧 금리생활자와 금융과두제의 지배를 의미한다."[6] 금융자본은 산업자본과 마찬가지로 하나의 권력관계를 구축한다. 만약 금리생활자들과 채권자들이 관계의 한 항을 나타내는 용어라면, 채무자는 나머지 한 항을 대표하는 용어이다. 채권자/채무자 관계는 레닌과 그가 인용하는 저자들의 분석에 의해 호출되었지만, 그들은 여전히 국가들 사이의 관계, 그리고 자본가들 사이

---

5. 같은 곳 [같은 책].
6. Lénine, *L'Impérialisme, stade suprême du capitalisme*, p. 97 [레닌, 『제국주의론』, 90쪽].

의 권력관계만을 다루고 있을 뿐이다.[7]

레닌의 분석은 여러 가지 약점을, 특히 증권거래소의 역할에 관한 것에서 약점을 드러낸다. 레닌은 증권거래소가 자유경쟁의 소멸 및 독점의 확립과 더불어 사라지도록 운명 지어진 것으로 바라보지만, 가령 힐퍼딩은, 이후의 케인스와 마찬가지로, 증권거래소가 화폐의 유통과 자본의 즉각적 가용성을 가능케 해 주는 실로 근본적 기능을 수행하는 것으로 바라본다. 거대 산업에서 보이는 자본의 '엄청난' 고정자산화는 화폐를 유통시키고, 따라서 가용적인 것으로 만들어주는 특별한 제도를 요청한다. 1970년대 말 이래의 '금융자본 르네상스'는 단순히 투기와 금리의 르네상스만을 의미하는 것이 아니다. 가장 '일반적'이며 가장 추상적인 형식으로 나타나는 '자본'의 르네상스는 증권거래소와 금융기관 양자의 후견 아래 자본을 유동적인 것으로 만드는 장치들을 증식시킨다.

레닌의 '경제' 분석이 일정한 약점을 보여 주지만, 그 약점은 곧장 반대로 어떤 근본적인 정치적 지점을 포착한다. 은행은 '순수히 기술적인 작용에 전념하고' 있는 것처럼 보인다. 하지만 실제로 은행은 거대한 양의 자본에 대한 집중화를 넘어, 생산의 순환작용 전체에 대한 지식과 정보 역시 집중화시킨다. "이들 독점체는 ― 은

---

7. " '금리생활국가(Rentnerstaat)' 혹은 고리대국가라는 용어가 제국주의를 다루는 경제 문헌에서 널리 사용된다. 세계는 한 줌의 고리대국가[영국·프랑스·독일·벨기에· 스위스·네덜란드. 미국은 아메리카 나라들에 대해서만 채권국이다 ― 랏자라또]와 압도적 다수의 채무국가로 분할되었다."(같은 책, p. 165 [같은 책, 135쪽]).

행기대 관계, 낭쇄계정, 기타의 금융업무를 통해 ─ 우선 개별 자본가들의 재정상태를 정확하게 판단할 수 있고, … 그들에게 통제와 영향력을 미칠 수 있으며, 마지막으로 … 그들의 운명을 전적으로 결정할 수 있다."[8] 이러한 '새로운 자본주의'에서 금융자본은 탐욕과 포식의 화신이기는커녕 자본가계급의 재구성을, 세계시장의 명령의 초점을, 곧 '집단자본주의'capitaliste collectif을 표상한다.

자본주의의 시대 구분

연대는 매우 중요하다. 레닌은 자신이 인용하는 저자들과 마찬가지로 다음과 같은 사실을 인정한다. '이전의 자본주의'로부터 '새로운 자본주의'로의 이행은 1860~1870년대에 이루어졌다. 맑스가 『자본』 1권을 발간하던 시점에, 역사상 처음으로(이것이 바로 레닌이 '새로운 자본주의'라는 용어를 사용하는 이유이다), 가치화 과정이 금융자본의 지휘 아래 자신의 모습을 온전히 드러냈다. 맑스 시대의 금융은 여전히 발전의 초기 단계에 머물러 있었다. 따라서, 비록 맑스가 1850년대에 『뉴욕 데일리』New York Daily 지에 기고한 기사들에서 금융의 힘을 예견하긴 했지만, 금융에 대한 분석 역시 실제의 현실보다는 '화폐'라는 개념에 기반해서 이루어질 수밖에 없었다.[9] 맑스가 신용화폐를 분석하는 『자본』의 3권은

---

8. 같은 책, p. 55 [같은 책, 64쪽].

사실 이 문제에 대한 파편적 단상들의 모음이었다. 이 파편적 단상들을 수집해서 배치한 엥겔스Friedrich Engels, 1820-1895는 이 책의 주석 중 하나에서 맑스가 1880~1890년대 말에 이루어진 변화, 곧 세계시장을 하나의 실제적 현실로 만들어 버린 체계상의 변화를 알 수 없었다고 말했다. 따라서, 이 시기 이후의 자본주의는 맑스의 묘사와는 근본적으로 다른 것이 되어 버렸다.

이 '새로운 자본주의'의 인정은 금융자본과 금융을 구분할 필요를 불러일으킨다. (맑스가 이해한 바와 같은 자본주의적 과정이라는 의미에서의) 진정한 자본순환은 존재하지 않았다 하더라도, 우리는 17세기 이탈리아의 제노바와 네덜란드의 은행가들에게서 금융을 찾아볼 수 있다. 1970년대 이후, 우리는 더 이상 − [이탈리아의 정치경제학자] 조반니 아리기가 행했던 바와 같이 − 자본주의의 진행과정을 물질적 축적으로부터 금융축적으로 향하는 하나의 연속적 계기 혹은 이행으로 볼 수 없게 되었다. 이는 자본의 세 가지 형식이 보여 주는 통일체로서의 자본순환이 완전히 전개되어 버렸기 때문이다. 신자유주의적 국면은 여전히 결정적이다. 왜냐하면 그것이 새로운 산업화와 노동의 국제 분업을 강요하고 지휘하는 금융자본과 더불어 시작하기(그리고 끝나기 또는 끝날 것이기) 때문이다. 마찬가지로 오늘날 물질적 생산에 기초한 새로운 헤게모니 개념을 추적하는 것 역시 무익한 일이다.[10] 금융화는 산

9. Sergio Bologna, *Banche e crisi* [은행과 위기], Rome, Derive Approdi, 2013.
10. Giovanni Arrighi, *Adam Smith à Pékin. Les promesses de la voie chinoise*, Paris, Max Milo, 2009 [조반니 아리기, 『베이징의 애덤 스미스 − 21세기의 계보』, 강진아

업자본주의에 뒤이어 오는 것이 아니라, 산업주의에 선행해서, 그리고 그것과 함께 오는 것이다. 이는 중국의 경우에도 예외가 아니다. 중국의 발전은 - 자본 소유자들에 의해 여전히 지배되는 노동의 새로운 국제분업에 따라 - 미국과의 암묵적인 '협약'entente의 시기 동안 비약적으로 이루어졌다.

조반니 아리기 (Giovanni Arrighi, 1937~)

자본주의가 케인스주의적 포드주의에서 새로운 신자유주의적 국면으로 옮겨간 속도는 (개혁주의자와 혁명가 모두를 포함한) 자신의 적들을 소리도 없이 넘어서 버렸다. '노동' 분석이나 기술적 이노베이션 분석을 통해 이러한 변화를 추적하려는 시도는 좋지 못한 아이디어는 아니지만 전적으로 불충분한 것이다. 자본은 금융자본이 되찾은 헤게모니를 긍정한다. 그러나 이번에 금융자본은, 1914년 이후 맹위를 떨친 A-A' 형식의 파괴력을 통제하기 위해 만들어졌으나 이제는 역설적으로 이러한 메커니즘의 재구축에 봉사하게 될 매우 효율적인 개입수단으로 무장하고 있다.

맑스 통화이론에 대한 최고의 전문가 중 하나인 [프랑스의 맑스주의] 경제학자 수잔 드 브뤼노프Suzanne de Brunhoff, 1929-2015는 금융자본의 헤게모니를 '일시적'인 것으로 간주한다. 하지만 사실은 그

옮김, 길, 2009].

와는 반대이다. 오히려 일시적인 것은 자본주의 역사에 전적으로 예외적이며 절대 반복 불가능한 휴지기를 만들어냈던 포디즘적 거대기업 산업자본의 헤게모니이다. 마리오 뜨론띠가 말하는 정치적 오해는 우리가 1960년대와 1970년대에 자본의 여명과 황혼을 혼동했다는 사실에서 기인한다기보다는, 우리가 금융자본의 완성과 정점을 표현하는 자본순환의 통합성을 이론적인 면에서도 역사적인 면에서도 충분히 이해하지 못했다는 사실에서 기인한다.[11] 자본 분석은 생산과 (수공업에서 산업으로, 거대산업에서 이른바 포스트산업 국면으로의) 그것의 변화에 대한 분석으로 그쳐서는 안 된다. 왜냐하면 그 분석이 1870년대 이래 자본의 발전과정 전반을 정치적으로 마무리하고 명령하는 금융자본을 통합시켜야 하기 때문이다.[12]

레닌은 리써Riesser라는 은행 전문가를 언급하는데, 리써는 '최초의 전위적 정치적 전투가 벌어지는 장소'로 '금융 영역'을 지목한다. 우리는 그 어느 때보다 더 확신을 갖고 다음과 같이 말할 수 있다. 오늘날, 채권자/채무자 관계란 자본의 전투를 수행하기 위해 선택되어 우리에게 강요되는 전쟁터이다.

---

11. Mario Tronti, *Nous, opéraïstes* [우리, 노동자주의자들], Paris, Éditions d'en bas et Éditions de L'Éclat, 2013. 뜨론띠와 네그리에게, 이탈리아 노동자주의(opéraïsme)는 '집단자본주의'라는 레닌의 개념을 재도입하고 '사회적 잉여가치' 개념을 재전유한 전후 맑스주의의 유일한 형식, 포디즘의 시기보다 금융화의 시대인 오늘날에 더욱 적합한 형식이다.
12. 어떤 경우이든, 새로운 '집단자본주의'가 재구성되는 것이 인지(혹은 문화·정보) 자본주의의 주변이 아님은 분명하다. 마찬가지로 결정적인 전투들이 진행되는 것 역시 인지자본주의로부터가 아니다.

자본수출과 식민주의

이윤의 금리-되기devenir-rente는 현대자본주의의 새로운 점이
아니다. 그것은 이미 레닌이 묘사했던 '새로운 자본주의'의 현실이
었다. "전적으로 자유경쟁이 지배적이었던 구舊자본주의의 전형은
상품수출이었다. 그러나 독점이 지배하는 자본주의 최근 단계의
전형은 자본수출이다."[13] 사실, 19세기 말의 유럽 제국주의 국가들
은 금융 국가들이었다. 이들 국가가 소유한 부의 결정적 부분은
외국, 특히 자신들의 식민지 국가들에 대한 투자로부터 오는 것이
었다. "1차 세계대전 직전, 프랑스 국부의 대략 40% 정도는 유가
증권으로, … 이들 가치의 3분의 1 혹은 2분의 1 정도가 국외에 존
재하고 있었다. … 대영제국만이 보다 나은 상황에 놓여 있었는데,
1907년 국부의 거의 40%가량이 대외투자였다."[14]

레닌이 인용하는 또 한 명의 독일인, [경제학자·사회학자] 슐츠-
게페르니츠Gerhart von Schulze-Gaevernitz, 1864-1943는 이와 관련하여 매
우 흥미로운 언급을 내놓는다. 우리는 이 인용을 통하여 신용과
부채를 특정한 하나의 권력관계로 이해할 수 있다. 우선 그는 동
시대 관찰자들 대부분의 진단을 수용한다. "영국은 점차 공업[산
업]국가에서 채권국가로 전환되고 있다."[15] 나아가 그는 영국 국부

---

13. Lénine, *L'Impérialisme, stade suprême du capitalisme*, p. 100 [레닌, 『제국주의
론』, 93쪽].
14. Suzanne Berger, *Notre première Mondialisation* [우리의 첫 번째 세계화], Paris,
Seuil, 2003, p. 26. [수잔 버거(1939~)는 미국 MIT대학교의 정치학 교수이다.]
15. Lénine, *L'Impérialisme, stade suprême du capitalisme*, p. 166 [레닌, 『제국주의

중 '금리'가 '이윤'보다 훨씬 빠른 속도로 증대하고 있음을 확인한다(레닌이 인용한 다른 문장에서 슐츠-게페르니츠는 이 차이를 정확히 수치화한다. "금리가 이윤의 9배이다.").

공업[산업]생산물과 공산품 수출이 절대적으로 증가하고 있음에도 불구하고, 이자와 주식배당금, 유가증권 발행, 수수료, 투기에서 나오는 수입이 국민경제 전반에 대해서 지니는 상대적 비중이 증가하고 있다. 내가 보기에는 바로 이것이 제국주의적 지배의 경제적 토대를 이루고 있다.[16]

그러나 슐츠-게페르니츠가 재도입하고 있는 것은 권력관계로서의 채권자/채무자 관계이다. "판매자와 구매자의 관계 이상으로 채권국[채권자]은 채무국[채무자]에 더욱 단단하게 유착되어 있다."[17] 이는 채권자/채무자 관계가 구매자/판매자 관계보다 더 구속적인 것임을 말해 준다. 현대 금융자본주의의 진정으로 새로운 점은 이러한 관계가 소비신용을 가로질러, 특히 국가부채를 가로질러 사회 전반으로 확장된다는 점에 놓여 있다. 금융자본은 여전히 그리고 늘 판매·구매 및 채권자/채무자의 보장에 의해 특징지어진다. 1차 세계대전 직전에 바로 그랬던 것처럼, 채권자/채무자 관계는 대략 1970년대를 기점으로 (소비·정보·건강·은퇴 등) 모든 종류

론』, 135쪽].
16. [옮긴이] 같은 곳.
17. [옮긴이] 같은 곳.

의 서비스로 일반화된다.

'뉴딜'과 '영광의 30년' 시절의 자본주의에서 부채는 정치적 갈등의 중심에 위치하지 않았는데, 이는 '집단자본주의'로서의 금융자본이 무력화되었기 때문이다. 고전자유주의에 의해 초래된 파국으로부터 탈출하기 위한 작업은 케인스가 '금리생활자의 안락사'라고 부른 것을, 그리고 자본/노동 관계를 중심으로 하는 기존 시스템에 대한 정치적 재구축을 전제한다.

금융자본의 채권자/채무자 관계는 산업자본의 자본가/노동자 관계가 수행하던 것과는 전혀 다른 기능과 영역을 갖는다. 금융자본의 채권자/채무자 관계는 산업노동은 물론 여타의 생산양식에 대한 포획·명령 장치의 구축을 근본 특성으로 한다. 따라서 이 관계는 (전前산업적, 노예제적, 상업적 및 산업적 등) 다양한 생산양식이 공존하는 식민지의 지배 및 착취를 위한 이상적 도구이다. [영국의 경제학자] 홉슨John A. Hobson, 1858-1940은 1884~1900년의 시기를 "'자본주의 발전의 최근 단계', 곧 '금융자본'과 밀접하게 연결되어 있는"[18] 강도 높은 식민지 팽창의 시기로 규정한다. 금융자본과 그것의 '비합리적' 합리성은 식민지를 과잉 착취하도록 몰아가는데, 이는 금리의 지급을 위해서이다. "영국 제국주의의 침략성은 바로 '투자된' 자본으로부터 나오는 9,000~1억 파운드의 수입에 의해, 곧 금리생활자층의 수입에 의해 설명된다."[19] 이러한 착

---

18. 같은 책, p. 125 [같은 책, 110쪽].
19. 같은 책, p. 165 [같은 책, 134쪽].

취, 혹은 보다 정확히 말하자면, 이러한 포식은 금융자본에 의해 탄생한 독점에 절대적으로 필요하다. "식민지 점유야말로 경쟁자와의 투쟁과정에서 일어날 수 있는 모든 우발적 사건에 대항할 수 있는 보장이 되어 준다."[20]

19세기 및 20세기 초의 식민주의를 특징지었던 영토의 직접적 점유가 존재하지 않는 오늘날 자본수출은 이제 전 지구적 차원의 명령과 착취라는 방식을 통해 여전히 수행되고 있다. 금융자본이 '집단자본주의'라는 자신의 지위를 되찾은 이래, 자본의 운동은 모든 나라, 특히 개발도상국들의 운명을 결정짓는다. 1980년대 이래 폭발한 (특히 아시아와 라틴아메리카의) 연이은 금융위기는 높은 수익을 확보하려는 자본운동을 직접적 원인으로 갖는다. 최근의 브라질, 터키 혹은 인도의 경우가 잘 보여 준 것처럼, 개발도상국의 경제적 안정은 이 투자자들의 선의와 긴밀히 연결되어 있다. 여타 개발도상국의 성장에 영향을 미치던 중국 성장세의 둔화는 미국과 여타 유럽국가로의 자본 이동을 촉발한다.

현대자본주의에서 채권자/채무자 관계는 ― 그것이 마치 '신식민주의'처럼 작동한다는 사실 이외에도 ― '서구' 국가들의 인구와 생산에 관련된 하나의 내적 '식민화' 형식을 구축한다. '과잉착취'는, 자본이 투자에 대해 10%, 12% 혹은 15%의 수익률을 요구하는 '북반구' 국가들에서 투자의 직접적 상관 항이다. 이런 체제하에서 (힐퍼딩이 주저 없이 자본이라 규정하는) 공공 부채는 금융자본

---

20. 같은 책, p. 135 [같은 책, 115~116쪽].

블라디미르 일리치 레닌이 모스크바 붉은광장에서 새로운 소비에트 군에게 연설을 하고 있다.
(1919년 5월 25일)

의 손에 쥐어져 있는 권력의 무시무시한 무기가 된다. 공공 부채의 채권예탁은 임금노동자들과 국민의 부를 금융투자자들에게 넘겨주는 거대한 이전의 도구이다. 위기가 시작된 이래, 유럽은 바로 이런 방식으로 2007년 국내총생산 중 평균 66.5%에 달했던 공공 부채 비율을 2012년에는 90.5%로 끌어올렸는데, 이는 부채 이자 수익을 통한 채권자 재산의 막대한 증가를 가져왔다. 긴축정책은 모든 사람에게 동일한 의미를 갖는 것이 아니다. 공공 부채는 (특히 프랑스에서) 금융시장의 팽창과 부흥을 가져왔다. 나아가 공공 부채는 '구조개혁'과 긴축정책, 그리고 품행의 통치를 위한 환상적 수단으로 기능할 수 있음을 보여 주었다.

시장, 자유경쟁 그리고 노동계급의 통합

레닌은 은행으로의 자본집중과 산업독점을 '자유경쟁'의 직접적 결과로 간주한다. 생산과 교환의 자유는 역사상 가장 거대한 학살로 귀결되는 '제국주의들' 사이의 경쟁을 극단으로 몰아가면서 이제 정반대의 방향으로 역전된다.

자유경쟁으로부터 독점으로의 이행은 자본의 '본성'에 속하는 것이다. 이러한 이행은 수요와 공급의 법칙에 힘입어 '일반 균형'에 도달하는 것이 아니라, 오히려 '불균형'을 지속적으로 확대시킨다. 왜냐하면 자본은 그 자신의 증식의 과잉 이외의 어떤 목적도 갖지 않는 무한한 가치화에 의해 정의되는 것이기 때문이다. 이처럼 무한 축적을 이루어 내고야 마는 금융자본의 공격적 압력 아래에서 파괴적 창조는 그저 파괴 자체로 변화하고 만다.

레닌은 이 '새로운 자본주의' 메커니즘의 핵심적인 정치적 지점들을 적절히 포착한다. 레닌의 눈에 비친 제국주의의 단계에서 자본은 이윤율의 추락으로 인해 더 이상 자신의 한계를 확장하지도 그 동력을 제공받지도 못하고 있다. 이 한계의 벽은 넘어설 수 없는 장애물처럼 높아져만 가고 있다. 이 한계를 넘어서는 유일한 방법은 고정자본·가변자본(노동력)과 사회의 대량 파괴, 인구와 그들이 살고 있는 '자연적' 환경의 대량 파괴이다. 위기와 전쟁을 향한 경향은 A-A'에 각인되어 있다. 자본의 발전은 결코 평화롭지 않다.

한편, 당시의 맑스주의가 간과한 것(그리고 실은 오늘도 여전히 간과하고 있는 것)은 우선 질서자유주의 및 신자유주의를 통해 '새로운 시장', 새로운 '자유경쟁', 특히 새로운 국가 모델을 생산하게 될 다양한 제도의 창조를 통해 이러한 난관을 빠져나갈 수 있는 자본의 능력, 그리고 노동계급과 인구 일반을 대량소비와 복지를 통해 자본주의적 가치화 속으로 통합시키는 능력이다.[21]

제도적 창조의 근본 목적은 금융기관들을 자본주의적 소유의 지배권으로부터, 특히 중앙은행은 물론 (종종은 국유화되기도

---

21. 그럼에도 불구하고 다음과 같은 사실은 분명히 언급되어야 한다. 축적의 새로운 모델은 오직 고전적 자유주의의 폐허 위에서만, 달리 말해 30년에 걸친 세계대전, 파멸적인 경제위기, 피 튀기는 내전 이후에, 그리고 '공산주의' 혁명의 위험이 제거되고 난 이후에만 건설될 수 있었으므로, 단기적 관점에서, 레닌은 옳았다.

하는) 은행 시스템 일반으로부터 빼내는 것이다. 이렇게 해서 우리가 이들을 단순한 (정치적 선택에 의해 근본적 정치관계가 되어버린) 산업자본의 금융구조로 축소해 버림으로써 그것들이 자본가 계급을 재구성(레닌주의적 '집단자본가')할 수 있는 축으로 기능할 가능성 자체를 박탈한 것이다. 가치화의 무한성은 자본/노동 관계에 집중된 전적으로 정치적인 하나의 재생산 과정에 복종한다. 소유권에 의해 금융기관에 대한 통제권을 탈환하는 것은 신자유주의의 **필요불가결한** 조건이 될 것이다. 새로운 정치적 재구성은 바로 이러한 기관들을 통해서 이루어지는 것이며, (인지자본주의, 문화자본주의, 정보자본주의와 같은) 새로운 산업화의 형식을 통해서 이루어지는 것이 아니다.

1870~1914년에 이르는 시기의 금융자본은 민족[국가] 자본들 사이의 가차 없는 경쟁과 재영토화를 동시에 보증하면서 민족국가와 공존했다. 이것은 이러한 형태의 자본의 파괴만이 아니라 민족국가 자체의 파괴로도 귀결되었다. 질서자유주의에 의한 자유경쟁 및 시장기능의 재구축은 '케인스주의적' 개입의 메커니즘을 통해 이루어지지만, 이는 전적으로 경제적인 국가의 확립을 통해 국가의 목적과 의미 자체를 변화시키게 될 것이다. 질서자유주의자와 신자유주의자의 차이는 신자유주의자가 마치 1870년 이전의 자본주의, 곧 자유경쟁과 시장의 '자율적' 기능을 재구축하는 것이 가능하다는 듯이 모든 개입을 부정한다는 사실에 놓여 있지 않다. 질서자유주의자에게 국가는 '탈-프롤레타리아화'déprolétarisation 논리에 입각하여 시장 기능의 확보는 물론, 노동

소비에트의 포스터. '레닌 동지가 지구의 쓰레기를 치운다.' (1920년 11월)

자와 인구의 재생산을 보장하기 위해 대규모로 개입해야만 하는 존재이다. 반면 신자유주의자에게 국가는, 여전히 기존의 개입을 행하면서도, 한편으로는 인구의 가장 부유한 부분, 채권자, 기업 등의 이익을 위한 수입의 분배를, 다른 한편으로는 모든 복지 서비스의 사유화를 조직해 냄으로써 오직 자본만을 '뒷받침'해 주어야 하는 존재이다. 그러나 질서자유주의가, 그리고 이후에는 신자유주의가 이해했던 점은 경쟁, 시장 및 기업은 자율적인 장치들이기는커녕 국가와 제도에 의해 '뒷받침'되어야(강력히 뒷받침되어야) 한다는 것이다.

1970년대에 열린 새로운 시대에 세계시장은 1차 세계대전 이전에 그랬던 것과 같이 가차 없는 투쟁을 수행하는 민족[국가]적 제국주의들이 이루어 내는 다양성으로 세분되지 않는다. 이제 세계시장은 차라리 현재로서는 근근이 타협에 성공하고 있는 상충하는 이익, 갈등, 긴장을 가로지르는 하나의 초국가적·다⁹중심 공간으로서 재구성된다. 이러한 새로운 구조에서, 약화된 주권만을 갖는 '전적으로 경제적인 국가'는 A-A'라는 금융자본 논리의 존재와 증식을 선호·보장하는 권력 장치의 톱니바퀴들만을 낳을 뿐이다. 국가는 이제 더 이상 일반 이익을 대표하지 않으며, 반대로 금융의 논리에 근본적으로 종속되어 다만 하나의 부품처럼 기능할 뿐이다.

레닌은, 여타의 맑스주의 전통이 그러했던 것처럼, 임금과 수입의 증대를 통해 인구와 노동계급이 자본주의 경제에 통합되는 것을 보지 못했다. 이 볼셰비키 혁명가에게, 자본주의는 결코 "놀라운 기술적 진보에도 불구하고 어디에서나 여전히 반^半기아상태의 빈곤에 허덕이는 대중의 생활 수준을 향상시킬" 수 없는 것이었다.[22] 노동계급 및 인구가 가치화 논리에 종속^{從屬}되는 현상은 우선 (20세기 초의 미국, 전후의 유럽과 일본의 경우처럼) 대량소비를 통하여, 다음으로는 이와 병행하여 이루어지는 소비자의 주체적 관여라는 보다 세련된 기술을 통해 이루어지는 '문화산업'의 도래를 통하여, 마지막으로는 복지국가의 확립을 통하여 이루어진다.

그럼에도 불구하고, 이런 진화의 명백한 전조가 있었다. 19세기 말 매우 분명한 하나의 경향이 나타났다. 프랑스와 독일의 노동재해에 대한 법률, 노동시간에 대한 입법, 노동자의 퇴직에 관한 법률 등이 그것이다. 19세기 및 20세기와 현재의 확연한 차이점은 예전에는 노동운동이 비록 정치적으로 패배하는 경우라도 (노동시간, 임금, 퇴직, 노동재해 등에 관련된 다양한 법률과 같은) 제반 사회적 권리에 대한 기획에 관련된 일정한 '진보'를 동반했다는 사실이다. 그러나 오늘날 정치적 패배는 이제까지 쟁취한 사회적 권리의 퇴보와 병행하며, 프롤레타리아의 새로운 구성은 새로운 권리의 부과 능력을 상실했다. 우리가 이러한 사건들로부터 얻을 수 있는 교훈은 레닌의 직관과 일치한다. 경제적 순환주기의 폐쇄^{閉鎖}는, 케네^{François Quesnay, 1694-1774}의 말(경제적 행위의 상호의존성)처럼, 경제적인 것이 아니라, 늘 정치적이다. 그리고 이러한 정치적 폐쇄는 과학·기술과 관련되는데, 이는 — 이미 우리가 살펴본 것

---

22. Lénine, *L'Impérialisme, stade suprême du capitalisme*, p. 101 [같은 책, 93~94쪽].

처럼, 기술을 선호 혹은 혐오하는 자들의 생각과는 정반대로 — 금융자본이 과학·기술이 작동하는 공리계와 틀을 규정하는 것이지, 그 반대가 아니기 때문이다.

세계시장의 구축

1870~1914년 시기의 특징은, 매우 다양한 양상으로 펼쳐지기는 하지만, 이른바 신자유주의적 국면에서도 다시 발견된다. 이는 축적과 금융화가 더 이상 민족국가적 제국주의에 의해 이루어지지 않는다는 사실, 산업자본과 금융자본이 실제로는 분리 불가능한 것이며 금융화가 산업과 서비스 부분만이 아니라 사회 전반으로 침투하고 또 자신의 모델을 따라 이들을 새롭게 구축한다는 사실 등을 통해 증명된다. 그러나 이러한 현상이 금융자본을 자신의 궁극적 형상으로 삼는 자본순환의 고유한 특성임을 생각해본다면, 이런 친근성은 그리 놀라운 일도 아니다.

탈산업화는 현대만의 현상이 아니다. 탈산업화는 이미 1870년대에도 금융자본의 후견 아래 작동하던 노동 국제 분업의 한 구성요소였다. 케인스주의적-포디즘적 타협은 국가적 차원에서는 탈산업화를 막을 수 있었지만, 자본가 계급이 금융자본의 이익에 따라 재편성된 이후, 마치 1차 세계대전과 우리를 갈라놓는 70년의 세월이 존재하지도 않았다는 듯이, 모든 것이 새롭게 시작되었다. 이미 홉슨은 19세기 말 영국의 경향을 다음과 같이 묘사한 바 있다. "금리생활자 수는 약 1백만 명에 달한다. 그 반면 전체 인구 가운데 생산에 고용된 인구[기간산업 노동자 — 랏자라또]가 차지하는 비율은 [1851년의 23%에서 1901년의 15%로] 섬점 낮아지고 있다."[23] 자본수출은 슐츠-게페르니츠가 다음과 같이 묘사한 바 있는 노동의 국제분업을 재구축한다. "유럽이 육체적으로 고된 노역의 부담 — 먼저 농업 및 광산노동, 그 후에는 보다 거친 공업노동까지 — 을 유색인종들에게 전가하고, 자기 자신은 금리생활자의 역할에 만족할 것이"다.[24] 홉슨이 우리에게 다시 한번 확인시켜 주는 바와 마찬가지로, 이러한 현상은 제국주의 열강이 중국을 분할하면서 더욱더 강화되었다.

서유럽의 대부분은 오늘날 이미 영국 남부지역, 리비에라 및 이탈리아와 스위스의 관광지대나 저택지대가 보여 주고 있는 모습과 성격을 지니게 될지도 모른다. 즉, 극동으로부터 배당금과 연금을 거두어들이는 극소수 부유한 귀족집단, 이보다 더 많은 전문인 고용자 및 소상인 집단, 그리고 운송업무 및 소비제품의 최종 생산행정에 종사하는 대규모의 노동자와 하인 집단으로 구성되는 것이다. 그러나 아시아와 아프리카로부터 식품과 반가공품까지 공물로 유입되었다면, 모든 주요 기간산업은 사라져 버렸을 것이다.

---

23. 같은 책, p. 173 [같은 책, 139쪽]. 레닌의 재인용.
24. 같은 곳 [같은 곳].

이러한 예견은 놀라운 선견지명을 보여 준다. 홉슨이 예측하지 못한 것은 중국의 산업화가 공산당의 지도와 협력 아래 이루어지리라는 점이다. 그러나 국가 관료를 금융자본의 '공무원'처럼, 산업자본 및 상업자본을 그것의 '직원'처럼 묘사한 것은 가히 탁월한 기술로서 마치 30년 전에 작성된 것 같은 착각을 불러일으킨다. 중국이 세계의 공장이 되리라는 점을 의심하는 사람들에게 홉슨은 다음과 같은 가능성을 생각해 보라고 말한다.

> 중국이 '금융업자'·투자가·정치관료·상공업관료 등 유사한 집단의 경제적 지배에 종속됨으로써 세계역사상 가장 커다란 이윤의 잠재적 저수지로부터 이윤을 퍼 올려 유럽에서 소비할 경우, 그러한 체제가 얼마나 확산될 것인가를 생각해 보라. 물론 사태가 너무 복잡하고 세계 여러 세력들의 움직임도 예측하기 매우 어렵기 때문에, 미래에 대하여 이러한 해석 또는 다른 어떤 하나의 해석밖에 있을 수 없다고 단정 지을 수는 없다. 그러나 오늘날 서유럽의 제국주의를 좌우하고 있는 세력들은 이 방향으로 움직이고 있으며, 이에 대한 저항이나 방향전환이 없는 한 대략 그와 비슷한 결말을 향해 나아갈 것이다.[25]

레닌은 홉슨이 전적으로 옳다고 해석을 단다. 금융자본은 어제나 오늘이나 '자본주의' 국가의 내부에 존재하는 '고유한 의미의 프롤

---

25. 같은 책, p. 172~173 [같은 책, 137~138쪽]. 레닌의 재인용(강조는 랏자라또의 것).

레타리아'보 이루어진 하위 계층'과 임금노동자로 이루어진 '상위 계층' 사이의 분할을 확립하고자 체계적으로 노력하고, 또 성공한다. 금융자본은 노동자들 사이에 '우월한' 범주를 창조해 내고, 이를 프롤레타리아로 구성된 다수의 대중과 구분하고자 노력한다. 프롤레타리아의 부르주아화, 곧 빠졸리나나 아감벤에게 고유한 것이 아니고 이미 엥겔스가 제기했고 레닌이 다시금 다루었던 이 주제는 19세기 말보다 훨씬 더 광범위하고 미세한 방식으로 확산된 것으로 보인다. 현대 금융과두제는 임금노동자들의 조합, 특히 연금기금을 관리하는 조합을 통해 새로운 분할과 보다 더 강력한 '협업' 체계를 확립한다. 역설적이게도 사회의 금융화는 연금기금에 축적된 임금노동자들의 화폐로 이루어진다. 결과적으로, 이제, 노동계급 및 인구 일반의 [금융적] 통합은 강력한 문화산업 및 대량소비 행위의 단순한 결과에 그치지 않게 된다. 이러한 통합은 단순히 복지국가를 통해서만이 아니라, 임금노동자들 중의 소수가 연금기금을 통해 금융수입에 참여하게 됨으로써 이루어진다.

18~19세기의 전환기에 "실업 문제는 주로 런던의 문제 또는 **정치가들이 별로 중요시하지 않는** 프롤레타리아트[프롤레타리아] 하층의 문제일 뿐이다."[26] 또 실업이 포디즘에서 주변적인 역할밖에 갖지 않았다면, 오늘날의 실업은 거대한 규모로 발생하는 하나의 현상이다. 현대 금융자본주의에서 고용문제에 관한 케인스주의적

---

26. 같은 책, p. 174 [같은 책, 140쪽].

정책은 '좌파' 정당과 조합의 공모로 가난한 노동자로 이루어진 팽창하는 대중 및 실업을 창조하고 유지하는 정책이 되어 버렸다.

피착취자들 사이에 깊은 분할을 만들어 내던 제국주의적 노동 분업에 대항하여 혁명적 국제주의가 나타났다. 혁명적 국제주의는 오늘날과는 정반대로, 이민을 제한하는 법, 관세를 부과하는 법, 국내와 국외의 임금 격차를 강요하는 법을 철폐하기 위해 투쟁했다. 왜냐하면 오늘날 우리가 확인할 수 있는 것처럼 노동자의 국수주의는 다만 가난한 자들 사이의 전쟁을 가져올 뿐이었기 때문이다.

> 그럼에도 유럽의 노동조합은 이민자들을 통제하려는 압력(심지어 그것이 내부의 조합원들로부터 오는 것일지라도)에 저항한다. 대신에 유럽의 노동조합은 사회적 임금을 보호하는 동시에 외국인들의 소득을 증대시키며 피고용자들의 저임금을 막기 위한 정책을 제안한다. 유럽의 노동조합은 외국인들을 배제함으로써 자기 조합원들의 슬픔을 무마하지 않으며, 외국인들을 시스템에 통합하여 모두가 좋아지는 방향으로 이끌어간다.[27]

지구의 북반구에 속하는 국가들의 금융화는 1870~1914년의 시기보다 훨씬 더 두드러진다. 가령, 영국은 제국주의 시대에 금융국가였다. 주목할 만한 새로운 점은 영국이 오늘날 세계 최대의 '조세

---

27. 같은 책, p. 68 [같은 책].

피난처'를 구축했나는 사실이다. 부자들과 기업들은, 심지어 (스페인·이탈리아·그리스 등) 긴축정책을 따르고 있는 나라들의 부자들과 기업들도, '위기' 덕분에 지속적인 상승세를 보이고 있는 영국의 부동산을 구매하고, 동산을 영국에 쌓아놓고 있다. 2007년 위기의 원인이었던 금융 및 부동산 '서비스' 시장(달리 말하면, 조세피난처)은 '새로운' 성장의 기반을 제공하고 있지만, 난관에 부딪히자마자 그것은 결과를 예측하기 어려운 심화된 위기 속으로 빠져들 것이다. 영국 성장의 '재개'는 우리 신자유주의 엘리트들의 맹목에 상응하는 현상이다.

제국주의 시대에서처럼 오늘날도 민주주의는 금융자본에 초점이 놓인 초국가적인 통치성 기술에 의해 왜곡되어 있다. "일단 독일은행에 대한 최고 관리권이 여남은 명의 사람들 손에 맡겨졌다면, 이들의 행위는 오늘날 국민복지에서 대다수 국가 재상[장관들]의 행위보다 중요하다."[28] 서브프라임 위기 이후 도처에 확립되어 있는 권위주의적 지배는 더욱 강화될 것이다. 왜냐하면 '성장'과 경제적 안정화가 시야에 보이지 않기 때문이다. 일본이 대략 20여 년 전부터 보여 주고 있듯이, 성장의 회복보다는 경기 후퇴와 침체가 일어날 확률이 더 높다. 어떤 경우이든, 어떤 효율적인 통제 아래 놓여본 적이 없는 금융자본의 파괴적 가치화 논리는 이미 약해질 대로 약해져 대단히 낮은 가능성만을 보여 주는 위기로부터의 '탈출'을 위한 기반을 다시 한번 뒤흔들어 제거할 것이다.

---

28. 같은 책, p. 211 [같은 책, 166쪽].

이런 관점에서도, 그리스는 전혀 예외가 아니다. 권위주의적 지배에 대한 인민의 저항 강도를 측정해 보는 실험실이라 할 그리스는 우리 민주주의의 미래를 보여 준다. 금융자본에 의해 촉발되는 자본순환의 대격변은 단순히 경제적인 측면에 그치지 않으며 정치적·사회적·이데올로기적 측면에서도 역시 반동적인 재영토화를 요구한다. 이는 타이밍의 놀라운 일치와 함께, 현재[2014년] 유럽에서 실제로 펼쳐지고 있는 일이다.

우리는 오늘날 금융자본주의가 첫 번째 헤게모니를 쥐고 있었던 시대와 동일한 수준에서 이루어지는 부의 전유, 계급차별(불평등)을 다시 발견한다. 두 국면 사이의 대칭성은 단순히 불편한 정도를 넘어선다. 1929년 이전 미국에서 "고소득을 저평가하는 경향이 있는 조세통계에 따르면, 가장 높은 소득을 얻는 인구의 1%가 전체 수입의 대략 16%를 얻었다. 가장 부유한 1%가 미국 전체가 소유한 부의 37%를 갖고 있었다." '영광의 30년' 기간 동안, 최상위 소득자 1%의 몫은 16%에서 8%로 줄었다. 신자유주의와 함께 모든 것은 거꾸로 흘러간다. 지난 20년 동안 최상위 1%의 몫은 8%에서 16%로 늘어났다.[29]

레닌의 책 속에서 우리가 발견하는 다른 '흥미로운 점들' 중 하나는, 그 시대의 저자들이 오늘날 우리에게 낯익은 '이데올로기적' 분위기를 묘사한다는 점이다. [예컨대] 사회민주주의자로 전향한

---

29. Gérard Duménil et Dominique Lévy, "Finance capitaliste : rapports de production et rapports de classe [자본주의 금융. 계급 관계와 생산에 대한 보고서]", in *La Finance capitaliste*[자본주의 금융], Paris, PUF, 2006, p. 144.

게르하르트 힐데브란트Gerhard Hildebrand, 1877-?는 "아프리카 흑인들에 대항하기 위한, '위대한 이슬람운동'에 대항하기 위한, '강한 육·해군'을 유지하기 위한, '중국–일본 연합'에 대항하기 위한 … '공동' 행동을 목적으로 하는 서유럽합중국[연합](러시아는 제외)"의 형성을 찬양한다.30

전쟁?

자본주의는 지금 이 순간에 금융자본 헤게모니의 첫 국면의 곤경을 덜 극적인 방식으로 반복하고 있는 것처럼 보인다. 자본주의는 한계를 돌파할 수 없는 무능력을 드러내 보이고 있다(가치화의 추락). 혹은 보다 정확히 말하자면, 현재의 위기에서 잘 드러나고 있는 것처럼, 난관을 확대·확산시키면서 다른 곳으로 옮겨놓고 있을 뿐이다. 지난 20세기 초, 이런 메커니즘은 전쟁으로 귀결되었다. 장 조레스Jean Jaurès, 1859-1914, 쥘 게드Jules Guesde, 1845-1922 등과 같은 프랑스 사회주의자들, 카우츠키 등과 같은 독일 사회민주주의자들에게 세계화는 평화를 촉구하고 보존할 수 있는 초국가적 협력을 창조할 기회였다. 1911년 12월 의회에서 행한 조레스의 연설은 이곳에 인용할만한 가치가 있다. 경제의 국제화는 "산업·금

---

30. [옮긴이] Lénine, *L'Imperialisme, stade supreme du capitalisme*, p. 173 [레닌, 『제국주의론』, 138~139쪽]. 레닌의 재인용.

융자본주의의 거대한 협력 속에서 인종의 경계, 세관의 경계를 넘어서" 작용한다. … "자본을 통괄하고 이자를 결합하면서 은행의 권력이 솟구친다", "이렇게 해서 자본의 연대가 시작된다. 이러한 연대는 열등한 이익에 따라 조직될 경우 무시무시한 결과를 가져오지만, 그것이 인민의 공통의지에 따라 움직이게 된다면 불과 몇 시간 안에 평화를 위한 보장이 될 수도 있다."[31] 경제활동이 밀접한 방식으로 통합되어 있는 상황에서 전쟁은 경제학적으로 무의미한 일일 것이다. 레닌은, 자본의 입장에서는 소유의 구제를 위한 파괴가 필연적임을 지적하면서 매우 격렬하게 이러한 환상, 이러한 '기회주의'를 비난한다. 우리는 오늘 이에 대한 증거를 우리의 눈앞에서 보고 있다.

경제학자들과 전문가들은 자칭 '새로운 경제'의 붐을 맞이하여 자신들의 광기를 극단으로 밀고 나간다. 전쟁만이 아니라, 위기 역시 완전히 결정적으로 극복되었다. 공산주의와 자기 자신에 대한 자본의 완전한 승리! 그러나 실상 자본주의가 1929년과 같은 위기에 빠지지 않을 수 있었던 것은 오직 자유주의자들이 (사회와 통화 양자에 대한) 국가의 개입이라는 케인스주의적 장치를 자유롭게 쓸 수 있었기 때문이다. 그러나 위기가 미루어진 것으로 보인다면, 이는 위기를 벗어나기 위해 내려진 처방이 결국은 위기의 발생 조건을 더 확장된 방식으로 재생산할 수밖에 없는 그러한 것임을 의미한다. 사적 금융 및 부동산 시장이 자신의 파괴 능력을 유감

---

31. 수잔 버거의 『우리의 첫 번째 세계화』에서 재인용.

없이 발휘한 이후, 우리의 엘리트들은 가능한 한 많은 수의 공적 서비스를 동일한 사유화의 논리에 종속시키기로 결정하였다(스페인에서는 심지어 헌혈도 사유화해 버렸다!). 고용시장의 '개혁', 사회지출의 절감, 자본의 이익을 위한 수입의 분배 도구로서의 과세의 일반화는 불평등(계급차별)의 심화에 지속적으로 기여하고 있다. 오직 리듬만이 달라졌다 — 그것은 가속되었다.

'구조개혁'에 뒤이어 나타날 것이라는 성장은 위기를 촉발한 성장과 정확히 동일한 것이다. 왜냐하면 성장이 A-A'의 논리와 불균형, 소득의 불평등, 세습재산의 불평등, 인구에 대한 다수의 빈곤화 및 소수의 부유화를 확산시키도록 프로그램되어 있기 때문이다. 우리는 1970년대 초반 이래 위기에 처해 있지만, 지난 40년 동안, 북반구 국가들이 소유한 부는 2배로 증가했다. 우리는 두 배로 부자가 되었지만, 증권시장과 조세 피난처, 다국적 기업의 대차대조표, 인구 중 극소수를 위한 은행구좌가 아니라면, 어디에나 화폐가 부족하다.

우리의 상황은 물론 레닌의 상황과는 매우 다르며, 어떤 면에서 훨씬 더 극적이다. "한편으로는 생산력의 발전과 자본축적 간의 불균형, 다른 한편으로는 식민지 분할과 금융자본의 '세력권' 간의 불균형을 극복하는 방법으로서, **자본주의하에서 전쟁 이외에 어떠한 것이 있을 수 있겠는가?"**[32] 오늘날 상황은 훨씬 더 극적

---

32. Lénine, *L'Imperialisme, stade supreme du capitalisme*, p. 161 [레닌, 『제국주의론』, 132쪽]. 레닌의 재인용.

이다. 왜냐하면 오늘날 '불균형'이 단순히 경제적인 것만도, 혹은 임금, 수입, 세습 재산에 관한 것만도 아니기 때문이다. 자본주의는 '설대적' 불균형을 생산한다.

파괴는 더 이상 경기순환의 특정 시점에 일시적인 방식으로 집중되지 않는다. 2차 세계대전 이후, 자본의 파괴적 측면은 원자폭탄, '핵에너지' 그리고 지구의 생태학적 파괴 등 자본순환의 매 국면과 병행하면서 돌출하는 파괴의 가능성 안에서 '제도화'되었다.

무한성은 금융자본에 의해 대변되는 생산·소비·전유만을 지배하지 않는다. 무한성은 자본의 파괴적 측면마저도 지배하는 법칙이다.

[독일의 반핵운동가] 권터 안데르스는 1950년대에 창조적 파괴와 생태학적 파괴, 핵에 의한 파괴가 뒤섞이는 이 새로운 상황의 윤곽을 그려 보였다. 그러나 안데르스는 이렇게 적었다. 자본에 의한 세계의 생산은

자신의 대안, 곧 자신의 중단 가능성을 가지고 있다. … 이러한 사태가 내일 일어나지 않는다 하더라도, 바로 오늘 우리가 하고 있는 것 때문에, 그것은 모레, 우리 증손자들의 세대에, 혹은 '일곱

번째 세대'에 실제로 일어날 수 있다. 왜냐하면 우리가 오늘 하고 있는 것의 결과는 완강히 지속될 수밖에 없기 때문이다. 그리고 오늘 우리는 이런 미래에 이미 도달해 있다. 이는 실제로 이런 사태가 바로 오늘 일어나고 있음을 의미한다. 이러한 사태는 현실이다. 예를 들면, 어떤 적이 이미 '우리의 곁에 와있지만' 우리가 아직 모르고 있는 경우처럼 말이다.[33]

우리는 맑스가 몰랐던 하나의 사실을 알고 있다. 자본의 모든 생산 활동은 또한 동시에 하나의 파괴 활동이다. 따라서 자본과 노동의 지배로부터 '해방되어야' 하는 것은 단지 인간과 자연만이 아니라, 과학과 기술이기도 하다. 우리는 이런 '절대적' 부조리함과의 정치적 단절을 이루어낼 수 있을까? 나는 이런 사태들이 우리로 하여금 그러한 능력을 갖도록 강제한다고 믿는다. 적어도 이것이 우리에게(나에게) 남겨진 사태의 유일한 낙관적 측면이다.

---

33. Günther Anders, *L'Obsolescence de l'homme* [낙후된 인간], Paris, Éditions de l'encyclopédie des nuisances, 2002, p. 315.

8장

시작을 위한 결론

노동의 거부에서 다시 출발하자

상황LA SITUATION : 완전히 사유화되어 거세되고 식민화된 공적 공간은 투쟁들이 비-소통, 비-응답, 비-언어, '총동원'의 거부라는 작은 섬들을 열 때에만, 그리하여 표현의 새로운 가능성, 새로운 말, 민주주의적 실천의 조건들을 창출할 수 있을 때에만 일시적이나마 삶을 되찾을 수 있다.

파업은 자본의 가치화를 봉쇄한다는 점에서, 그리고 노동자들을 '평등하게' 만들어 자신들을 차별적·경쟁적 기능 안에 가두어 버리던 노동 분업으로부터 벗어나게 해 준다는 점에서도 효율적인 것이었다.

우리는 가치화를 중지시키고 우리를 커뮤니케이션/소비/생산의 흐름으로부터 벗어나게 해 주는 이중적 조건을, 나아가 이를 통해 평등 및 정치조직화를 가능케 하는 조건을 되찾아야만 한다. 새로운 주체화 방식의 탄생을 위해 필요한 것은 속도의 증가가 아닌, 감소이다. 우리는 '시간', 단절의 시간, '총동원'을 중단시킬 시간이 필요하다. 이 시간, 이 '게으른 시간'이 지배·착취 장치의 중단을 가져올 것이다.

게으름LA PARESSE : '노동의 도그마'에 대한 폴 라파르그의 논박에 대한, 약간의 유머가 섞인, 헌사에서 나는 노동 분업의 의미·기능·역할을 거부하면서 도주하는 동시에, 이를 통해 새로운 가능성을 창출하는 정치적 행동을 '게으름'이라고 부른다. 왜 노동자 운동이 처박아두었던 게으름을 다시 꺼내는가? 게으름이 아마도 우리를 생산·생산성·생산자라는 황홀한 순환("우리가 진짜 생산

자아!")으로부터 탈출시켜줄 윤리·정치적 원칙으로부터 출발하여 '노동의 거부'를 생각하고 실천하게 해 주기 때문이다. 노동, 생산, 생산자는 공산주의 전통의 힘인 동시에 약점이었다. 노동으로부터의 해방, 또는 노동을 통한 해방? 출구 없는 모순. 어떤 의미이든, 노동에서 출발해서는 안 된다. 오직 노동의 거부로부터 출발해야 한다.

사회주의LE SOCIALISME : [라파르그의]『게으를 권리』*Droit à la paresse*(1880/1883)를 이은 것은 오직 예술가들뿐이다. [러시아의 절대주의 예술가] 말레비치Kasimir Malevitch, 1878-1935는 자신의 소책자『인간의 사실적 진리로서의 게으름』(1921)에서 "전 인류를 노동이라는 한 가지 길로만 이끌며, 단 하나의 게으름도 남겨놓지 않는" 사회주의를 거부한다.[1] 오늘날, 이 프로그램은 초-자유주의적인 유럽위원회의 프로그램이다. 소비에트혁명 초기 수년 동안에 글을 썼던 말레비치는 여전히 우리가 게으름에 도달하게 되는 것은 노동을 통해서라고 생각한다. 하지만 우리가 노동으로부터 출발한다면 우리는 늘 노동에(혹은 최악의 경우에는, 고용에) 이르게 될 것이다.

노동의 거부LE REFUS DU TRAVAIL 1 : 게으른 행동은 '아무런 행

---

1. Kasimir Malevitch, *La Paresse comme vérité effective de l'homme*[인간의 실제적 진실로서의 게으름], Paris, Allia, 2000, p. 14.

동도 히지 않는 것'non-agir 또는 '최소한으로 행동하는 것'agir minimum이 아니다. 게으른 행동이란 무엇보다도 자본주의 사회에서의 실존 조건과 관련하여 자신의 입장을 선택하는 것이다. 게으른 행동은 자본주의하에서의 지배적 권력관계, 곧 (임금)노동에 대한 주체의 거부를 표현한다. "우리가 여전히 생존을 위해 노동을 해야만 한다는 사실은 수치스러운 일이다. 존재하기 위해 노동을 해야만 한다는 사실은 있을 수 없는 일이다." 이렇게 말한 예술가는 생의 마지막까지 라파르그의 책에 충실했던 마르셀 뒤샹이다. 그리고 뒤샹의 말은, 인지자본주의·신기

마르셀 뒤샹
(Marcel Duchamp, 1887~1968)

술·'인적자본'·페이스북·구글 등에도 불구하고, 오늘날에도 여전히 사실이다.

노동의 거부는 노동자들에게만 관련되지 않는다. 왜냐하면 노동의 거부는 무엇보다도 특히 노동의 사회적 분업 속에서 그것에 의해 미리 확정되어 있는 어떤 정체성·역할·기능에 대한 거부이기 때문이다. 이런 관점에서, 노동자·예술가·여성 혹은 '인지노동자'는 정확히 동일한 것, 즉 자신이 할당받은 것이다. 직접 고용한 사장社長, patron의 존재 유무와는 상관없이, 이들 모두는 이 착취·지배 관계 속에 포획되어 있다. 시장을 위한 생산은 다양한 방식으

로 이들 모두를 경제적·주체적 빈곤화 속으로 밀어 넣으며, 그들의 지식, 노하우, 삶을 정상화·표준화·착취 속으로 밀어 넣는다.

노동의 거부 2: 신자유주의는 거내산업의 부품조립 라인에서 일하는 노동자들의 '노동의 거부'에 대한 대응책으로서 생겨난 것이다. 신자유주의는 개인적[자기] 경영을 통한 노동 속에서의 자기실현, 개별화된 소비를 통한 자유의 완성, 일반화된 접속을 통해 확보되는 사회화를 약속했다. 이러한 약속들은 분명히 말로 표현되지는 않았지만 시간이 감에 따라 점차로 분명히 드러나게 된 다음의 사항들을 함축하고 있었다. 한편에는, 사회적 예속화와 기계적 종속화의 새로운 형식들이, 다른 한편에는, 불안정, 가난, 개인화와 불평등이 그것이다. 이 형식들은 부채인간, 경기후퇴, 희생, 긴축정책, 항구적 위기상태의 국가권위주의 등으로 흘러 들어가면서 자신들의 진정한 본성을 드러냈다.

2007년 이래 자본주의를 뒤흔들고 있는 봉기를 통해 우리가 확인한 바 있는 거부는 새로운 급진성을 담지하고 있다. 왜냐하면 이 거부가 '인적자본'이라는 규칙을 따르는 노동에 대한 거부, 소비자·사용자·실업자 및 커뮤니케이션의 주체로서의 노동에 대한 거부인 동시에, 정상화된 성적 정체성에 대한 거부, 곧 예속화/종속화 기술 및 자본주의적 가치화 기술로 구성되는 통치성 기술 일반에 대한 거부이기 때문이다.

노동의 거부 3: 노동만큼이나 거부가 강조되어야 한다. 어쩌면 첫 번째 즉 거부기 더 깅조되어야 한다. 왜냐하면 설령 노동이 변화한다 해도 거부를 표현하는 주체의 단절이 정치적 행위의 규정에 근본적인 것으로 남기 때문이다. 거부는 무엇보다도 주체성에 관련되는 전前/후後를 확립함으로써 시간(혹은 역사)의 흐름을 끊는다. 이 전과 후의 사이에서(68년 5월 혁명), 주체성이 만들어지고 또 해체된다.

강제노동TRAVAUX FORCÉS : 인류가 존재한 이래, 자신의 시간을 가장 많이 노동을 위해 희생한 세대는 다름 아닌 자본의 지배 아래 태어나는 불행을 당한 세대다. 생산성의 증대와 과학·기술의 발견 혹은 발명은 시간을 해방하기는커녕 오히려 더욱더 강력하게 자본에 종속시켰다. 왜냐하면 이윤으로 변형되고 있는 것이 바로 시간성의 다양함이기 때문이다. 현대의 노동에 대한 거부는 이전 노동자의 거부가 할 수 있었던 것보다 훨씬 더 심대한 타격을 자본에 가한다. 왜냐하면 오늘날 착취가 사회 전반에 관련되어 있으며, 주체성이 모든 차원에 관련되어 있기 때문이다. 관건은 현대성의 '인류학'이다(주체·개인·자유·보편성·남성적인 모든 것).

속도와 부동성 사이에서ENTRE VITESSE ET IMMOBILITÉ : 노동의 거부의 이 새로운 양상들은 자본주의적 축적의 악순환과 전통사회의 변함없는 안정성 사이에서, 그리고 늘 더 빨라지기만 하는 가속된 화폐의 유통 속도와 노동·소비·커뮤니케이션의 실망스러운 반복 사이에서 '가능한 것'의 시간, 현재를 폭넓은 다양성으로

느슨하게 하고 확장시키는 지속, 가장 빠른 것과 가장 느린 것에 의해 동시적으로 활성화되는 또 다른 시공간을 찾아내려는 특별한 행동 양식이다. 우리는 이 '사이'의 지속을 기계와 기술의 도움을 받아 조직화의 시간으로 변형시켜야 한다. 따라서 어떤 기술혐오도 불가능하다. 왜냐하면 가장 빠른 속도와 가장 느린 속도들 모두 가치화의 지배로부터 일단 벗어나면 기계의 속도이기 때문이다.[2]

　　파업과 마찬가지로, 거부는 자본에 의해 선포된 총동원의 중지를 결정한다. 이러한 중지는 연대기적 시간으로부터 벗어나 새로운 운동, 새로운 속도, 새로운 리듬을 출현시킨다. 질 들뢰즈에게 이러한 시간에의 접근은 '견자'見者의 특권인 반면, 마르셀 뒤샹에게는 게으른 자들의 특권이다. 이 개념적·실존적 인물들을 어떻게 정치적 인물들로 변형시킬 수 있을까?

　　시간LE TEMPS : 우리에게는 시간을 사는 다른 방식이 필요하다. 자본가에게 시간이 화폐라면, 게으른 자 혹은 견자에게는 '자본이 시간이다.' 자본은 노동의 거부가 '해방시킨' 모든 시간을 다시금 자신의 수중에 포획하는 중이다. 윤곽이 드러나고 있는, 시간에 대한 새로운 투쟁은 축적된 사회적 부의 전유와 함께 가야만 한다. 화폐를 처분가능disponible시간으로 다시 변형시키고, 부를

---

2. 나는 오래전에 쓴 한 권의 책에서 이와 같은 주장을 개진한 바 있다. *Videophilosophie*[비디오철학], Berlin, B-books, 2002.

기능한 깃possibles으로 변형시키기 위해서는 투쟁은 물론, 새로운 주체화의 과정이 필요하다.

남성/여성MASCULIN/FÉMININ : '게으른' 행동은 탈-동일화désidentification의 작동을 가능케 한다. 행동의 주변에 조직된 세계 안에 게으른 행동을 도입한다는 것은 정체성, 특히 성적 정체성을 뒤흔드는 것이다.

'고대' 이후, (성적·정치적·생산적) 활동은 남자와 동일시되었다. 반면, 여성은 비활동성과 수동성의 화신이다. 그리스 민주주의는 정치적 행동을 오직 배타적으로 남성적인 행동으로서 찬미했다. 자

폴 라파르그 (Paul Lafargue, 1842~1911)

본에 의해 작동되는 '노예의 민주화'는 더 이상 정치적 행동이 아닌, 생산을 중심에 놓는다. 그럼에도 불구하고, 생산자는 여전히 그리고 늘 남자이며, 노동은 여전히 남성성의 표현으로 간주된다. (남성적) 활동성과 (여성적) 비활동성의 구분은 가령 정신분석과 같은 19세기 말과 20세기 초에 확립된 새로운 사회과학에서도 다시 발견된다. 프로이트에게 활동성은 아빠의 '자지'bite로 대표된다. 따라서 당신이 자지를 가지고 있지 않다면, 상당히 곤란한 일이 생기게 되는데, 이는 당신이 무엇인가를 결여하고 있기 때문이

다. 게으른 행위는 정체성을 중지시키고, '되기'devenir를 향해 자신을 열어놓는다. 게으른 행동은 활동과 노동이라는 남성성을 뒤흔들어 놓고, 여성과 자연에 대한 지배에 의문을 제기한다.

지각과 감수성PERCEPTION ET SENSIBILITÉ : 화폐의 생산을 목적으로 하는 자본의 활동은 경제적인 효과만을 발생시키는 것이 아니다. 자본은 우리로 하여금 특정한 지각방식, 감수성을 갖도록 만든다. 왜냐하면 지각과 느낌은 다름 아닌 행위의 기능이기 때문이다. 우리는 행위의 완수를 위해 무엇이 필요한가를 보고 느낀다. 이러한 지각과 느낌을 바꾸기 위해서는 행동 방식 자체, 궁극적으로는 삶의 방식 자체를 바꾸어야 한다. 게으른 행동은 화폐를 유일한 목적으로 삼으면서 과정에 중요성을 부여하지 않는 자본주의적 생산행위의 대척점에 존재한다. 과정이 화폐를 생산하지 못하면, 그것은 문자 그대로 존재하지 않는 것이다. 반면, 노동의 거부는 과정, 되기, 집단적인 특이화singularisation 양식에 온전히 집중하는 것이다.

게으름과 실업LA PARESSE ET LE CHÔMAGE : 실업자는 '게으른 자'가 아니다. 왜냐하면 실업은 언제나 그리고 늘 자본의 시간성 양식 중 하나이기 때문이다. 실업자는 게으른 자가 될 수 있지만, 모든 사람과 마찬가지로, 자기 자신에 대한 노동, 자신과 타인 그리고 세계를 바라보는 관점의 근본적 변화라는 대가를 치러야 한다.

삶LA VIE : 자본이 삶을 활용[착취]한다는 것은 삶이 자본과 함께 간다는 말이 아니다. 삶과 작업oevres을 구분하는 것은 늘 가능하다. 가령 임금노동에서 노동자와 노동은 구분된다. 인적 자본의 원형이라 할 수 있는 예술가들에 대해서도 우리는 예술가의 삶과 작품을 구분할 수 있다. "나는 하나의 **삶의 방식**modus vivendi을, 삶을 이해할 방식을 세우기라도 하듯이, 달리 말하자면, 화폭이라는 형식 아래 예술작품을 만드는 데 내 삶을 바치는 대신, 아마도 내 삶 자체를 예술작품으로 만들기 위해, 회화에, 예술에 나 자신을 바치고자 했다. … 중요한 것은 산다는 것, 그리고 자신의 행동방식을 갖는 것이다. 이 행동방식은 자신의 질서 안에, 어떤 경우이든, 내가 작업하는 그림들, 내가 하는 말놀이, 내가 하는 모든 것을 공적 관점에서 포함한다." 이것은 뒤샹의 말이다. 주체화 과정은 늘 이루어지는 것이기 때문에 이러한 분리는 언제나 가능하다. 각 개인이 자신만의 '고유한' 삶을 살 가능성을 제공해 주겠다는 약속에 의해 강요되던 신자유주의에 대한 지지는, 위기의 도래와 함께, 점차로 사라지고 있다. 그렇다면 개인의 삶이 아닌, 집단적 삶을 예술작품으로 만들겠다는 생각을 무엇을 의미하는가?

민주적 과정LE PROCESSUS DÉMOCRATIQUE : 정치적 행동을 규정하는 것은 인지, 비-물질성 또는 생산으로부터 도출된 어떤 정의가 아니라, 거부, 곧 주어진 범주, 정체성, 노동의 **사회적 분업**에 의해 주어진 역할로부터 도주할 능력, 새로운 가능성을 열 능력이다. 거부가 가져오는 정치적 행동의 잠재력은 '노동' 혹은 우리가 그것에 할당한 기능·위치로부터 직접적으로 연역 가능한 것이 아니다.[3] 거부란 노동을 우회하여 이전에는 불가능했던 것을 향해 열려 있는 하나의 행동을 함축한다. 게으른 행동에는 어떤 특별히 전문화된 인지적·직업적 기교, 어떤 노하우도 요청되지 않는다. 게으른 행동은 누구나 실행할 수 있다. 그러나 어떤 방식으로 게으른 행동은 조직화라는 집단적 과정을 위한 동력이 될 수 있을까? 조직화의 시간은 특유한 시간이다. 내가 최근에 겪은 정치적 경험, 곧 [프랑스] '일드프랑스Îles-de-France 지역 비정규직·임시직 위원회'에서의 경험을 통해, 나는 중단, 탈-동원화démobilisation에 기초한 민주적 과정이 주체적 힘, 생산, 조직과 재구성을 만들어 내기 위해서는 시간, 그것도 많은 시간이 요청된다는 것을 배웠다. 이 문제를 풀 수 있는 것은 증권거래소에서 가격이 매겨진 사회적 관계망의 속도나 단순화도 아니고 민주집중제의 속도나 단순화도 아니다. 투쟁에 요청되는 이질적 속도들을 활용하고 배치하기 위한 조건은 비-운동non-mouvement과 탈-동원 안에 함축되어 있는 무엇이다.

전쟁 기계MACHINE DE GUERRE : 그러나 자본의 이원론을 해체

3. 거부는 다양한 목적과 대의를 가지고 있지만, 거부가 표현하는 단절은 어떤 목적도 대의도 갖지 않는 욕망에 의해 실존하게 된다. 거부의 참다운 대의는 (자본주의적 가치화·생산·노동 분업 등과 같은) 인과적 논리와의 단절이며, 거부의 참다운 목적 역시 새로운 존재와 행동 방식의 발명을 강요하는 단절 이전에 미리 존재하는 것이 아니다. (노동 분업의) 대의 아래에서는 불가능한 것으로 치부될 수밖에 없는 거부는 [니체적 의미의] 가능한 '반(反)시대성'(intempestif), 곧 새로운 주체화의 조건을 발명해 낸다.

헤야 한다. 힘 관계를 확립하고 유지할 능력 없이 노동의 거부 안에 존재하는 특이성과 함축을 펼쳐낼 수는 없다. (대도시적) 노동 거부는 다른 어떤 것으로 환원될 수 없다. 노동의 거부는, 공장 노동의 거부 이론가들이 생각하는 것처럼, 정당 혹은 국가로 환원되어서는 안 된다. 여성주의 혹은 비정규직 운동의 정당-되기 혹은 국가-되기를 생각하기는 어려우며, 이러한 운동은 이와는 다른 전략적 선택, 곧 노동의 거부와 그것의 정치적 잠재성에 머무르면서도 노동의 거부가 갖는 가능성을 완전히 펼쳐야 한다. 그러나 시간성을, 이질적 주체성과 이들을 위한 제도를 발견하고 생산하고 재구성할 할 필요성은 통치성의 사회적 예속화 및 기계적 종속화 기술로부터의 지속적인 도주를 함축한다.

내우외환

　우연한 계기로 번역하게 되었던 『부채인간』에 이어, 역시 우연한 계기로 마우리치오 랏자라또의 책을 한 권 더 번역하게 되었다.

　간명하고도 명쾌한 해설을 써주신 김재준 교수님, 프리뷰를 맡아주신 이성혁, 한태준 님께 감사드린다. 그리고 무엇보다도 번역 원고를 꼼꼼하게 검토해 주신 조정환 선생님과 책의 제작을 위해 최선을 다해 주신 갈무리 출판사 활동가 여러분께 감사드린다.

　트럼프가 미국의 대통령이 된 오늘, 불행하게도 랏자라또의 경고는 이전 그 어느 때보다 더 무서운 현실이 되어 우리 곁을 강타하고 있다.

　모든 '현실'은 이미 해석된 현실이다. 현실에 대한 일정한 규정이 없다면, 현실은 현실로서 인식되지도 않을 것이다.

　이런 면에서, 랏자라또의 이 책은 현실의 무한한 다양성을 이해하려는 우리의 시선에 이전과는 전혀 다른 하나의 새로운 전망을 열어줄 것이다.

2018년 2월 14일
일산 노루목길에서
허경

:: 참고문헌

Aglietta, Michel & André Orléan. *La Monnaie entre violence et confiance*. Paris : Odile Jacob, 2002.

_____. *La Monnaie souveraine*. Paris : Odile Jacob, 1998.

Anders, Gunther. *L'Obsolescence de l'homme*. Paris : Editions de l'encyclopedie des nuisances, 2002.

Arrighi, Giovanni. *Adam Smith à Pekin. Les Promesses de la voie chinoise*. Paris : Max Milo, 2009. [조반니 아리기, 『베이징의 애덤 스미스 — 21세기의 계보』, 강진아 옮김, 길, 2009.]

Berger, Suzanne. *Notre premiere Mondialisation*. Paris : Seuil, 2003.

Bologna, Sergio. *Banche e crisi*. Rome : Derive Approdi, 2013.

Deleuze, Gilles & Félix Guattari. *L'Anti-Œdipe. Capitalisme et schizophrénie 1*. Paris : Éditions de Minuit, 1972. [질 들뢰즈·펠릭스 과타리, 『안티 오이디푸스 — 자본주의와 분열증』, 김재인 옮김, 민음사.]

_____. *Mille Plateaux : Capitalisme et schizophrénie 2*. Paris : Éditions de Minuit, 1980. [질 들뢰즈·펠릭스 가타리, 『천 개의 고원 — 자본주의와 분열증 2』, 김재인 옮김, 새물결, 2001.]

Deleuze, Gilles. *L'Île déserte*. Paris : Éditions de Minuit, 2002.

_____. *Nietzsche et la philosophie*. Paris : PUF, 1962. [질 들뢰즈, 『니체와 철학』, 이경신 옮김, 민음사, 1998.]

Duby, Georges. *Guerriers et paysans, VIIe-XIIe siècles : premier essor de l'économie européenne*. Paris : Gallimard, 1973.

Dumenil, Gerard & Dominique Levy. "Finance capitaliste : rapports de production et rapports de classe." in *La Finance capitaliste*. Paris : PUF, 2006.

Fassin, Didier & Dominique Memmi. "Le gouvernement de la vie, mode d'emploi." in *Le Gouvernement des corps*. Paris : Éditions de l'EHESS, 2004.

Foucault, Michel. "La sécurité et l'État(entretien avec R. Lefort, 1977)." *Dits et Ecrits tome II*, texte n°213, Collection Quarto. Paris : Gallimard, 2001.

_____. *Il faut défendre la société*. Paris : Seuil/Gallimard, 1997. [미셸 푸코, 『"사회를 보호해야 한다"』, 김상운 옮김, 난장, 2015.]

_____. *La Société punitive*. Paris : Gallimard, 2013.

_____. *Naissance de la biopolitique*. Paris : Seuil/Gallimard, 2004. [미셸 푸코, 『생명관리정치의 탄생 — 콜레주드프랑스 강의 1978~1979』, 오트르망 옮김, 난장, 2012.]

_____. *Sécurité, territoire, population*. Paris : Seuil/Gallimard, 2004. [미셸 푸코, 『안전, 영

토, 인구 - 콜레주드프랑스 강의 1977~1978』, 오트르망 옮김, 난장, 2011.]

Girard, René. *La Violence et le sacré*. Paris : Grasset, 1972. [르네 지라르, 『폭력과 성스러움』, 김진식 · 박무호 옮김, 민음사, 1997.]

Graeber, David. *Debt : The First 5,000 Years*. New York : Melville House, 2011. [데이비드 그레이버, 『부채, 그 첫 5,000년 - 인류학자가 다시 쓴 경제의 역사』, 정명진 옮김, 부글북스, 2011.]

Gros, Frédéric. *Le Principe sécurité*. Paris : Gallimard, 2012.

Guattari, Félix. "De la production de subjectivité." in *Chimères*, n° 50 (Mai 2001). [n° 4 (Hiver 1987)].

_____. *La Révolution moléculaire*. éd. S. Nadaud. Paris : Les Prairies ordinaires, 2012. [펠릭스 가타리, 『분자혁명 - 자유의 공간을 향한 욕망의 미시정치학』, 푸른숲, 1998.]

_____. *Les Années d'hiver*. Paris : Les Prairies ordinaires, 2009. [펠릭스 가타리, 『인동의 세월 - 1980~1985』, 윤수종 옮김, 중원문화, 2012.]

_____. *Lignes de fuite, La Tour d'Aigues*. Paris : L'Aube, 2011.

_____. *Psychanalyse et transversalité*. Paris : La Découverte, 2003.

Haesler, Aldo J. *Sociologie de l'argent et postmodernité*. Genève et Paris : Droz, 1995.

Hilferding, Rudolf. *Le Capital financier*. 1910, http://www.marxists.org/francais/hilferding/1910/lcp/index.htm. [루돌프 힐퍼딩, 『금융자본론』, 김수행 · 김진엽 옮김, 비르투출판사, 2011.]

Kessler, Denis. "L'avenir de la protection sociale." *Commentaire*, vol. 22, no. 87 (Automne 1999).

Lazzarato, Maurizio. *La Fabrique de l'homme endetté*, Paris : Amsterdam, 2011. [마우리치오 라자라토, 『부채인간』, 허경 · 양진성 옮김, 메디치미디어, 2012.]

_____. *Videophilosophie*. Berlin : B-books, 2002.

Lénine, Vladimir Ilich Ulianov. *L'Imperialisme, stade supreme du capitalisme*. Paris : Editions sociales et Moscou, Editions du Progres, 1979. [V. I. 레닌, 『제국주의론』, 남상일 옮김, 백산서당, 1986.]

Malevitch, Kasimir. *La Paresse comme vérité effective de l'homme*. Paris : Allia, 2000.

Marx, Karl. *Grundrisse*. trans. Martin Nicolaus. New York : Penguin, 1973. [카를 마르크스, 『정치경제학 비판 요강 1~3』, 김호균 옮김, 그린비, 2007.]

_____. *Œuvres : Économie II*. éd. M. Rubel. Paris : Gallimard, Bibliothèque de la Pléiade, 1968.

Nietzsche, Friedrich Wilhelm. "Considérations intempestive." *De l'utilité et de l'inconvénient des études historiques pour la vie* (1874). Paris : Flammarion, 1988. [프리드리히 니체, 「반시대적 고찰 II. 삶에 대한 역사의 공과」, 『비극의 탄생 · 반시대적 고찰』, 이진우 옮김, 책세상, 2005.]

_____. *La Généalogie de la morale*. Paris : Gallimard, Folio Essais, 1985. [프리드리히 니체,

『·선의의 저편·도덕의 계보』, 김정현 옮김, 책세상.]

Orléan, André. *Le Pouvoir de la finance*. Paris : Odile Jacob, 1999.

Pasolini, Pier Paolo. *Écrits corsaires*. Paris : Flammarion, 1976.

Preciado, Beatriz. *Testo junkie*. Paris : Grasset, 2008.

Recueil général des anciennes lois françaises. édit. mai 1609. Paris : Isambert et Taillandier, 1829.

Schmitt, Carl. "Éthique de l'État et État pluraliste." in *Parlementarisme et démocratie*. Paris : Seuil, 1988.

_____. *La Guerre civile mondiale*. Maisons-Alfort : Ère, 2007.

Simmel, Georg. *Philosophie de l'argent* [*Philosophie des Geldes*, 1900/1907]. Paris : PUF, 1987. [게오르그 짐멜, 『돈의 철학』, 김덕영 옮김, 길, 2013.]

Simondon, Gilbert. *Du Mode d'existence des objets techniques*. Paris : Aubier, 1969. [질베르 시몽동, 『기술적 대상들의 존재 양식에 대하여』, 김재희 옮김, 그린비, 2011.]

Stimilli, Elettra. *Il debito del vivente*. Macerata : Quodlibet, 2011.

Testart, Alain. *Des Dons et des dieux*. Paris : Errance, 2006.

Tronti, Mario. *Nous, operaistes*. Paris : Editions d'en bas et Editions de L'Eclat, 2013.

Viveiros de Castro, Eduardo. *Métaphysiques cannibales*. Paris : PUF, 2009.

본문에 사용한 이미지 출처

17쪽 https://www.flickr.com/photos/bikeman04/15948053412/

27쪽 https://pt.wikipedia.org/wiki/Ficheiro:ABr200613_MCA2268.jpg

32쪽 https://www.flickr.com/photos/el_bobo_estepario/5723549245/

39쪽 https://www.flickr.com/photos/treslola/6245934813/

45쪽 https://www.flickr.com/photos/craigdietrich/5633789186/

50쪽 https://www.flickr.com/photos/eager/7149243527/

53쪽 https://commons.wikimedia.org/wiki/File:Protest_march_Ierapetra_for_education_22_9_2011.jpg

72쪽 http://alimentation-generale.fr/alim/wp-content/uploads/2017/01/michel-serres.jpg

73쪽 http://zumaquero-lctn.blogspot.kr/p/tema-3.html

79쪽 http://halifax.mediacoop.ca/story/you-are-not-loan/30830

82쪽 https://www.flickr.com/photos/tonythemisfit/6273479695/

86쪽 https://www.flickr.com/photos/garryknight/6260650730/

91쪽 https://www.youtube.com/watch?v=3D78TXTJXBk

94쪽 https://www.speakersacademy.com/en/speaker/michel-aglietta/

95쪽 http://blaqswans.org/en/2010/02/introducing-economist-andre-orlean-and-his-work-on-the-efficient-market-hypothesis/

104쪽 https://hansfoto.wordpress.com/tag/david-graeber/₩

123쪽 https://commons.wikimedia.org/wiki/File:Bundesarchiv_B_145_
Bild-F004214-0033,_Konrad_Adenauer_und_Ludwig_Erhard.jpg

134쪽 http://decifrandofoucault.blogspot.kr/2016/04/sugestao-para-se-ler-foucault-e-ficar.html

142쪽 https://sudoroom.org/wp-content/uploads/2014/03/DROM-cover-600x451.jpg

160쪽 https://www.flickr.com/photos/fibonacciblue/8778375544/

175쪽 https://popphiloandliterature.files.wordpress.com/2014/01/deleuze-et-guattari-2.jpg

179쪽 https://www.flickr.com/photos/artdefakto/5977801336/in/photostream/

188쪽 왼쪽 https://www.pinterest.co.kr/pin/107242034854516437/

188쪽 오른쪽 https://www.pinterest.co.uk/jonesbattilana/made-in-the-usa/

197쪽 https://www.rts.ch/info/culture/livres/8047122-frederic-gros-sort-son-premier-roman-le-recit-d-une-possession-collective.html

220쪽 http://www.nostraitalia.it/wp-content/uploads/PIER-PAOLO-PASOLINI.jpg

231쪽 https://missy-magazine.de/blog/2016/05/26/der-autor-und-queertheoretiker-paul-b-preciado-nahm-testosteron-doch-nicht-um-ein-mann-zu-werden/

235쪽 https://commons.wikimedia.org/wiki/File:Francisco_Varela.jpg

238쪽 https://wagingnonviolence.org/feature/ows-begins-year-ii-with-three-day-convergence-and-call-to-debt-resistance/

241쪽 http://www.thepaper.cn/newsDetail_forward_1872386

255쪽 https://commons.wikimedia.org/wiki/File:2007_Giovanni_Arrighi_lecture_in_South_Africa.jpg

278쪽 http://www.guenther-anders-gesellschaft.org/vita-guenther-anders/